# システムとしての教育を探る

自己創出する人間と社会

◆

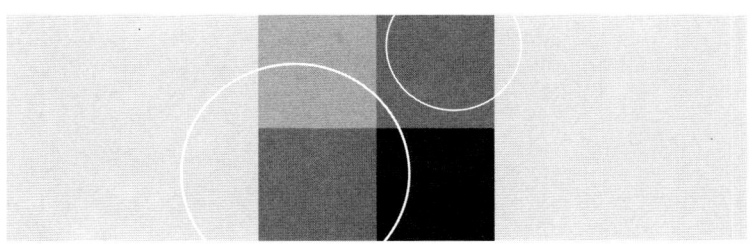

石戸教嗣
今井重孝
［編著］

勁草書房

# まえがき

　「何でも鑑定団」というテレビの長寿番組がある。鑑定を依頼する人はそれぞれの思いが詰まった物を持参する。真贋は別として，鑑定の結果，意外な値がつき，そのたびに依頼人は一喜一憂する。その品物に込められたドラマが豊かなほど，興奮は高まり，われわれもそれに引き込まれる。

　教育について語る場合もこれと同じようなところがある。たしかに，「子どもは宝」である。鑑定物には過去の思いが込められているが，教育には逆に，子どもの可能性，未来に対する思いが込められる。子どもへの期待や思いは，われわれが描くドラマとして多様な思いが込められる。そして，その思い入れが強いほど教育についてのコミュニケーションは熱を帯びる。

　教育学の教科書・研究書は，教育についての方向性を探ろうとするものであるが，こういったドラマ性をはらんだ教育の現実を背景にしているがゆえに，それらが描く教育像も多様なものとなる。そこで，本書が教育について，どこに，どのようにピントを合わせ，どのような像を描こうとしたのかをあらかじめ述べておきたい。

　本書がまず狙ったのは，教育をシステムとしてとらえるということである。すなわち，教育を単に時間・空間の中で記述するのではなく，社会的なコミュニケーションのネットワークとして動的にとらえ直すことである。このとき，本書が採用しているのは，N. ルーマンのシステム論というアプローチである。

　システム論の基本的前提の一つは，システムは作動しながら，システムを維持しているということである。システムが安定した状態にあるように見えていたとしても，それは実は不安定さを克服しながらのものである。

　したがって，教育を理解するのにも，それをプロセスの中でとらえることが大事である。教育の「本質」や「制度」とされるものに近づくことは，子どもや教育の仕組みを固定的にとらえることではない。成長・変化し，動き回る対

象とともにわれわれの視点もずらしていかなければならない。

　情報化社会において，子どもはすでに大人と同じだけの情報・知識を有している。しかし，自然的存在として子どもの心はゆっくりとしか発達しない。それだけに，子どもの内面的な葛藤は逆に大きくなることが予想される。自分が思い描く理想的な自己と現実の自己の距離が大きくなるからである。このとき，大人化した子どもは，いっそう大人からの働きかけを必要とする。この問題は，子どもと大人のコミュニケーションを中核とする教育システムにも直接持ち込まれることになる。不安定化した子どもをめぐってなされる教育システムのコミュニケーションは，それだけ困難さを抱えることになる。

　子どもの心の揺れ動きは，子どもがすでに自己準拠的存在であることを示している。これと同様に，教育システムもまた，その安定・不安定の揺れ動きの中で，自己準拠的閉鎖性を形成する。その揺れ動きは，教育システムを取り巻く環境との関係において，それが自己を維持するためのものである。

　子どもと教育システムはともに「自己創出」（オートポイエーシス）するシステムである。本書が採用しているシステム論は，こういった子どもの心の揺れ動きや教育システムの揺れ動きを観察する方法である。したがって，それは，教育システムの内部と，そのシステムを取り巻く外部を同時に視野に入れるものである。システム論的教育学のこのようなスタイルは教育の内部の教育実践を視野に入れることができると同時に，教育システムを取り巻く環境との関係を視野に入れるものでもある。この意味で，システム論は教育システムを概観するうえで好適な方法であると言えよう。

　システム論が教育研究を革新する可能性があることはこれまでも語られてきたが，教育システム全体にわたって論じたものはなかったと思われる。本書は，教育を概観するという意味では教育学の入門書という性格をもつ。しかしまた，ルーマンのシステム論を用いた教育研究という意味では，システム論的教育学の専門書という性格ももつ。教育システムのコミュニケーションは，教育の理念・実践・制度のすべてにまたがっている。本書の各章の構成は，これらの各次元の現状を概観し，そこでの問題を明らかにしたうえで，システム論的な考えによってそれにどういう接近ができるかという形をとっている。

　その際，ルーマンのシステム論の中軸概念であるシステム／環境関係に注目

して全体を構成している。これは，教育システムを，諸部分の同心円的な関係としてではなく，位相空間として相互に重なり合って存在するシステムとして描くものである。

　本書が，「何でも鑑定団」の鑑定士のように，教育についての確かな目利きの役を果たしているかどうかは心もとないが，本書が読者にとって教育について豊かに語る一つの機会になってほしいというのが，執筆者に共通する願いである。

　　2011年6月　　　　　　　　　　　執筆者を代表して　石戸　教嗣

# システムとしての教育を探る
―― 自己創出する人間と社会 ――

## 目　次

まえがき

# 序章　「教育システム」という森に分け入るにあたって
　　　　　　　　　　　　　　　　　　　　　　　　石戸　教嗣　*1*
　1　教育システムの成立 …………………………………………… *2*
　2　近代教育の2つの側面 ………………………………………… *3*
　3　教育の自律化と教育学 ………………………………………… *5*
　4　近代教育の隘路 ………………………………………………… *7*
　5　教育の方向──「再帰型」教育と「自己準拠型」教育 …… *9*
　6　世界市民の形成と学校の公共性 ……………………………… *13*

## I　子ども／大人・教師

### 1章　教育される存在としての子ども ……………野平　慎二　*19*
　1　はじめに ………………………………………………………… *19*
　2　「発達する存在」としての子ども観の歴史性 ……………… *21*
　3　近代的な発達概念と教育概念の問題点 ……………………… *23*
　4　発達から自己創出へ …………………………………………… *26*
　5　おわりに──「教育可能性」から「教育の可能性」へ …… *29*

### 2章　教育する存在としての教師 …………………紅林　伸幸　*34*
　1　教師とは誰のことか──教えることは難しい ……………… *35*
　2　教師と授業コミュニケーション ……………………………… *36*
　　　──「総合的な学習の時間」が拒絶された理由
　3　学習のために教師が行なう100の仕事 ……………………… *39*
　　　──教職のシャドーワーク化を考える
　4　格闘する教師文化──子どものための教育は教師がつくる ……… *41*

    5　自律的な教師となるために……………………………………………………45
　　　──教師のプロフェッションと組織，そして第三の道

3章　教育関係……………………………………………………児島　功和　49
　　1　はじめに……………………………………………………………………49
　　2　教育関係の歴史的・社会的背景……………………………………………50
　　3　伝達としての教育とその問題構成…………………………………………51
　　4　「人間形成」としての教育とコミュニケーション………………………53
　　5　まとめ………………………………………………………………………58

## II　学校システムを構成するもの

4章　教育システムとカリキュラム………………………………保田　卓　63
　　　──「ゆとり教育」へのシステム論的アプローチ
　　1　はじめに……………………………………………………………………63
　　2　「ゆとり教育」政策の変遷…………………………………………………64
　　3　教育システムのコミュニケーション・メディア…………………………65
　　4　教育システムにおけるインフレ／デフレ…………………………………70
　　5　おわりに……………………………………………………………………75

5章　授業……………………………………………………………牛田　伸一　78
　　　──どのようにして可能になっているのか
　　1　問いの変換…………………………………………………………………78
　　2　「介入」としての授業………………………………………………………80
　　3　「相互浸透」としての授業…………………………………………………85
　　4　社会的合意としての授業……………………………………………………89
　　5　おわりに……………………………………………………………………92

6章　評価・選抜 …………………………………………………山田　哲也　97
　1　教育と評価の関係 …………………………………………………………97
　2　教育のための評価，選抜のための評価 ………………………………101
　3　指導要録の改訂にみる評価のまなざしの変化 ………………………104
　4　評価の変化が意味するもの ……………………………………………109
　5　おわりに …………………………………………………………………115

7章　生徒指導と社会化 …………………………………………早坂　淳　118
　1　「教育の失敗」を乗り越えるために …………………………………118
　2　「教師が児童生徒をコントロールできる」という迷信 ……………119
　3　生徒指導の分類 …………………………………………………………121
　4　「複雑性」──子どもの可能性を消すための教育？ ………………127
　5　「コミュニケーション」 ………………………………………………128
　　　──共通の理解をもたらす暗号解読機の否定
　6　制御不可能で無意図的な「社会化」 …………………………………130
　7　制御可能で意図的な「教育」 …………………………………………133

## Ⅲ　組織としての学校

8章　行政組織と学校 ……………………………………………水本　徳明　139
　1　行政─学校関係の理論とその問題点 …………………………………139
　2　組織としての学校 ………………………………………………………143
　3　学校経営制度改革の課題 ………………………………………………149

9章　組織としての学級 …………………………………………木村　浩則　155
　1　学級とは何か ……………………………………………………………155
　2　学級制度の起源 …………………………………………………………157
　3　「学級」問題解決の処方箋 ……………………………………………159

    4　授業システムとしての学級 …………………………………………… *162*
    5　相互行為システムとしての学級 ……………………………………… *164*
    6　学級集団のシステム論──学級崩壊をめぐって ……………………… *166*

10 章　教員組織 ………………………………………………… 井本　佳宏 *171*
    1　教育不信の焦点としての教員組織 …………………………………… *171*
    2　プロフェッションと組織 ……………………………………………… *173*
    3　組織構造の階層化によるプロフェッション性の代替 ……………… *177*
    4　組織構造の階層化の副作用 …………………………………………… *181*
    5　おわりに ………………………………………………………………… *183*

## Ⅳ　社会の中の教育・学校

11 章　家庭と学校 ……………………………………………… 木村　浩則 *189*
    1　文科省における「家庭教育」政策 …………………………………… *192*
    2　「家庭教育」論に対する批判 ………………………………………… *194*
    3　家族システムとは何か ………………………………………………… *196*
    4　家族システムと教育システム ………………………………………… *198*
    5　「家庭教育」をどうとらえるか？ …………………………………… *200*

12 章　地域と学校 ……………………………………………… 小林　伸行 *204*
    1　学校を通して「地域」を見る時代 …………………………………… *204*
    2　多様化する個人と地域 ………………………………………………… *205*
    3　身近な地域や家庭から遊離する「学校知」 ………………………… *207*
    4　"脱学校化"する「学校知」──教育システムの「インフレ」 …… *208*
    5　"学校化"する地域・家庭──教育システムの「デフレ」 ………… *210*
    6　「インフレ/デフレ」を通じて多様な地域に関わる学校 …………… *211*

## 13章　政治システムと教育 ……… 鈴木　弘輝　215
1　「ポスト福祉国家時代」としての現代 ……… 215
2　「新自由主義」的な教育政策と学校現場との関係 ……… 216
3　「平等化」をめぐる政治状況の世界的な変化 ……… 219
4　ルーマンの政治システム論 ……… 221
5　「不安のグローバル化」に対応するための「教育政治」 ……… 223
6　「ルーマンの教育システム論」の可能性 ……… 226
7　ルーマンの教育システム論が明示する「教育政治」のイメージ … 230

## 14章　〈学校から仕事へ〉の移行と教育システム … 児島　功和　232
1　はじめに ……… 232
2　近代教育システムと「移行」の成立 ……… 234
3　教育システムと移行問題 ……… 236
4　高度経済成長期以降の移行の特徴 ……… 237
5　教育システムと〈職業教育〉の再定位 ……… 241
6　まとめ ……… 244

## 15章　福祉と教育 ……… 石戸　教嗣　247
　　　　── 子どもの幸せをめぐって
1　教育と福祉の関係の変化 ……… 247
2　教育システムと福祉システムの関係の再編 ……… 253
3　子どもに対する教師の関わり方 ……… 256
4　福祉社会における個別のニーズとセーフティネット ……… 257
5　途上国の子どもたち ── グローバル化した世界における福祉 ……… 259

## 16章　メディアと教育 ……… 小林　伸行　261
1　「メディア化した教師」という透明な存在 ……… 261
2　メディアによる出会い「を」補う時代 ……… 262

3　メディアの発達と社会の近代化 …………………………………… 263
 4　メディアの発達と対面状況の現代的位相 ……………………… 271
 5　「マルチ・リアリティ」化への対応を迫られる教育システム ……… 275

# V　日本の教育／世界の教育／人類の教育

## 17章　グローバル化と学校教育 ………………………山名　淳 281
　　　　──学校の「世界社会」論はどこまで有効か
 1　「世界社会」──グローバル化を論じるためのシステム理論的手がかり … 282
 2　「世界社会」時代の学校論 ……………………………………… 287
 3　グローバル化時代の学校をとらえる──システム理論の可能性と課題 … 292

## 18章　世界から見た日本の教育 …………………………今井　重孝 300
 1　はじめに ……………………………………………………………… 300
 2　日本の教育システムの特徴について ……………………………… 301
 3　ホリスティック教育の観点から，世界と日本を比較する ……… 306

## 19章　地球社会と教育 ……………………………………今井　重孝 316
 1　ガイア仮説について ………………………………………………… 317
 2　ルーマンの「世界社会」論 ………………………………………… 318
 3　シュタイナーの社会の三分節化論 ………………………………… 320
 4　精神の自由・政治の平等・経済の友愛と「自由への教育」……… 323

キーワード ………………………………………………………………… 328
人名索引 …………………………………………………………………… 335
事項索引 …………………………………………………………………… 337

# 序章　「教育システム」という森に分け入るにあたって

石戸　教嗣

　教育学が扱う領域はきわめて広く，かつ複雑である。それには，家庭教育もあれば，学校教育，社会教育・成人教育もある。学校教育は，その種別も幼稚園から大学まで多岐にわたる。また，学校教育の領域は，教科教育，道徳教育，特別活動などから成る。

　しかし，教育の複雑さは，単に種類や領域の広さだけの問題ではない。教育は他の多様な社会的分野と関わっていて，つねにそれらとの関係の中で論じられる。たとえば，経済に関心のある人は，学校で国際的な競争に打ち勝つ学力がついているのかを問題にする。あるいは，福祉や家族に関心がある人は，教育もケア的になされるべきだと考える。また，政治や法律に関心がある人は，教育において平等や人権が保障されているかどうかを問う。

　他方で，教育は，幼児期から青年期までの人間形成を担うそれ自体で独立した領域でもある。その場合，どんな人間形成を目指すのか，また，それをどんな方法と教育内容によって行うのか，をめぐって多様な意見がある。

　これらの領域を前にしたとき，あたかも巨大な森を仰ぎ見るような感覚にとらわれる。この森にどこから入ればよいのか，どう道をたどっていけばよいのだろうか？　また，この森を歩く地図は得られるのだろうか？

　複雑化する現代社会においては，教育学に限らず，どんな分野でも，すべてを包括する理論を求めることはもう不可能であるかもしれない。むしろ，多様な接近方法を分類してみせることのほうが現実的かもしれない。本書では，これから「教育」という森に入っていくのに，まずは，これまでの地図を見直すことから始めたい。

## 1　教育システムの成立

　これまでの教育学の多くは，教育の必要性を生物学的な根拠に求めている。たとえば，人間は生理的に早産状態で生まれてくるというポルトマンの説の紹介から始まる。あるいは，野生児の例を挙げながら，ヒトが人間になるには直立歩行と言語の習得が欠かせないことを指摘する。

　だが，人間社会は，その成立から数十万年の間，子どもを「教育」するという観念を持たずに，その営みを行なってきた。そこでは，子どもの「世話」はあっても，明確な教育する意図はなかっただろう。そこでは「子育て」や「産育」の歴史はあっても，まだ「教育」の歴史はない。

　では，「教育」の起源はどこに求めたらよいのだろうか？　それは，つぎの2つの段階をたどったと考えられる。

　教育の成立の前提条件の一つは，「子ども」を「大人」にするという観念の成立である。すなわち，「子ども」という，まだ未成熟な存在を社会が意識したときである。そういう意味で，アリエスが『子どもの誕生』で描いたように，教育は中世末期にその成立が準備されていたととらえることができる。

　もちろん，古代社会から中世に至るまで，子どもを「一人前」にする働きかけはあった。たとえば貴族階級はその子弟に，支配するために必要な読み書き，あるいは貴族にふさわしい技芸を教えていた。また，職人や農民は，子どもたちに，その職業に必要な知識を口伝や経験を通して伝えていた。しかし，それは過去の知識・経験の「伝承」であって，またそのための「養成」であって，われわれが今日考えるような「教育」とは意識されていない。

　したがって，教育が成立するもう一つの条件は，「子ども」が自然的存在ではなく，また単に社会的存在としてだけでもなく，制度的な存在になるということである。つまり，「子ども」を「大人」にすることが，個々の家庭の営みの手を離れ，社会全体として制度化される段階である。この段階において，今日われわれが「教育」として意識する，すべての子どもが「学校」に通って，その社会の成員として共通な知識を習得するというイメージが作られる。具体的には，市民革命や産業革命後の1800年代末に欧米において学校制度が公教育として成立する。

こういった近代教育を対象とし，そのあるべき姿を探るために成立したのが，「教育学」である。「教育」が近代の産物であるのと同じように，「教育学」もまた近代の産物である。

　「子ども」を「大人」に成長させていくために「教育」が必要であるという観念が社会に広がるとき，「子ども」の成長について語るコミュニケーションのすべてが，「教育」と関係することになる。こうして，教育的コミュニケーションがなされる領域を指して「教育システム」と呼ぶことにする。

　「教育システム」とは，「子ども」というメディアを用いて，「子ども」を「良くする」，すなわち成長・発達させることについて語られるコミュニケーションのすべてを意味する。このとき，「教育システム」は単に，子どもに何かを教える場面だけに限定されない。それは，「子ども」に対して，あるいは「子ども」について何らかの「希望」をもって語ることから始まる一連の出来事のすべてにまたがる。

　教育システムは，親や教師が子どもに語りかける場面から始まる。ただし，親や教師の言葉がすべて教育的意味を持つわけではない。何気ない日常的な会話は，ただのコミュニケーションにすぎない。しかし，親の何気ない言葉から，子どもは人生の教訓を得るかもしれない。これは，「社会化」と呼ばれる作用であって，「教育」とは区別される。しかし，そういった社会化作用が子どもの発達に影響を及ぼしていることが意識されたならば，親の日常的な態度もまた教育をめぐるコミュニケーションに含まれる。また，「成長」という観念は子どもだけでなく，大人にも適用されて，生涯にわたる成長も目指されるようになる。

　教育的コミュニケーションは，広く社会の中でも交わされる。たとえば，新聞などのメディアによって，教育のあり方が論議される。これもまた，教育システムを構成しているととらえることができる。

## 2　近代教育の2つの側面

　教育システムは，「子ども」を「良くする」ことについてコミュニケーションするシステムである。それは，そのコミュニケーションをすることによって，

自律的なシステムとなる。言いかえると，教育システムは，「子どもを良くする」かどうかを基準として内部化し，それ以外のコミュニケーションを行う外部と自己を区別する。

その際，教育システムが目指すのは，一人ひとりの子どもの「人格形成」である。教育システムは，子どもが望ましい人間としてどこまでも成長していくことを目指すシステムである。また，子どもはどこまでも「学ぶ」ことが期待される。勉強は子どもの能力を発達させるという目標において，疑問なく要求される。

子どもは人間として成長するために教育されねばならないということは，「成長」という価値が社会的に一つの価値として自律化したことを意味する。また，そのための専門的機関として「学校」が独自な活動を開始する。たとえば，筆者が教育学概説で学生にとったアンケートでは，自分を最も成長させた経験として，部活動や受験など，学校における諸経験を挙げるのが最も多い。

システム化された社会では，「生きる力」＝生命力すらも社会的に生み出す必要がある。そこでは，「成長」とは何かということをめぐる議論が様々に行なわれるが，どんな立場であれ，「成長」することは自明視される。これは，経済システムにおいて，富の獲得方法や使途が何であれ，富の獲得それ自体には疑いがはさまれないのと同じである。

もちろん，何のために富を得るのかという疑問はある。また，何のために勉強しなければならないのかという問いも同様である。

だが，こういった原理的問いは，何のために生きるのかという究極の問いと同様，いくつもの答えが可能である。言いかえると，正解はない。それらの答えはシステムに参加する一人一人が，システムの中で行為しながら自分の中で見いだすしかない。これが機能システムの本質である。

他方で，教育システムがそのような自己準拠性を獲得することは，それ以外の機能システムとの関係を遮断することによってではない。他の機能システムとの両立を図ることでしか，そのような自律性は主張できない。すなわち，教育システムは経済・政治・家族・宗教・芸術……といった他の機能システムにとっても「有用」なことを「達成」していることを示す必要がある。

たとえば経済システムに対しては，ビジネスに従事するのに必要な能力を形

成していることを示す必要がある。また，芸術システムに対しては，子どもたちに「美」的な感覚を形成させていることを示す必要がある。

　また，社会が全体として向かう方向に照らして，教育システムが子どもたちにその求められる基礎的能力を形成しているかも問われる。たとえば，これまでは，社会が求める人材が知識重視型であったため，教育システムも暗記能力を身につけることを重視してきた。ところが，これからの社会では，「人間力」「社会力」「キーコンピタンシー」が重視されるとなると，教育システムが目指す人間像もそういったものに転換することになる。

　こうしたとき，教育システムは，子どもたちを他の機能システムが要求する基準に沿って，「評価」しなければならなくなる。「良い／悪い」というコードによって，個々の子どもの能力を判断するとき，教育システムは「選抜システム」というもう一つの面を露わにする。そこでは，子どもは評価の対象として見られることになる。

　この二側面によって，教育システムは独自な活動を展開する原動力を得る。それらは，教育システムに自律性を与えると同時に，社会全体の中で独自な機能システムとして存在することの根拠ともなる。

　では，教育システムはこれから何に向けて自律化していくべきだろうか？これを近代教育学の展開の仕方から探ってみよう。


## 3　教育の自律化と教育学

　近代教育学は，その系譜においてとらえるとき，「自然的存在としての人間の教育」と「社会の維持のための教育」という2つの立場に分けることができる。

　これまでの教育学においては，教育はもっぱら「自然への適応」としてとらえられてきた。それは，人間にとって教育がいかに重要かを説くのに，生物としてのヒトは生まれたときは生理的な早産状態で生まれてくることや，野生児などの事例を挙げて，早期に言葉や感情を育てられない場合，人間は動物と変わらなく，人間らしさが発達しないことを指摘する。

　確かに，それらの事実は否定できない。また，人間だけが文化を教え，学ぶ

存在であることも事実である。そこから，人間を成長・発達させる教育という作用の重要性はいくら強調しても強調しすぎることはない。

　こういった立場は，近代においてルソーやペスタロッチによって人間社会の進歩への期待とともに展開された。また，フランス革命などを経て，人間の固有の権利としての人権の一部として教育を受ける権利が広く認められることと歩を一にして普及してきた。

　これらは，人間が本来的に備える「ヒューマンネイチュア」(human nature)として理性，知性，感性などを想定し，子どもがそれらを発達させることに教育の目的を見いだす。

　このような近代教育学の立場は，民主主義の根幹をなす人権思想を普及させるうえでも，大きな功績を残してきた。

　こういった個人に軸足を置く教育学に対して，教育学の2つ目の流れは，「社会の維持のための教育」という考えに立ち，社会の側に重きを置いてきた。そこでは，教育は社会が存続するために必要とされる。たとえばドイツでは，ヘーゲルの流れを引くクリークは，国家社会の精神を実現するために教育が存在すると考えた。また，フランスの社会学者デュルケームも，社会的連帯を生み出すことが教育の機能であるとした。さらに，イギリスではマンハイムが第二次世界大戦の経験から「自由のための計画」において教育の役割に注目した。

　そこでは，子どもを何に向けて教育するかという哲学によって教育を基礎づけるのではなく，教育が事実としてどういう機能を社会の中で果たしているかが問われる。つまり，近代教育学が哲学・人間学に基礎を置いて，ある意味で主観的に教育を方向づけてきたのに対し，教育の目的を社会との関わりの中で設定するという狙いがある。自然主義的な教育学は，社会全体の中でどういう役割（機能）を発揮すべきかという問いに向けての学としても展開する。

　また，第二次世界大戦後の経済競争の中で，教育が経済発展にとって重要な役割を果たしていることが認識されてくると，教育は「人的投資」であるという考えも広まった。

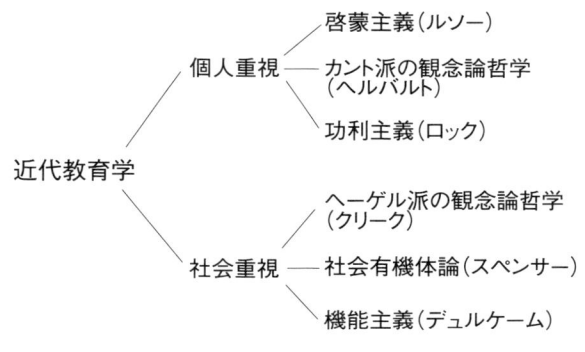

図序-1　近代教育学の潮流

## 4　近代教育の隘路

　前節で見た「自然」重視と「社会」重視の2つの立場は，一見対立し合っているが，互いにセットとなって近代社会を形づくってきたものであり，教育もまたそれらの絡み合いの中でなされてきた。

　また，この2つの立場の内部でも，多様な考え方がなされてきた（図序-1参照）。

　しかし，これらに代表される近代教育学は，近代社会の行き詰まりとともに，限界が指摘されてきている。それは，その2つの立場が，一方は「人間という自然」を前提とし，他方は「国」（nation）という社会領域を前提にして組み立てられたことによる。

　まず個人を重視する近代教育学について言えば，それは人間を「発達」（develop）させることを目指してきた。これは地球を「開発」し，あまねく近代化するという方向と一体となっていた。しかし，開発が地球の自然生態系を破壊するところまできているとき，人間と社会が量的に無限に発達するという前提を問い直す必要がある。

　他方で，社会重視の教育学について言えば，21世紀を迎えて，教育コミュニケーションの単位は「地球社会」にまで拡大してきている。現代は，「グロ

ーバル化」時代に入り，国境を超えたコミュニケーションや社会関係が浸透してきている。これは，教育においても例外ではない。学校で教える教育内容は，他国のそれを参考にしないといけない。また，外国から移民として渡ってくる子どもたちの存在を抜きに学校は語れなくなっている。

　これまでは，それぞれの国の内部で教育が完結していたのが，国際的競争の中で，他の国の教育と比べつつ自国の教育を進めないといけなくなってきている。また，日本の教育は，日本社会だけで通用する人材を育成するのではなく，世界のどこでも通用するものであることが要求されるようになっている。

　こうしたとき，「グローバル化」は単に経済的な現象ではなく，教育もまた世界的な視点から，また世界的なコミュニケーションのなかで行なわれなければならない。

　その一例は，PISA の国際学力テストである。また，OECD が中心として進めている，これからの国際社会において共通に求められる人間の資質としての「コンピタンシー」に関する論議もそうである。これらは，教育システムが，これまでの各国の国内的なシステムであったのが，グローバルなシステムにまで拡張してきていることを示している。

　こういったグローバル化した状況において，人間中心あるいは特定の国の枠組みから教育学を構想することの限界がある。教育を単に自然的存在としての人間の発達を促す作用として，あるいは個人を社会に引き入れる働きとして，楽観的にとらえることはできない。

　すでに見たように，グローバル化は，一方では世界を有機的に結びつける動きである。それはこれまでの国民国家（ネーション）の枠にとらわれてきた教育を大きな人類的視点から再編する可能性をはらんでいる。しかし他方で，グローバル化の現実は，先進国と途上国の格差の拡大・宗教的価値観の対立・先進国内部の貧富の拡大といった矛盾をもたらしている。

　地球において限りない成長はすでに自明のものではなくなっている。また，民主主義の根幹をなす自由・平等も，それに基づく経済活動の結果，とてつもない貧富の格差を生み出し，それによって社会的矛盾や戦争がたえまなく発生している。

　経済は基本的に生産力と生産関係からとらえることができる。これまでの経

済成長によって，特に機械化によって工業化が進んだ国では，生産力が飛躍的に高まり，そのため，労働人口が相対的に過剰になってきている。こういった国々では，社会全体としては豊かになったが，少ない労働需要を多くの市民が奪い合う，いわゆる「豊富のなかの貧困というパラドックス」（ケインズ）という状態が出現してきている。このとき，慢性的な失業問題を解決するためには，労働時間を政策的に削減することが必要となる。

これは，これまでは労働は生存のためにやむをえず行なってきたのが，市民各個人の自己実現のために行なうことができるという積極的な意味をもつ。また，学校教育も，労働市場に参入するための準備としてなされてきたのが，子どもの自己実現のために行なうという可能性をそこに見てとることができる。

## 5　教育の方向——「再帰型」教育と「自己準拠型」教育

近代教育学の後にくる新しい教育学は，地球レベルでの諸問題にどう取り組んでいったらよいのだろうか。これまで示したような課題を視野に入れるとき，近代の「個人重視」と「社会重視」の2つのタイプの教育は，それぞれ，「開発型」教育と「社会準拠型」教育というように言い換えることができる。そして，この2つの立場に対置される教育を，それぞれ，「再帰型」教育と「自己準拠型」教育と特徴づけることができる。

では，「開発型」教育／「再帰型」教育，および「社会準拠型」教育／「自己準拠型」教育とはそれぞれどのような教育なのだろうか。

### ① 「開発型」教育から「再帰型」教育へ

すでに開発された自然や社会をリサイクルし，循環型のシステムに変えていくことが求められている。これと同じように，教育も，人間を自己完結型の存在として形成していくものとなるだろう。

すなわち，自分の生活が自然や社会と共生していくライフスタイルであるかをたえず振り返ることができる人間の形成を目指すことになる。それはまた，子どもを理想の大人に作りかえることを目指す教育ではなく，大人が自己形成しつつある子どもと共生していくものとなるだろう。

子どもはその成長過程においてつねに揺れ動いている。そして，そのどの時点においても自らに働きかけ，自らを変えていく。大人がその姿を肯定的に受け止めることにより，子どもは安心して次の段階に自己成長できる。そのとき，子どもは大人をモデルとすることもあるが，それはやはり子どもが自ら選択することによってである。

このような自己完結的な教育は，自己に始まり自己に還っていくという意味において，「再帰的」(reflective) な教育と呼ぶことができる。「再帰性」とは，子どもの側からすれば，「自省的」な存在であることを意味し，働きかける大人の側からすれば，子どもと「循環的」関係を結ぶことを意味する。

### ②「社会準拠型」教育から「自己準拠型」教育へ

近代教育の第二の流れとして，社会の維持のための教育があった。そこでは，教育は，社会の政治的統合に向けて組織された。あるいは，経済成長のために教育計画が立てられ，予算が配分され，学力水準の到達が図られた。

こういった発想に立つ教育は，教育それ自体で意味をもつのではなく，何かの社会的目標を達成するために教育するという意味で，「他者準拠」的教育と呼ぶことができる。これに対して，教育がそれ自体に向けてなされる場合，それは「自己準拠」的教育と呼ぶことができる。

ここで言う「自己準拠」的とは，教育がそれ自体で自由な精神活動としてなされるという意味である。それは，自然的存在としての子どもの内発的な成長衝動に依拠し，子どもの内部に潜む能力を引き出すという自然主義的教育とは異なる。なぜなら，今日では，「自然」はすでに人間の手によって作り変えられ，人間がそれを維持しなければならなくなっているからである。これと同じように，子どもの中に自然を見いだすのではなく，自然をつくっていく主体として子どもを教育することが課題となっている。

これは，教育と社会の関係についても同様である。教育を社会に合わせるのではなく，教育を受けた個人が社会をつくっていくのである。すなわち，教育を政治や経済に従属させるのではなく，政治・経済と協調しながら，社会の有機的・システム的統合を目指す教育ということになる。

「再帰」型教育と「自己準拠」型教育は，前者が子どもの自己に準拠し，後者が教育システムそれ自体に準拠するというように，システム準拠のレベルが異なる。だが，その２つは互いに重なり合っている部分がある。

　すでに述べたように，教育は何らかの「良い／悪い」の基準でもって子どもに働きかける作用である。そういう意味で，教育は，社会から子どもに対する期待を伝えるものである。しかしそれは，知識なり，規範なり，大人から見て望ましいものを獲得させることとしてとらえるべきではない。

　もしそうだとすれば，教育を受ける存在は，いつまでも教育する側から目標を提示され，それに向かっていくことを指示されることになる。これに対して，教育のあるべき姿とは，子どもが自分の置かれている状況を認識し，その条件の中で，自分で設定した理想の状態に向けて自分を変えていく力をつけることであろう。言いかえると，教育の目的は，子どもの外部にあるのではなく，子ども自身が自己反省能力を身につけ，自己をつねに新たなものにつくり変えていく力をつけることにある。

　このような自己組織能力の形成は，教育システムがその内部で子どもにだけ期待するものではない。そのような「自由」な主体として形成された子どもは，大人になって職業に就き，社会に参入したとき，所属するシステムを自己組織的システムとしてつくっていくことになるだろう。

　このようにして，再帰型の教育は自己準拠型の教育と交わる。こういう意味において，この２つの型は社会全体を自由なものとして形成する原動力となることを目指す。教育の最終目標は，社会が目指す理想を子どもに伝えることではない。子ども一人ひとりが自己形成力をつけ，それを通じて，社会自体のシステム形成力を高めることにある。

　ここまで，教育システムが「再帰」性と「自己準拠」性を備えることの意義を見てきた。そのような方向をとる教育の理論や実践にはどのようなものがあるのだろうか？　ここでは，つぎの４つを挙げる。

　（ⅰ）**デューイの活動理論**：個人の自発的な活動を引き出すことが教育であるという立場である。アメリカのプラグマティズム哲学，とりわけデューイによ

って展開された。そこでは、教育は子どもの興味・関心に沿ってなされる。そして、子どもの関心は生活に根ざしたものであるはずだから、それは結果的に社会が求めるものと一致するという発想で教育がなされる。

（ⅱ）**ホリスティック教育論**：人間を世界・宇宙の中の存在としてとらえ、それとの調和的関係をめざす立場である。J. ミラーによれば、「アトミズム的な限定された狭い視野を、より包括的な、自己から宇宙までの〈つながり〉を見渡す視野へと開いていく」立場である（ミラー 1998）。その代表的な理論・実践として、R. シュタイナーや M. モンテソーリーがいる。

シュタイナー教育においては、人間は身体・魂・精神から構成されるとされる。子どもはその発達の自然の順序に沿って調和的に成長し、成人後のその自由な活動によって社会を本来の姿に作り変えていくことがめざされる。

（ⅲ）**ナラティブ・アプローチ**：教育は子どもという可能性について想像し、その未来についての物語を構成するものである。この意味において、教育を構成主義的な営みとしてとらえる流れがある。その代表的なものに、子どもの言葉や語りを教師が物語として解釈し、それを子どもと共同して作り変えていく「ナラティブ・アプローチ」の教育学がある。

（ⅳ）**システム論**：ドイツの社会学者 N. ルーマンの社会システム論が最も有名であるが、広く、要素とそれから構成される全体が相互に影響し合う関係においてシステムの維持・成長を考察する立場である。教育においては、たとえば、授業における教師と生徒の関係を、教師から生徒への一方向的な働きかけとしてではなく、両者間の多義的なコミュニケーション関係としてとらえようとする。

近代教育は基本的に、教師が子どもを人格的に完成させることを目標としてきた。すなわち、自律した個人というのが、近代教育の基本的な目標であった。これは、「教師中心」であれ、「子ども中心」であれ、共通にめざされてきたことである。前者は、理性を手がかりとし、後者は経験を手がかりにするという違いはあれ、ともに子どもを主体的な存在にすることがめざされる。

ところが，このような近代的前提に対する疑問が出されてきている。それは，たとえば，ポストモダン，あるいは多文化主義という思想であったりする。それはまた，既存の体制が自明視する意味を解体する主体としてとらえられる。あるいは，抵抗する主体，越境する主体という名で呼ばれることもある。

これらの主体像に対して，システム論が想定する主体は，システム主体である。それは，単に自律的な主体ではなく，自己を取り巻く環境の中で自己を定位する主体である。言いかえると，自己準拠する場合，それは他者準拠をして，自己と他者の違いを意識してなされる。それは，単に自己を反省するのではなく，つねに他者との関係において振り返るという意味で，「再帰的主体」と呼ぶことができる。また，関係論的主体と呼ぶこともできる。

この再帰的主体は，教育される子どもだけに求められるのではなく，教育する者としての教師にも求められる。その場合，教師は子どもと関わる中で，子どもの中にかつての自分を見いだす。教師は未熟であることを自覚し，そういった自己観察によって，自己教育できる主体となる。

被教育者としての子どもは，そういった教師を観察し，モデルとなる大人を選択していく。そこでは，教師は子どもに価値を押し付けるのではなく，子どもが自己教育する主体になることを選択する機会を作ることになる。

ここで挙げた4つの理論は，それぞれ，教育における活動性，コミュニケーション性，精神性，システム性を重視しているという点で，互いに区別することができる。だが，教育の理論は互いに影響し合い，また実践の中で多様に解釈されるため，これらの論はその代表的なものにすぎない。また，これら4つの論のそれぞれの内部でも，解釈は多義的である。

## 6　世界市民の形成と学校の公共性

それでは，「再帰」型と「自己準拠」型を志向するとき，教育はどんな形として展開していくのだろうか？

まず，「再帰」性に関わっては，それは子どもを「世界市民」として形成することにつながるだろう。学校が「市民」を育てる場であることは，これまで

の教育学においても強調されてきた。しかし，現代において学校は，子どもを自分が属する国（ネーション）の市民としてだけではなく，世界市民としての自省的能力を持つ市民にまで育てていかなければならない。なぜなら，急速な環境変動や世界規模での災害，あるいは経済危機などが示すように，地球は一つの社会的共同体システムとして存在しているからである。

　かつて，「市民」は，西欧の都市の成員として，都市を維持する活動の中から生まれてきた。「公共」圏とは，自然環境に対抗するかのように作られた西欧の都市の自治を担う市民の自由な活動・言論の空間のことであった。

　「公共」とは，誰もがそこに参加できるという意味がある。身分・財力の違いに関係なく，平等に扱われる場が「公共圏」である。こういう意味において，学校，とりわけ公立学校は「公共」的な教育機関である。

　地球社会が一つの公共圏としてとらえられ，そこに住む人々が「世界市民」としてとらえられるのは，まさに破壊が進む自然環境との調和とその回復を目指すことが課題となっているからである。また，先進国と途上国との不均衡な発展や，先進国内部での格差拡大，というようにその内部で蓄積されてきた社会的矛盾について自由に考え，行動できる市民が求められているからである。学校はこのような「世界市民」を育成する場としてのグローバルな「公共」的機関である。

　「公共圏」としての学校においては，形式的には誰もが「等しく」扱われるが，それは，現実には「力の強い」者が発言力をもつ場でもある。「公共圏」としての学校は，このような矛盾をつねに抱えている。だが，その矛盾をバネにして，一人ひとりの内面に働きかけ，各人の内にひそむ可能性を引き出すこと，これが公教育の姿である。それは，けっして「声を上げられない，弱い者」を発言力がある強者に仕立てることではない。たとえ，声にならなくとも，各自が自分の内面と向かい合うことができるとき，その感受性は互いに強い共鳴を引き起こし，地球社会を動かすのではないだろうか。

　つぎに，「世界市民」の形成に向けて，「自己準拠」的な学校ではどのような教育が営まれるのだろうか。「再帰」的学校がグローバル化した世界についての「反省」的思考を養う場だとしたら，「自己準拠」的学校は，グローバル化した世界についての感受性を養う場である。そこでは，子どもは自分の中にひ

そむ自然的感覚をとぎすまし，遠い世界での出来事や地球環境の変化を自分の身の回りのことのように感じることができ，それの解決方策を自分の感覚を頼りに判断する。

　したがって，教育が期待する，未来を担う人間も，将来について確固たる見通しをもつ人間ではない。むしろ，いろんな予期せぬ出来事に遭遇したときに，そのつど想像力を働かせてよりましな選択ができる人間ということになるだろう。あるいは，複雑な事態を自分なりにまとめること（縮減）ができる人間ということである。これを，ボルツは「複雑性に対する高い感度」であると言う（ボルツ 2002）。

　ここで「複雑性」への感受性とは，「未知なもの」への感受性と言いかえることもできる。われわれの前に広がる時間的・空間的にシステム外のものへの空想力もこれに含まれるだろう。

　時間的には，われわれの個別の生を超えた過去・未来の出来事・社会についての想像がある。また，空間的には，グローバル化のなかで情報として入ってくる他の国々の人々の生活がそうである。そういった時間・空間的想像力の彼方には，地球全体の行方についての構想力も芽生えると思われる。

　このような「想像力」は，現実にないものを「空想・夢想」することとは違う。それは，現実について認識し，感覚することをふまえて，その先に展開する可能性を構想する力である。エンデの小説『モモ』の主人公は，豊かな感情移入によって，迫ってくる危機を感じ取り，それを切り抜けていく。新しい世界はこのモモのような想像力によって創られていくと思われる（子安 1991）。

　これまでの教育（学）が個人重視あるいは社会重視の視点から，それぞれ「人づくり」，「国づくり」を目指してきたのに対し，これからの教育（学）は複雑な状況に対する認識と想像力をふまえて，その事態を打開し，希望のもてるものへと転換する「システムづくり」の能力形成を目指すことになる。

　ここで言う「システムづくり」の能力とは，広く地球レベルのシステムから，狭くは自分の住む地域の生活に密着したさまざまなシステムについて，そのニーズを把握し，企画・立案し，組織をつくり，現実に運営していく能力のことである。これはすでに述べたように，子どもの自己形成力の延長上において，それが社会的レベルでシステム形成力として発揮されるものである。

**引用・参考文献**

エンデ，M.（大島かおり訳）『モモ』（エンデ全集3）岩波書店，1996.
子安美知子『「モモ」を読む』朝日文庫，1991.
佐藤学『学びの快楽―ダイアローグへ』世織書房，1999.
田中孝彦・森博俊・庄井良信編著『創造現場の臨床教育学』明石書店，2008.
ボルツ，N.（村上淳一訳）『世界コミュニケーション』東京大学出版会，2002.
ミラー，J.（吉田敦彦・手塚郁恵・中川吉晴訳）『ホリスティック教育――いのちの
　　つながりを求めて』春秋社，1994.
ルーマン，N.（村上淳一訳）『社会の教育システム』東京大学出版会，2004.

I　子ども／大人・教師

# 1章　教育される存在としての子ども

野平　慎二

## 1　はじめに

　この章では，子どもという存在をどのように捉えたらよいかについて考え直す[1]。特に，「子どもは教育を受けて発達すべき存在である」という近代的な捉え方を，システム理論の観点から再検討する。

　周知のとおり，アリエスの『〈子供〉の誕生』によれば，前近代には「子ども」という観念がみられず，私たちが当たり前とみなしている「子ども」という存在は，近代になって産み出されたものだという（アリエス 1980）。近代化の進行にともない，子どもが大人との日常的な交わりのなかで，大人の姿を見倣いながらいわば自然に一人前へと成長していくことが困難になるにつれて，子どもを意識的，意図的に大人へと教育するという観念が生まれ，そのための制度的な仕組みが作り出されていく（学校はその典型）。同時に，教育の対象となる子どもとは何者なのかが科学的に研究されるようになる[2]。そうしたなかで作り上げられてきたものが，先に挙げた「子どもは教育を受けて発達すべき存在である」という捉え方である。発達を援助することが教育の役割であるとする考え方は今日では一般的であり，そのための教育技術の開発が続けられてきた。

　他方，今日では，社会の変化とともに「発達」の実体が捉えにくくなってきている。医療技術の発展は，人間の生の始まり（誕生）と終わり（死）を確定しにくくした。情報技術の発展や生涯学習の拡大は，無知な子どもと知識をもつ大人という区別を曖昧にしている。幼児期にせよ，思春期にせよ，壮年期に

せよ，老年期にせよ，かつては明確にイメージされていた固有の特徴（「〜らしさ」）が失われ，人生の区切りや，それぞれの段階での役割行動の内実はわかりにくくなっている（cf. 田中 1996: 29）。

　また，人生の区切りや大人と子どもの区別が不明確になるのに応じて，「教育」も確固たる根拠を失いつつある。子どもを自律した大人へと形成することが教育の課題であったとすれば，今日では，荒れ，いじめ，不登校，ひきこもりといった子どもたちの身体現象が典型的に表しているように，教育しようとする意図や教育のための制度それ自体が子どもからの異議申し立てをさまざまな形で受けており，それにもかかわらず大人はその異議申し立てを「さらなる教育」によって克服すべきとする旧来の思考から抜け出せていない状況である（cf. 佐々木 2003: 148）。

　こうした状況に対して，だからこそ正しい発達を促す正しい教育の役割がより重要となるのだ，という見方をとることもできる。子どもが発達可能性をもつことを前提とし，正しい発達の筋道——そこでは，ゆがみやもつれや回り道，退行はできるだけ回避すべきものとみなされる——を明らかにした上で，教育者はそれを促す的確な指導力をもつべきだ，という主張は，根強い日常的な信念を形成している。あるいは，「何が正しい発達か」をめぐる学問的な発達理論はさておき，実際に子どもたちと接するなかで「子どもが伸びた！」という実感をもつことはよくあり，それは「発達」と呼べるのではないか，という見方もあるだろう。

　もっとも，「子ども」であれ「発達」であれ，先に述べたように，歴史のなかで作り上げられてきた概念である。歴史や社会が変わると，「子ども」や「発達」の内実も変わるかもしれない。近代という特定の時代に作り上げられた「発達すべき存在としての子ども」という概念が，どの時代にも普遍的に当てはまる正しいものだという保証はない。また，「子どもが伸びた！」という実感の背景には，その「伸び」を「発達」と捉える，ある程度の共通理解が存在しているはずであり，そこには，学問的と呼べるか否かにかかわらず，やはり発達の普遍性が想定されているといえるのである。

　本章では，「教育を受けて発達すべき存在」という子ども観を素朴に前提とするのではなく，むしろその前提のもつ歴史性や社会性のほうに目を向けたい。

まず，発達の援助としての教育という考え方の基本的な性格について確認した上で，そうした考え方を背景から規定している歴史的条件を確認する（第2節）。続いて，近代的な発達概念と教育概念のもつ問題点を検討し（第3節），最後に，子どもという存在をどのように捉えればよいのか，またそこでの教育の可能性をどのように考えればよいのかを，ルーマンのシステム理論を手がかりにして論じる（第4節）。

## 2　「発達する存在」としての子ども観の歴史性

### (1)　発達と教育の範型

　教育学の多くのテキストにおいて，人間の教育可能性と教育必要性を説明する例として，野生児の記録が取り上げられる。代表的なものは，1799年にパリ近郊のアヴェロンの森で発見された「アヴェロンの野生児」（イタール 1978）や，1920年にインドのカルカッタ近郊の森で発見された「狼に育てられた子ども」（シング 1977）である。アヴェロンの野生児として知られる少年の発見当時の推定年齢は11〜12歳。少年はヴィクトールと名づけられ，青年医師イタールによって教育が試みられた結果，一定程度の感覚機能，感情機能，言語能力が身についたという。また，カマラとアマラと名づけられた，狼に育てられたとされる二人の少女の推定年齢はそれぞれ1歳半と8歳。シング牧師は二人を人間世界に連れ戻すために献身的な努力を重ねたが，直立二足歩行や言語能力といった人間特有の能力を獲得させるには大きな困難がともなったという。これらの野生児の例から，自然の状態のままではヒトは人間として発達せず，人間的な環境や教育が必要であること，逆に言えばヒトは教育によって人間へと発達する可能性をもつこと，その教育的な働きかけには適時性があることなどが説明されている（cf. 田嶋ほか 2011: 20ff.）[3]。

　こうした説明のなかに，発達と教育にかんする基本的な範型を見出すことができる。まず，野生（自然）と人間世界の対比が象徴的に表しているように，発達とは自然から人間への質的な変化として捉えられること。また，その変化は時間軸にそって段階的に進行すること，そのつどの段階で適切な教育が必要とされること，適切な教育によってそのつどの段階の発達課題が達成されなけ

れば，後の発達に悪影響を及ぼしてしまうこと，などである。実際，ピアジェ (Jean Piaget) は，主体と客体との相互作用における同化 (assimilation) と調節 (accomodation) を通した均衡化の過程として発達を描き出し，子どもの知的発達を感覚運動期，前操作期，具体的操作期，形式的操作期という四段階に区別した（ピアジェ 1982）。またエリクソン (Erik H. Erikson) は，子ども期のみならず人間の生涯における発達を探究し，発達段階を乳児期，初期幼児期，遊戯期，学童期，青年期，初期成人期，成人期，老年期という八段階に区別した上で，それぞれの段階において克服されるべき心理的・社会的危機を示している（エリクソン 1982）。

## （2）自然の理性化としての発達と教育

ところで，英仏語で「発達」を意味する development, développement はラテン語の volvo（包む，巻く）を語幹として成立しており，「巻物がほどかれて中味が現れること」を意味していた（ドイツ語の Entwicklung についても事情は同じ）(HWP 1972: 550)。また，「進化」を意味する evolution も，同様に「巻いたものを広げる」という意味のラテン語の evolutio を語源としている（同上）。このように，「発達」概念はもともと，あらかじめ備わっていた資質が外に現れるという前成説的 (preformativ) な性格をもっていた。このような前成説の背景にはアリストテレス的な目的論的自然観が存在している。蕾がやがて開花を迎えるように，自然のなかに固有の目的が内在しており，その目的に向かって形態を変えることが「発達」の過程と考えられた。アリストテレスは，一方では有機体は成長するにしたがって次々と新しい器官を追加させるという後成説的 (epigenic) な見方を示し（森田 2000b: 558），自然の本質を運動性ないしは原因性と捉えていたが（日下部 2003: 13），他方ではその自然観は目的論的に統一された静的，階層秩序的なものであった。

これに対して，17, 18世紀の自然科学の展開とともに，自然からは目的論的な性格が剝ぎ取られ，機械論的な自然観が優勢となる。デカルト (René Descartes) は，アリストテレスにならって自然の本質を運動と静止に求め，延長 (extensio) という属性をもつ物体観を示したが（池田 2003: 111），その場合の自然や物体は精神とは異質なものであるとみなされた。また，ダーウィン

(Charles Darwin) の進化論は，進化の過程を，有機体それ自体の選択と適応にもとづく変化として説明した。生物の進化は，自然の目的や神の摂理とは無関係に，それ自体の機械的な競合と淘汰によって促されると説いたのである。

　機械論的な自然観は，人間理解にも大きな影響を及ぼさずにはいなかった。すなわち，人間もまた一方では，自然の目的や神の摂理とは無関係な，機械論的な自然性を備えた存在とみなされ，自然科学的な研究と社会工学的な操作の対象とされた。しかし他方，人間は単なる自然ではなく，自然に対峙しそれを解明する理性的かつ自由な存在でもなければならない。啓蒙主義は，それまでの神に代えて人間の理性に世界を秩序づける役割を認めた。ここにおいて，生物学的な意味でのヒト——それは他のさまざまなモノと同じく，機械論的な自然である——を，いかに理性的で自由な人間へと変えていくか，言い換えれば自然の理性化が新たな目的論となり，自然の理性化としての近代的な発達概念および教育概念も誕生する。

## 3　近代的な発達概念と教育概念の問題点

### (1) 目的論の不在と技術論への特化

　ところがその目的論には，ひとつの難問が含まれていた。すなわち，理性化としての目的論はどのようにして正当化されるのか，という問題である。ヒトを理性的で自由な人間にする働きかけが，恣意的ではないという根拠を，当の理性はどのようにして示すことができるのだろうか。理性化の内実を自然科学的に解明しようとすれば，それは人間を機械論的な自然と同一視してしまうことになり，自然科学によらない方法で解明しようとすれば，それは客観性を欠いたものにならざるをえない。生物進化の観念が，宗教の呪縛から解放された近代的個人，およびそれが形成する市民社会の展開に重ね合わせて理解されるという，啓蒙主義の進歩思想の時代背景を考慮に入れるならば，理性化としての新たな目的論が素朴に信頼されたことも肯けることである。けれどもその目的論は，根拠づけられたものというよりも，社会的な合意を引き合いに出して正当化されたものに過ぎなかった。そして，後の心理学における発達研究や，それに依拠した教育学研究の背景をなし，またそれらを現代に至るまで方向づ

けてきたのは，根拠づけられた理性化としての目的論ではなく，理性化の過程を古典的な自然の目的論と密かに同一視した——換言すれば，理性化が人間の内的自然の目的であるとみなした——「進化の発展モデル」であった（森田 2000a: 415）。

今日なお，教育的な働きかけを受けて子どもが変容した場合，それは子どもの教育可能性，ならびに発達可能性を示す証拠とみなされている。たしかに，一定の働きかけを受けて子どもが変容したとすれば，それは子どもにその変容への可能性が存在していたことを示している。けれどもその変容は，目的の内在を裏付けているわけではない。その変容やその働きかけが，（教育者の設定する目的ではなく）子どもの内在的な目的にかなう正しいものだったのかを，その変容から根拠づけることはできない（cf. 原 1996: 78ff.）。それにもかかわらず，近代以降の教育学は，目的論の検討を回避し，もっぱら可能性開発の技術論へと自らを特化させてきた。もちろんそれには理由がないわけではない。伝統や宗教の力が弱まり，価値観の多様化が進むなかで，皆が納得できるような子どもの内在的な目的とは何かを問うことは難しい。また，近代国家の発展や個々人の生活水準の向上という現実的な課題の前に，教育が人材開発の主要な手段とみなされたことも十分に理解できることである。しかしながら，「教育は子どもの可能性を引き出すことである」といったスローガンのもとで，目的論を欠いた可能性論に依拠して教育が行なわれる場合，そこではいかなる教育行為も子どもの発達の名のもとに正当化されてしまうことになる（なぜなら，何が正しい発達なのかを保障する目的論は根拠づけられておらず，発達は教育者の側から任意に設定されるのだから）。他方，子どもは無限の可能性をもつ存在とみなされ，際限のない可能性開発の対象とされてしまう。しかも，何のためにそのような教育的な働きかけを受けなければならないのかは，子どもにはわからないままなのである。

### (2) 同一性の仮構と規格化的介入

先に確認したように，発達は，時間軸にそって前進的，段階的に進行する変容と特徴づけられている。個人は時間の経過のなかでさまざまな経験——そのなかには教育的な働きかけを受けることも含まれる——を積み，自己を質的に

変容させていく，というモデルである。こうした自己の形成的発展のモデルの原型を，ヘーゲル（G. W. F. Hegel）に求めることができるだろう。

ヘーゲルは，『精神現象学』（第二版 1832 年）において，自己の形成過程を個人と全体の，ないしは個別と普遍の弁証法的な過程として描き出した（Hegel 1980 = 1998）。自己の形成は，単に自己が新しい知識を内部に取り込み蓄積させていく過程ではない。自己はその外部（全体）と出会うことで，これまで自らが真理とみなしてきた事柄に対する反省を迫られる。従来の真理が一時的に否定されることこそ，新しい自己への質的転換の契機である（従来の真理が全否定されるならば自己は崩壊し，まったく否定されないならば自己は変容しない）。ヘーゲルのいう経験とは，旧来の真理が新しい真理のもとに統合され，新しい自己同一性が確立され，自己が全体のなかに位置づけ直される過程である。このような説明図式がピアジェやエリクソンなどの発達概念の背景をなしていることは容易に見て取れる。

さらに，ヘーゲルにおいて自己形成の過程は，個人が絶対精神へと向かって自己展開を遂げる過程であると同時に，絶対精神が自己展開を遂げる過程としても理解されていた。歴史は絶対精神の自己展開の過程であり，それを実際に具体化するものが個々人の自己形成である。ヘーゲルにおいては個人の発達と歴史の進歩とが重なり合い，実際の個々人の自己形成の度合いは全体（絶対精神）の自己展開を基準として測られる。こうした説明図式が，「個体発生は系統発生を繰り返す」というヘッケル（Ernst Heinrich Haeckel）の「生物発生原則」の背景をなしていることも，容易に見て取れる。

ところで，時間軸にそった質的変容は，現在の自己が過去の自己を振り返り，自らが何者であるかを確証することで成り立つ。過去への省察が成り立つためには時間的な経過が必要となるため，確証されるのはあくまでも過去の自己であり，振り返っている現在の自己はいつまでも不明なままである。しかしながら，近代的な自己の同一性は，省察する自己と省察される自己との一致というありえない仮構を自明の前提とすることで成立してきた。青年期のみならず，それぞれの発達段階における同一性の確立は，自己の前提にこのようなありえない仮構が置かれていることを忘却することよって成り立つものである[4]。

また，自己の質的変容がより高次の段階への発達とみなされるのは，その変

容が普遍的，全体的な原理にかなう限りにおいてである。発達という思考の枠内では，個々の経験は，全体としての真理ないしは原理に位置づけられることで初めて意味を認められる。逆にいえば，このような普遍的，全体的な原理が前提に置かれているからこそ，「順調な発達」や「発達の遅れ」といった言い回しも可能になる。

　このように，近代的な発達概念は，自己のあり方を同一性へと規格化する働きをもつ。それはまた，普遍的な原理を基準として個別の事例を測定し，普遍に個別を包摂することでもある。このような発達概念を基礎として，発達させられるべき対象は自然（野蛮）であると性格づけられ，その自然が法則論的に究明され，究明された法則に従って操作的に介入が行なわれる。教育を受けて発達した個人は，発達という普遍的な物語を受け入れる「正常な」大人の仲間に加わることを許される。しかし見方を変えれば，その教育の実質は，同一性に回収されない自己の具体的，個別的，特殊的な側面を見失わせることでもあり，普遍的な原理に個人を従属させることでもある[5]。発達は人間の全き目的ではなく，また経験的な事実でもなく，むしろ経験的，科学的な探究を背後で規定する啓蒙主義の進歩思想という歴史的，社会的な背景をともなって成立した，人間に対するひとつの見方にすぎないといえるかもれない[6]。

## 4　発達から自己創出へ

### (1) 自己創出的システム（Autopoiesis System）としての人間

　以上でみてきたように，「子どもは教育を受けて発達すべき存在である」とする捉え方には，いくつかの問題が含まれている。観察する自己と観察される自己の同一性という仮構，自由な自己を外部からの強制（教育）によって形成するという，カント以来のパラドクス，可能性と目的との取り違えからくる，発達の名のもとでの子どもの可能性の「乱開発」等々。では，同一性という仮構に依拠しない自己のあり方を，いかに描き出すことができるのだろうか。人間が因果法則に従う機械ではないとすれば，教育によって子どもに働きかけること，それによって子どもが育つ，しかも自律的な人間へと育つ（ようにみえる）ことをどのように捉えればよいのだろうか。

ルーマンのシステム理論はこうした問いに対する手がかりを与えてくれる。ルーマンによれば，社会的関係はシステムとコミュニケーションから成り立つとみなされる（cf. Luhmann 1984＝1993/1995）。ここでいうシステムとは，それを取り巻く環境から相対的に区別されるひとまとまりの働きを指す。社会は政治，経済，教育といったサブシステムから構成され，人間は心的システム，身体システム，生命システムといったサブシステムから構成される。システムの特徴は，それが自己創出的である点である。すなわち，システムはコミュニケーションを構成要素として含みもっており，その構成要素に依拠しながら絶えず自らを新しく創出するのである。

　また，ルーマンによれば，システムとシステムとの間のコミュニケーションは，共通の解釈図式に従って情報がやりとりされることではなく，それぞれ自己創出的であるシステムが，解釈図式を共有しないまま，それぞれにある理解を選択したり，ある表出を選択したりすることを意味する。共通の解釈図式が共有されていないこの状態は，「自らの言動が相手から誤解されるかもしれない」と双方ともに確信をもてない状態であるともいえる（この状態は「二重の偶然性 doppelte Kontingenz」と呼ばれる）。日常生活では，ほとんどの場合に言葉や行動の解釈図式がある程度まで共有されていることを前提にできるため，言動のたびごとに双方が「自分の言動は相手に正しく理解されているのだろうか」と疑心暗鬼になる必要はない。けれども，自己創出的なシステムの間のコミュニケーションには，誤解の可能性がつねに不可避的に含まれている。

## （2）教育のメディアとしての子ども

　さて，このようなシステムとコミュニケーションという道具立てを用いるならば，教育と発達とみなされてきたものはどのような出来事として描き出されるのだろうか。ルーマンはまず，教育におけるテクノロジーの欠如を指摘する（Luhmann 1979）。すなわち，教育の対象たる子どもを，教育者の意図どおりに変容させるテクノロジーは存在しないということである。子どもは自己創出的なシステムであり，因果法則に従うモノや機械ではないので，子どもを意図どおりに操作し変容させるテクノロジーなど存在しないという主張は納得いくものであろう。

もっとも，子どもの自律性を前に，教育者は自らの働きかけをそのつどまったく新しく考え出し実行に移すのではなく，ある程度「こう働きかければ子どもはこう変化するだろう」といった因果関係的な見通しをもって行為する。ルーマンはそれを「因果プラン Kausalplan」（同上：351）と呼ぶ。「何才くらいの子どもにはこんなことができる」といった発達段階的な見方も，このような「因果プラン」のひとつである。

　ところで，因果関係は，無限の相互連関とともに生起している現実を，任意の起点と終点で区切り，その間に原因─結果としての意味づけを付与したものである。その意味づけは一定の視点を取ることで成立するが，それ以外の視点を取ることができないわけではなく，因果的な意味づけは多様な現実のなかの一面にすぎない。機械論的な自然に対しては法則的な因果性が成立するが，人間の行動については蓋然的な因果性が成立するのみである。教育の場面についてみれば，教育者の側では，子どもの変容は教育者の意図を起点とする教育的な働きかけによって引き起こされたとみなしたとしても，実際にその変容が教育的な働きかけによってのみ生じたのかどうかは確定できない。そもそも自己創出的なシステムは，外部から働きかけることで変化させることのできないものである。言い換えれば，子どもに対して「因果プラン」を携えて働きかけることは，子どもの主体性を尊重しているようにみえて，実際には子どもを因果的に操作対象とみなしていることの表れであるともいえる[7]。

　さらに言えば，自分自身を「教育者」とみなす自己理解も，相手を「子ども」と捉える対象理解も，ともに多様で複雑なシステムからなる現実を捉えるひとつの見方である。ある人物が制度上「教師」という立場にあり，当然自らもそう理解している場合でも，子どもがその人物を意図的に──例えば学級崩壊にみられるように──，あるいは無意図的に──例えば新しく着任した教師をそうとは知らず校門の外で初めて見かけた時のように──「教師」と認めず，指示に従わないことは十分に考えられることである。「教育者」としての自己理解をもって働きかければ，それによって教育的コミュニケーションが成り立つわけではない。ルーマンによれば，教育的コミュニケーションの特徴は，それが「子ども」というメディアを媒介とする点である（Luhmann 1991＝1995, cf. 石戸 1995）[8]。教師の心的システムは，相手を「子ども」とみなすことによ

って初めて，相手の心的システムに自らを関係づけることができる。そして，教育的コミュニケーションからみて子どもの行動がより予測可能なものになることが，教育の成果とみなされる。

　子どもの行動をより予測可能なものにすることが教育の成果である，といった言い方は，あまりにも当然と受け止められるかもしれない。けれども，ルーマンの指摘において注目すべきは，教師の働きかけは子どもそのものに影響を与えているのではなく，現実には「子ども」というメディアのなかで，双方の心的システムと教育的コミュニケーションとが結びついているのだという点である。いかに教師が子どもそのものに働きかけているように理解していても，その理解とは別の形で実際の教育的コミュニケーションは進行している。教師の働きかけを受けて子どもが発達的に変容したようにみえる場合，それは子どもの心的システムの自己創出的な変容，そして教師と子どもの間の教育的なコミュニケーションの変容を示している。教師の目からみれば，その変容は発達と映るかもしれない。けれどもその変容は，普遍的な発達図式にそった因果関係的な子どもの変容ではないのである。

## 5　おわりに──「教育可能性」から「教育の可能性」へ

　ルーマンによる描写から明らかになるように，教師が自ら行なっていると考えていることと，現実に生じている教育的なコミュニケーションとの間には，構造的な差異が存在している。また，教育に限らず，すべてのコミュニケーションは，相手の心的システムの不透明性を含み込んで進行している。このような差異や不透明性は，事前にいくら子ども理解や教材研究を積み重ねたとしても取り除くことのできない，コミュニケーションの本質的な要素である。

　この差異や不透明性が障害とならない限りにおいて，教育的コミュニケーションは円滑に進行する（少なくとも教師の目にはそのように映る）。しかしながら，コミュニケーションが円滑に進むのはあくまでも偶然の出来事であって，円滑に進むこと──例えば，子どもの発達の援助に成功すること──は必然ではない。この点を忘却したところに，自己同一性のモデルや普遍的な発達図式，それにもとづく教育といった，特殊近代的な人間観や教育概念が成立する。付言

するならば，教師の目からみて子どもとのコミュニケーションが円滑に進まないという事態は，そもそもコミュニケーションが成り立っていないのでは決してなく，教師の意図したものとは別の形のコミュニケーションが相手の心的システムとの間に成立しているということである。

このような自己創出的システムの不透明性を，教育にとっての障害と捉えるべきではないだろう。むしろこのような自己創出という性格こそ，子どもの自己変容の可能性を示すものであり，また教育的コミュニケーションが成立する可能性（「教育の可能性 possibility of education」）を与えてくれるものである[9]。近代的な——そして現在もなお圧倒的な影響力を保ち続けている——教育的思考は，子どものなかに「教育可能性 educability」を想定し，その結果，一面では子どもの自然性を科学的に探究し，他面ではその探究成果にもとづいて開発的，操作的に介入し，それを発達の援助として正当化するという，子ども支配の隘路に踏み込んだ。これに対して，ルーマンのシステム理論にしたがい，自己創出的なシステムとして子どもを捉えることは，そうした隘路を回避する方途のひとつである。同時にそこには，支配的，抑圧的な性格を免れた「教育の可能性」が開かれるのである。

注
1) 本章は，拙論「発達・自己創出・教育——発達の援助としての近代的な教育概念のシステム論的転換の試み」（『富山大学人間発達科学部紀要』第1号，2006年，p. 11〜20所収）を書き改めたものである。
2) 本田（2000: 40）によれば，近代的で普遍的な子ども観が作り出される過程で主要な作業となったのは，子どもに関する量的資料の収集，およびその資料の数的処理であった。
3) 西平（2005）は，「救出」とその後の人生はカマラにとって幸せだったのかという視点を提起し，「狼に育てられた子ども」の話に潜む人間中心主義に検討を加えている。
4) 自己同一性の仮構については，鈴木（1997: 266）から教示を得た。
5) これについて鈴木は次のように述べている。「自己同一性という反復を通して再生産されていく近代の発達の物語を見直すとき，その同一性，アイデンティティーのもつ暴力のなかに取り込まれていくこと，それは私という存在をある意味で葬り去ることを意味している。アイデンティティーの再生産と

しての発達，近代における発達とは，まさにアイデンティティーへの収束を人間に誘うことによって，その再生産としての発達に人間を回収していくと同時に，その装置に回収不可能な要素を排除していく作業である」（鈴木 1997: 269）。

6) 河合は，ピアジェやコールバーグ（Laurence Kohlberg）による道徳性発達の研究について，そこでは大人の設定した状況に関して言語で自らの判断を表明するなど，大人の設定した「研究の方法そのものが，大人にわかりやすい「発達段階」を引き出している」（河合 1987: 351）のであり，その研究成果は道徳性そのものを解明しているわけではない，と指摘している。また，森田は，近代の発達心理学と新教育運動のイデオロギー——「子どもの発達に関して，歴史的・社会的諸条件に関わりなく普遍的に妥当する法則が存在し，それが現実の教育活動を方向づける科学的根拠となるべきだという主張」（森田 1994: 103）——が教育現実を構成してきたことを，発達心理学の学問的展開とその政治性に即して明快に示している。なお，同論文の結語では，近年の批判的ないしコンテクスト主義的な発達心理学は個人の発達を歴史的・社会的に構成されるものと捉えており，発達の過程に内在する客観的な法則性の解明を主題としていないことが指摘されている（同: 130）。

7) これに関連して田中は次のように述べている。「「子どもが機械ではないことなんて，多くの教育者が知っている。大事なことは子どもの発達段階だ」といわれるかもしれない。しかし「子どもの発達段階に応じた個別授業を行うことで，子どもを大事にすることができる」という考え方は，結局のところ，子どもを「発達機械」ととらえることになるだろう。というのも，その考え方は，発達段階にさえ注意すれば，子どもは自動的に発達すると考えることにひとしいからである。その考え方は，子どものなかに「自己」を想定していない。子どものなかに想定されているのは「発達」という名の「プログラム」である」（田中 2004: 268）。

8) ルーマンは後年，社会のさらなる機能分化にともない，今日では「子ども」のみを教育システムのメディアと捉えるのはふさわしくないことから，教育システムのメディアとしての「ライフコース」という考え方を提示している（cf. Luhmann 1997）。

9) ここでの「教育可能性」と「教育の可能性」の議論は，田中（2004: 269f.）に依拠している。

## 参考文献

アリエス，P.（杉山光信・杉山恵美子訳）『〈子供〉の誕生——アンシャン・レジーム期の子供と家族生活』みすず書房，1980.

池田善昭「近代自然学の成立——デカルトの立場」，池田善昭編『自然概念の哲学的変遷』世界思想社，2003.

石戸教嗣「教育システムのメディアとしての子ども――子どもはなぜ閉じこもるのか」門脇厚司・宮台真司編『「異界」を生きる少年・少女』東洋館出版社，1995.

イタール，J. M. G.（中野善達・松田清訳）『新訳 アヴェロンの野生児――ヴィクトールの発達と教育』福村出版，1978.

エリクソン，E. H.（小此木啓吾訳編）『自我同一性――アイデンティティとライフ・サイクル』（新装版），誠信書房，1982.

河合隼雄「子どもの倫理と道徳性」『岩波講座 教育の方法9 子どもの生活と人間形成』岩波書店，1987.

日下部吉信「アリストテレスと自然の概念」池田善昭編『自然概念の哲学的変遷』世界思想社，2003.

佐々木賢「学校と社会」浜田寿美男・小沢牧子・佐々木賢『学校という場で人はどう生きているのか』北大路書房，2003.

シング，J. A. L.（中野善達・清水知子訳）『狼に育てられた子――カマラとアマラの養育日記』福村出版，1977.

鈴木晶子「「発達」の行方」『現代思想』vol. 25-12，青土社，1997.

田嶋一・中野新之祐・福田須美子・狩野浩二『やさしい教育原理』（新版補訂版）有斐閣，2011.

田中智志「自己創出する人間を教育できるか？」田中智志・山名淳編著『教育人間論のルーマン――人間は〈教育〉できるのか』勁草書房，2004.

田中毎実「発達と教育の論理――その「ライフサイクル論」と「相互性論」への再編成」原聡介編著『教育の本質と可能性』八千代出版，1996.

西平直「教育はカマラを幸せにしたか――『狼に育てられた子ども』再考」西平直『教育人間学のために』東京大学出版会，2005.

原聡介「学校における教育目的の特質」原聡介編著『教育の本質と可能性』八千代出版，1996.

ピアジェ，J.（波多野完治・滝沢武久訳）『知能の心理学』みすず書房，1989.

本田和子『子ども100年のエポック――「児童の世紀」から「子どもの権利条約」まで』フレーベル館，2000.

森田尚人「発達観の歴史的構成」『教育学年報3 教育のなかの政治』世織書房，1994.

森田尚人「進化論」「発達」教育思想史学会編『教育思想事典』勁草書房，2000.

Entwicklung. In: Ritter, J. (hrsg.) (1972) *Historisches Wörterbuch der Philosophie*. Bd. 2., S. 550ff.

Hegel, G. W. F., Phänomenologie des Geistes. In: Bonsiepen, W./Heede, R. (hrsg.) (1980) *Gesammelte Werke*. Bd. 9, F. Meiner（長谷川宏訳『精神現象学』作品社，1998）

Luhmann, N. (1984) *Soziale Systeme. Grundriss einer allgemeinen Theorie.*

Suhrkamp.（佐藤勉監訳『社会システム理論』（全2巻）恒星社厚生閣，1993/1995）
―――― (1991) Das Kind als Medium der Erziehung. In: *Zeitschrift für Pädagogik*, 37 (1).（今井重孝訳「教育メディアとしての子ども」『教育学年報4 個性という幻想』世織書房，1995）
―――― (1997) Erziehung als Formung des Lebenslaufs. In: Lenzen, D. / Luhmann, N. (hrsg.): *Bildung und Weiterbildung im Erziehungssystem. Lebenslauf und Humanontogenese als Medium und Form*. Suhrkamp.
―――― / Schorr, K. E. (1982) Das Technologiedefizit der Erziehung und die Pädagogik. In: dies. (hrsg.): *Zwischen Technologie und Selbstreferenz. Fragen an die Pädagogik*. Suhrkamp.

## 2章　教育する存在としての教師

　　　　　　　　　　　　　　　　　　　　　　　紅林　伸幸

　教師のあり方が問われるようになって久しい。
　1990年代以降，いじめ，不登校，学級崩壊などの教育問題が噴出し，教育の転換や学校の変化が盛んに主張されるようになり，ゆとり教育，生きる力，「総合的な学習の時間」，基礎・基本などのキーワードを掲げた教育改革と，地方分権と新自由主義を柱とする教育行政改革が進められてきた。
　そうした中，教員をめぐる制度改革も着々と進められている。とりわけ平成9年の教養審第一次答申以降は，平成10年の教育職員免許法の改正に始まり，平成14年の十年経験者研修の制度化，平成18年の中央教育審議会答申（「今後の教員養成・免許制度の在り方について」）にもとづく教員評価システムの導入及び改善の推進，平成20年の教職大学院の新設，平成21年の教員免許更新制の導入，免許状更新講習の実施，そして見通しは不透明だが現在検討が進められている教員養成の6年制など枚挙に暇がない。
　しかし，こうした教員制度改革はどれだけの成果をあげているだろうか。
　これほど教師への社会的な関心と期待が高まっているにもかかわらず，教師はそうした要請に適う方向で変わったとは言い難い[1]。それは，今なお，教師の制度改革が計画され，教師の意識改革が叫ばれていることからも明らかである。当の教師からも，現在進められている多くの制度的な改革に対して明るい展望の声は聞かれない。
　なぜ教師は変わらないのか。これは，教員養成と教師教育に携わり，また教師研究を行なってきた我々が，常に突きつけられている問いである。
　個々の教員にその原因を求めるべきだろうか。しかし，原因は別のところに

ある。そもそも教師は変わりにくい構造的な特質をもっている。この事実と対峙することなくして，教員に変化を求めることは，根本的な解決をもたらさないだろう。実際，現状はそのことを指し示している。《変われない教師》という事実の中にこそ，教師という存在の本質の一端はあるのである。

　近年，教師のあらゆる側面に関わって，同様の認識の転換が指摘されるようになっている。教師は私たちの多くにとって，ほぼ12年間という長い時間を共に過ごしてきた，親に次ぐ近しく重要な他者である。したがって，私たちは教師のことを〈よく知っている〉，気になっている。その教師についての認識を問い直さなければならないのである。その作業は容易ではないが，本章では，その困難な教師の現実の読み替え作業を，ルーマンのシステム論の視角を援用して行なうことにする。早速，教師とは誰のことかを考えることから始めよう。

## 1　教師とは誰のことか──教えることは難しい

　私たちは何を根拠にして，教壇に立つ人たちのことを教師と呼ぶのだろうか。教壇に立っていればそれだけで教師と呼べるわけではない。もちろん制度的には，教員の免許を持っていること，教員採用試験に合格していること，教育委員会に教員として採用されて学校に配属されていることなど，教師であることの必要条件（資格要件）はいくつかある。けれども，制度的に教師であることが，それだけで教師の教師たるアイデンティティを保証するわけではない。教師が教師であるのは，教師役割を担い，教師の役割行為を遂行していることによってであると言える。すなわち，教育コミュニケーションの遂行者，実現者として，教師は自身が教師であることを確認できるのである。

　ところで，教師に期待されている具体的な行為は，教授，評価，保護，指導，支援など多様であるが，それらはいずれも，教師の役割行為として自己完結しておらず，子ども（児童・生徒）という特殊な他者を含むコミュニケーションとして成立している。端的に言えば，教師のもっとも中心的な行為の一つである教えるという行為も，子どもが教師が教えることを受け入れて学習しなければ成り立たない。加えて，子どもという存在はルーマンが他我システムと的確に呼んだように，彼ら自身が自律したシステムであり，彼らが学習をするのか，

教師の教授を受け入れるのかは原則的に不確定である。このことは，教師が日常的に感じている困難，すなわち，学校という場で，教室で，授業時間という特殊な場に居合わせているにもかかわらず，子どもたちが自分の指示に従わないこと，授業中に立ち歩く子ども，メールを打つ子ども，私語雑談に興じる子どもなど，教室の荒れや学級崩壊として語られてきたこういった教育の現実からも明らかである。

　ともすれば，私たちは，なぜ子どもたちは教師の言うことを聞かないのか，勉強しないのかという疑問を持ちがちだが，実は教師の言うことを聞かないことの不思議さよりも，聞くことの不思議さの方が根源的なのである。この教育の不確定さが，そのまま教師のアイデンティティの不確実さにつながっていることは言うまでもない。そして同時に，この教育の不確定さを不問にし，教育の成立を自明とするメカニズムに，教育コミュニケーションの特殊性を確認することができるのである。

　ではなぜ私たちは日常的に教育が成立することに疑問を持つことがないのだろうか。それは，教師と児童・生徒という関係性が教育コミュニケーションをあたりまえのものとして成立させているからである。子どもは，教師の言葉を「先生」の言葉として聞くことで，教師に従う。教師の言葉それ自体に絶対的な正当性があるわけではない。そもそも教師が子どもに学ばせようとしていることのほとんどは，子どもにとって未知のものであり，それがどのような意味を持つのか，何の役に立つのか，自分にどんな幸せを与えてくれるのかを子どもたちは知らない。そんな指示に子どもたちが従うのは，その指示を出した人が「先生」であることへの信頼があるからである。したがって，教師は常に子どもに対して，「教師」としての信頼を維持するためのメッセージを与え続けなければならないのである。


## 2　教師と授業コミュニケーション
　　　――「総合的な学習の時間」が拒絶された理由

　とはいえ，子どもの自分への信頼を，教師は必ずしも，意識的，意図的に，特別な方略を用いて保持しようと努力する必要はない。当の教育のコミュニケ

ーションの成立が，両者に教育的な関係を追認させるからである。教育コミュニケーションが成立している限りにおいて，その当事者である教師と子どもは互いの関係性を再確認し，その確認された関係性に基づいて次のコミュニケーションを開始することができる。したがって，教育コミュニケーションが円滑に遂行されていれば，教師も生徒も，続く教授と学習を期待することができるのである。教師にとっても，子どもにとっても，教室で教育が円滑に成立していることは，そのコミュニケーションによって子どもが何かを学ぶこと以上に，教師にとっては自らが教師であり続けるために，そして子どもにとっては次の学習が可能になるかどうかに関わって，極めて重要なのである。

　逆に，今日の授業が成立しないことは，明日の授業の不成立を予見し，教師自身のアイデンティティを今日一日の問題ではなく，予期的，継続的に揺るがすことになる。故に，学級崩壊はもとより，教室の荒れや授業の不成立，あるいは子どもの反抗は，教師にとって耐え難く，受け入れがたい，深刻で重大な危機となる。ここに，教師が容易に変わることができない，第一の理由がある。教師というシステムは教育のコミュニケーション，授業のコミュニケーションから自由になることができないのである。このことがもっとも顕著に表面化したケースとして，「総合的な学習の時間」の新設に対する教師の反応をあげることができる。

　1998年に公示された学習指導要領において新設された「総合的な学習の時間」は，直後から学校内外の教育関係者から多くの批判に晒されてきたが，とりわけ興味深いのは，それまで授業改善の強い欲求を持ってきた学校現場に，この新しい教育に対して非常に強い拒否反応があったことである。これは，上に述べた教師というシステムの問題として捉えたとき，決して理解できないことではない。

　「総合的な学習の時間」は，その後の紆余曲折によって修正が行なわれ今日に至っているが，その新設時の理念は，従来の教科の授業の基本枠組みを崩すことを目指すものであった。その主たる特徴は，教科書がないこと，学習形態や学習方法などが多様であること，そして教師が教えないこと，評価しないことである。このことが，教師にとってどのような意味を持っているのかを，歴史的な考察を踏まえて，確認しよう。

我が国に教師が誕生するのは，よく知られているとおり，明治のことである。明治5年の「学制」の公布により，近代の西洋型の教育システムが作られ，それによって現在のような教師が制度化されることになった。もちろん，それ以前にも我が国には教育機関は存在し，したがって教育者も存在した。しかし，彼らは「師」と呼ばれることが一般的で，教師とは呼ばれてはいなかった[2]。つまり，明治に新しく誕生した教育の担い手が教師だったのである。

　このことが現在に至る我が国の教師の基本的な性格を決定した。明治に作られた学校は，近代化を目指し，古い日本を否定し，国民すべてを，藩や村を準拠集団とした藩士や村人ではなく，日本人にすることを目的としていた。日本人としてのアイデンティティを，国民すべてに共有させること，これこそが明治にできた学校の最大の目的であり，学校はそのための国家的なプロジェクトだったのである。したがって，我が国の教育は，地域ごとに異なってはならず，画一的，全体的な教育にならざるを得なかった[3]。もちろん，教師が自分の個人的な思想・信条に基づいて教育することや，教育内容を自分の判断で勝手に決めることなど，「あってはならない」ことだった。日本の教師は，国（政府）が構想する教育を忠実に，間違いなく，すべての国民に等しく教授することが求められたのである。

　日本の多くの教師は，この役割を100年以上にわたって忠実に果たしてきた。その結果，我が国の国民はほぼすべてが自らを日本人と呼ぶようになり，明治以降に外国から輸入した近代的な文化を日常化し，戦前は皇民化を突き進み，戦後は一変劇的に民主主義化を実現することができたのである。教師はその使命を見事に果たしてきたのである。

　そして平成の世になり，100年以上の時を経て，教師は新しい役割を期待されることになった。「総合的な学習の時間」の新設は，教師にこれまで期待されてきたことと180度異なる，教育を主体的・自律的に構想することと，教えないこと，評価しないことを期待する教育が必要となったことを意味している。教師が経験したことのないこの新しい教育と自身の新しい役割に戸惑ったのも当然である。その戸惑いは，ただ単にはじめての役割を期待されたことによるものではない。この新しい「教えない，評価しない」教育は，従来の授業のコミュニケーションを否定し，破壊するものだからである。上で述べたように，

教育のコミュニケーションにおいて教師は教えることと評価することを行ない，その行為の成立によって自身のアイデンティティを確認してきたのであり，それらを行なわない新しい教育は教師の存立基盤を揺るがすものでもあったのである。「教えない，評価しない」教師は，子どもたちにとって「先生」であり得るのか。教師は新しい教育の中でいかにして自らが教師であることを確信できるのか。「総合的な学習の時間」の導入をめぐって，教師はそうしたアイデンティティ問題と格闘することになったのである。

## 3　学習のために教師が行なう100の仕事
　　　──教職のシャドーワーク化を考える

　ところで，学校教育が近代化を含む国家の統治装置の一部として成立したことは，わが国の教師の自己裁量の範囲を決定的に限定することになった。教師が専門職と定義される一方で，他の専門職と比べて専門的自律性が低いとして，準専門職と呼ばれるのは，教師の裁量権が著しく限定的だからである。教師は，その役割行為の中心である教授活動においてさえ，その教授する内容を自ら決定することができなかった。文部科学省が決めた学習指導要領があり，教育委員会が選定している検定教科書があり，教育内容はそれによって規定されていて，教師の裁量で決定する余地はない。教授活動において，個々の教師が自身の裁量によって決定できることは，わずかに教授する内容の配列と教授の方法，そして授業のマネジメントに限定されているのである。その3つさえも穿った見方をすれば，個々の教師の裁量如何で決定できるものではなく，その決定の責任は学校長に帰属している。

　この教師の裁量権の限定性は言うまでもなく教師に関わっているが，それは決して教師が自律的でないことを意味するわけではない。教師は自身の活動を規定する制度や，制約する構造に鑑みつつ，自らの活動を自律的に構成している。むしろそうしたものの存在なしに選択することにこそ，選択の困難さは根源的に起因しているといえる。

　教師の裁量権の限定性に関わって，もう一点確認しておくべきことは，それが教師の活動ばかりでなく，同時に，子どもや保護者などの教育に関わりをも

つ人たちのそこでの行為を制約するものでもあることである。それ故に教師は自らの行為を「教えること」と「評価すること」に限定することが可能だったのであり、子どもは教師が教え、評価することを「学習」すればよかったし、保護者は教師の要請に従って学校の手伝いをし、子どものケアを行なえばよかったのである。このことも、システムとしての自律性が、他の自律的なシステムとの構造的な関係性の中で達成されることを示している。

　以上のことは、教師の仕事が、教師によって主体的に選択されたものであることと、その選択が教師を取り巻く多元的で、重層的なシステム間関係の布置の中で決定されたものであることを示唆している。そして、それは同時にその布置状況が変われば、教師の仕事が変わることを示唆している。その教師の仕事の変化は既に始まっている。教職のシャドーワーク化として理解されているものが、それにあたる。

　近年の教育のサービス化の進展の中で、教師は子どものニーズに的確に応えた教育を行なわなければならなくなっている。このことは教職のシャドーワーク化と呼ばれている。シャドーワークとは、脱学校論で知られるイヴァン・イリイチが近代化批判の中で提起した観点であり、「賃労働の影となって賃金が支払われない労働」（山本哲士『社会学事典』弘文堂）を問題化した概念である。たとえば、オフィスワークなどの賃労働に従事することを下支えしている配偶者の家事労働、育児労働などがその代表的なものである。この定義の下では、同じ子どもを育てる労働でも、教師の仕事は賃金の支払われる正当な労働であり、むしろ教職の影となっている保護者のしつけがシャドーワークと見なされる。

　けれども、サービス化が進行する現在の教育では、教育の主導権は教師から学習者である子どもへと移行しており、教師の仕事は、教師の役割行為そのものによってではなく、子どもの学習行為によって規定されるようになっている。生徒の学習を成り立たせる一切合切がそのカテゴリーに包摂され、教師の仕事は賃金が削減される中で、現在も、無制限に、無規定に、非境界的に膨張し、教師のプライベートな生活領域を無規制に浸食しているのである。教師が保護者の理不尽なクレームや過重な要望を拒絶し得ないことも、こうした教職のシャドーワーク化と無関係ではないと言ってよいだろう。ここで重要なことは、

その膨張する職域の多くが無報酬であるということである。たとえば，現在，教師には教育の質を向上させることが求められているが，おそろしいことに，翌日の5時間，6時間の授業の準備をする時間すら，教師には勤務時間内に確保されていないのである。それは，暗黙の了解の下で勤務時間外に行なわれている。以上のように，現在の教師の教育行為のかなりの部分は，そもそもシャドーワークであった子どもの学習行為を成立させるためのシャドーワークとして成立しているのである。

　けれども，このような教職のシャドーワーク化は，教育に関わる一つひとつのシステムが自律的で，システム合理的な決定を行なっている条件下では必然と見るべきものである。これまでこの問題が回避されてきたのは，保護者や児童・生徒が自身の要求を表出しないという合理的な選択が可能だったからに過ぎない。したがって，教師はこうした状況を批判的に眺めているけれども，容易にそこから自由になることはできない。それはそれを強いられているからではなく，教師もまた自らそれを主体的自律的な選択として選ばなければならないからなのである。彼らの状況を救うのは，制度的に彼らの状況を変えることしかない。その選択は彼らではなく，むしろ，外部のシステムの決定にかかっているのである。

## 4　格闘する教師文化
### ── 子どものための教育は教師がつくる

　前節で述べた教職のシャドーワーク化は，教師の仕事が"子どもの学習を創ること"になったことを意味している。しかし，教師はもう一つ重要なワークを行なっている。それはまさしく教育を創ることである。このワークを理解するにあたって，ここでは，ルーマンがシステムのプログラムと呼ぶものに注目しよう。

　ルーマンのシステム論では一般的に，コードやメディアといったシステムの内部で働きつつ，外部とつながるシステム要件に関わる概念が注目されるが，システムが自身を外部との関係性において独自の統一体として保持することを可能とするプログラムについても言及している。

ルーマンによれば，コードはシステムの偶有性を処理するための構造を提供し，プログラムはシステムのコードを存立条件とし，そのシステムの中で正しい行為として受け入れられる行為を基礎づけているものであり，教育システムにおいては「人格の形成，発達の援助，学力の形成，人格の完成」などがそのプログラムにあたるとされている（田中・山名 2004）。このプログラムはシステム内の現実や出来事を，システムの機能の下に書き換え，読み替えることを可能とする。それ故に，教育システム全体が，このプログラムの下に機能しているものとなる。つまり，このプログラムによって，あらゆる教育の実践や政策，あらゆる教育のプロジェクトが「教育」として語ることが可能になるのである。

　この教育のプログラムが果たしている機能を確認するために，筆者らが実施した調査の結果を参照したい。表2-1は「総合的な学習の時間」をはじめとする近年実施された教育改革施策の社会的な意義に対する教師による評価が，開始間もない2004年と，5年がたった2009年でどのように変わったのかを確認したものである[4]。

　「総合的な学習の時間」は，当初，教師から大きな不安と危惧をもって開始されたが，調査結果にもそれは確認できる。2004年調査の結果における「総合的な学習の時間」の効果に対する低い評価の数値は，明らかに教師の戸惑いと不安を表している。しかし，5年後に，評価は大きく変化する。2009年に実施した調査では，あらゆるものに対して良い効果が期待できるという評価が増加しているのである。この変化は，端的に考えれば，5年間の実施によって成果が確認され，評価が変わったと理解されるかもしれない。しかし，「総合的な学習の時間」の新設とほぼ同時期に開始された他の教育改革についての評価を比較すると，興味深いことが確認される。

　表2-1から確認されることは，教育改革施策に対する教師の評価には，2タイプの評価が認められるということである。一つは，「総合的な学習の時間」に代表されるように，10年を経てその成果が比較的期待されるようになっているもの，もう一つは10年たっても評価が高まっていないものである。2つの評価の対象となっている教育施策は，前者が教育実践と関わっているものであり，後者は学校組織運営に関わった施策として，明確に二分できる。筆者ら

**表 2-1　学校教育改革の意義に関する教師の意識**

| | 日本社会 | 学校 | 教師 | 子ども | 保護者 | 地域社会 | その他 | 何の役にも立たない |
|---|---|---|---|---|---|---|---|---|
| q16（q21）a 総合的な学習の時間 | | | | | | | | |
| 2004年 | 17.8* | 26.2* | 31.8* | 78.5* | 22.0* | 52.3* | 2.4* | 10.9* |
| 2009年 | 33.3 | 47.6 | 46.2 | 85.7 | 32.5 | 62.2 | 0.3 | 3.6 |
| q16b 小中一貫教育 | | | | | | | | |
| 2004年 | | | | | | | | |
| 2009年 | 18.7 | 31.9 | 28.3 | 63.6 | 40.4 | 17.1 | 0.3 | 12.2 |
| q16（q21）c 発展的な学習 | | | | | | | | |
| 2004年 | 21.8* | 12.4 | 20.7* | 85.1 | 17.8* | 6.6 | 2.3* | 6.1* |
| 2009年 | 36.7 | 29.1 | 38.8 | 88.9 | 25.7 | 17.9 | 0.1 | 2.7 |
| q16（q21）d 特別支援教育 | | | | | | | | |
| 2004年 | 22.0* | 29.1* | 40.7* | 92.3* | 48.9* | 14.0* | 0.2 | 3.0* |
| 2009年 | 55.9 | 58.4 | 63.2 | 95.7 | 76.1 | 45.6 | 0.0 | 0.4 |
| q16e 校長のリーダーシップ強化 | | | | | | | | |
| 2004年 | | | | | | | | |
| 2009年 | 14.8 | 64.2 | 46.6 | 30.4 | 33.1 | 26.9 | 86.5 | 13.5 |
| q16（q21）f 学校評価 | | | | | | | | |
| 2004年 | 9.5* | 54.4 | 43.3 | 25.4 | 31.6 | 24.2 | 1.6* | 22.1* |
| 2009年 | 14.2 | 57.7 | 42.1 | 28.5 | 35.2 | 26.2 | 0.0 | 16.0 |
| q16g 学校選択制（学校） | | | | | | | | |
| 2004年 | | | | | | | | |
| 2009年 | 10.2 | 15.3 | 12.6 | 40.7 | 39.6 | 13.4 | 0.1 | 20.3 |
| q16（q21）h 教員評価 | | | | | | | | |
| 2004年 | 10.7 | 24.4 | 37.4* | 20.3 | 18.4 | 7.8 | 3.4* | 41.6* |
| 2009年 | 11.1 | 25.4 | 32.0 | 19.9 | 18.1 | 10.0 | 0.1 | 27.1 |

※数字は「良い効果や影響がある」と回答した教師の％
※2005年調査と2009年調査の結果に有意差のあった項目に＊

が行なった分析によれば，前者の施策が成果を期待されるようになったのは，ただ単に教師の認識が変わったからではなく，それらの施策の内容自体が変質したからだと考えられる。つまり，教師がそれらを「真」に教育と呼びうるものに作り替えて実践を行なったことで，それらは成果が期待できるものになったのである。

　学校現場の教員評価の受容過程について調査研究を行なった諸田らは，こうした学校現場が新しい教育施策に取り組むに当たって行なっている再定義（読み替え作業）を，福祉社会学で用いられている《翻案》というタームを用いて記述している（金子・苅谷）。「総合的な学習の時間」の取り組みにあたって，学校現場で教師が行なったことは，そのプロセスと基本的に一致している。た

だし，唯一，しかも決定的に異なるのは，諸田らが注目した教員評価などに関わる施策の《翻案》がその受容に際するただの読み替えにとどまるのに対して，実践改革に関わる《翻案》が実践を伴うことである。つまり，《翻案》を可能とするプログラムを持って教師が実践することによって，改革案は施策から教育の実践へと《翻案》されたのである。

　このことは，学校組織運営に関わる施策の成果への評価が高まらないことにも関わっている。それらは，教師自身によって，読み替えることはできても，教育のコミュニケーションの中でその取り組みそのものを作り替えることができないからである。

　学校教育は子どものために行なわれているという見方は一般的であり，教育改革も同様に考えられているが，実際には，学校教育は子どものためよりも，社会，国家のために行なわれている面が大きい。明治期の学校に期待された，日本人としての国民アイデンティティの形成を見てもそれは明らかであるが，現在の学校教育に関わっても，ゆとり教育とその批判や学力低下論争などのディスカッションが子どものためという視点を欠いていることは明白である。そもそも，ゆとり教育も，「総合的な学習の時間」の新設も，教員の勤務体制や企業の雇用形態の変更が主要因となって導入されたものであり，子どものために始まったものではない。もし子どものための改革ならば，土曜の午後に学習塾の駐輪所にあんなにも多くの中学生の自転車が立ち並ぶ風景は日常化しなかっただろう。教育改革のほとんどは，直接子どもたちのためを考えて行なわれているわけではないのである。それでも，私たちが，教育は子どもたちのためにあるという幻想を抱いていられるのは，そうした社会や国家のための教育を，子どもたちのための教育に実質的につくり替える作業を，教師が行なっているからにほかならない。

　この《翻案》に類する教育のプログラムによるシステム内の実践や出来事の書き換えは，教育政策の受容ばかりでなく，教育の取り組みの至る場面で行われている。例えば，モンスター・ペアレントとして問題化されている，保護者の教育要求と教師の認識とのズレについても，同種のものを見ることができる。保護者のクレームは，我が子のための要望であることがほとんどだが，それを教師は特定の子どものためだけのものではなく，子どもたち全体に関わる要望

として受け止め，子どもたち全員に関わる対応を考案しなければならないのである。それが教師を他のシステムと分かつ教師文化の特質なのである[5]。

## 5　自律的な教師となるために
――教師のプロフェッションと組織，そして第三の道

　ここまで，ルーマンのシステム論の観点を援用しつつ，現在の教師と教師を取り巻く現実を読み解く作業を行なってきた。ルーマンのシステム論は，閉鎖性と開放性の二元論を超えて，開放的であるからこそ閉鎖的であり，閉鎖的であるからこそ開放的であるという，自律的なシステムの記述を可能にした。本章では，その観点に立ったときに，教師がいかに自律的であり，自律的であるが故に他との関係性において妥協が許されない緊張関係の中にあるのかを記述してきた。教師は教育を行う主体として，そうした緊張関係の中で自律的な選択を行うことを常に突きつけられているのであり，少なくともこれまでは，それを達成してきたということができる。

　そしていま，教師は転換期を迎えている。もちろん，教師は，その揺らぎの中でさえ，自律的な選択を行なっていく。問題はいかなる選択が可能なのか，いかにして自律的に合理的な選択を決定するのかである。

　ルーマンは，教師の合理的な選択を可能としているものとして，組織とプロフェッションをあげている。ルーマンによれば，組織とは"自己が生み出したもの，すなわち自己の行なった決定から，決定を再生産していく－自己塑成的システム"であり，そこに属することによって，その所属員の下す決定は形式を得，観察可能なものとなる（ルーマン 2004: 215-223）。一方，プロフェッションは，あらゆる決定に潜在するうまくいかないかもしれないリスクとその不確かさを担保する。専門職としての教師は，養成課程で得た知識によって，起こりうる困難に対応することが可能であるかもしれないし，仮に彼の決定がよい結果をもたらさなかったとしても，その結果が彼自身の決定がもたらしたものとして責任追及されることを免除するのである（ルーマン 2004: 203-210）。現在のわが国の教員制度改革の諸施策において，こうした組織化とプロフェッション化が，様々な形で繰り広げられている。それが教師に合理的な決定を可

能とし，リスクに備えることを可能とするものであることは確かだろう。しかし，組織化とプロフェッション化は，あくまで部分的で，不完全であり，両義的でもある。それ故に，組織化もプロフェッション化も，終わることのない，再生産を行なっていくことになり，また，時として思いがけなく大きな危機を生み出すことになる。現在わが国の教員制度改革の中で進められている組織化とプロフェッション化は，もしかすると，その一つかもしれない。

　筆者が参加したもう一つの調査研究では，現在の教職の組織化とプロフェッション化が，教師を組織の一員としての専門家へと変えようとしていること（specialist化）が確認されている[6]。それは個々の教師のまなざしを当の教育の実践から引き離し，組織の一構成員としていかに適切に，合理的に振る舞うかに向けさせる。そこで行なわれることは，他者である児童生徒や保護者の行動を教育のコミュニケーションの中で制御するのではなく，いかなる学習が行なわれ，いかなる要求がなされようと，それに対処可能な処方を事前に用意することによってリスクに備えるものである。

　ルーマンは言う。"プロフェッションによる，または組織による再特殊化の問題にまで到達すると，〈善き意図〉とか〈救いようのない，できあがっていない若者たち〉とかいった一般的なシンボルによる表現は，崩れ去ってしまう"（ルーマン 2004: 223）と。

　先に述べたようにわが国の教師は，こうした事態に対峙したときに，教育のプログラムを持って事態に対処する教師文化を持ってきた。しかし，教師文化を破壊された学校に立つ教師に，その道はもはや残されていない。それは教育の終焉をにおわせる。だからこそ，私たちはここで，最初の問いに戻らなければならないだろう。教師はいかにして教師であるのか。教職の第三の道は，おそらくその答えの中にある。


注
1) 限定的な書き方を行なったのは，筆者らが行なった調査によれば，教師が全く変化していないとは言えない結果も得られているからである。後段で言及するが，それによれば，日本の教師には新自由主義の教育改革が始まってこ

の 15 年間に「組織へのスペシャリスト化」という変化が生じている（油布他「教職の変容──「第三の教育改革」を経て」）。この変化は，教職観や教職への取り組み，同僚との関係などに顕著に見られるが，意図された変化とは必ずしも一致しない特徴を有しており，教育改革が明示的に期待する変化が生じているとは言えない。
2) 藩校等では教授と呼ばれることが一般的であった。また，奈良時代の大学寮，国学等では博士が正式な役職名であった。
3) 我が国の学校教育の画一性，全体性は，受験体制に基づいた平等原則に由来するという指摘もある。教育システムのコードが《選抜》であるとするルーマンの議論に従えば，この点は無視できない重要な論点となるが，我が国の学校教育の成立の経緯とその社会的な機能を見るならば，国民統合という観点から問題を提起することは重要な観点となると思われる。
4) 本データは，平成 20 年度〜平成 22 年度科学研究費補助金（基盤研究（C）の交付を受けて実施された基盤研究（C）「『総合的な学習の時間』のカリキュラム特性とその機能に関する研究」（課題番号 20530772　研究代表者：紅林伸幸）による。研究および調査の詳細は，紅林伸幸，越智康詞，川村光「「総合的な学習の時間」が変えたもの（1）──学校組織文化のメカニズム──」（滋賀大学教育学部紀要 60 号）を参照。
5) 教師文化については本書キーワード解説（p. 330）を参照。
6) 同研究は，平成 20 年度〜平成 22 年度科学研究費補助金（基盤研究（B））の交付を受けて実施された「教職の変容と展望に関する教育社会学的研究」（課題番号 20330174　研究代表者：油布佐和子）による。研究の詳細は，油布佐和子・紅林伸幸「教職の変容──「第三の教育改革」を経て」早稲田大学大学院教職研究科紀要　第 3 号（2011）を参照。

**引用・参考文献**
石戸教嗣『ルーマンの教育システム論』恒星社厚生閣，2000.
────『教育現象のシステム論』勁草書房，2003.
イリイチ，I.（玉野井芳郎・栗原彬訳）『シャドウ・ワーク──生活のあり方を問う』岩波書店，2006.
イリイチ，I. 他（尾崎浩訳）『専門家時代の幻想』新評論，1984.
金子真理子・苅谷剛彦『教員評価の社会学』岩波書店，2010.
ギデンズ，A. 渡辺聰子『日本の新たな「第三の道」』ダイヤモンド社，2009.
紅林伸幸・越智康詞・川村光「『総合的な学習の時間』が変えたもの（1）──学校組織文化のメカニズム』『滋賀大学教育学部紀要』第 60 号，2011.
佐藤学『教師というアポリア』世織書房，1997.
田中智志・山名淳編著『教育人間論のルーマン──人間は〈教育〉できるのか』勁草書房，2004.

長岡克行『ルーマン／社会の理論の革命』勁草書房，2006.
森重雄『モダンのアンスタンス——教育のアルケオロジー』ハーベスト社，1993.
油布佐和子・紅林伸幸・川村光・長谷川哲也「教職の変容——『第三の教育改革』を経て」『早稲田大学大学院教職研究科紀要』第2号，2010.
油布佐和子・紅林伸幸「教職の変容——『第三の教育改革』を経て」『早稲田大学大学院教職研究科紀要』第3号，2011.
ルーマン，N.（大庭健・正村俊之訳）『信頼——社会的な複雑性の縮減メカニズム』勁草書房，1990.
————（佐藤勉監訳）『社会システム理論（上）』恒星社厚生閣，1993.
————（村上淳一訳）『社会の教育システム』東京大学出版会，2004.

# 3章　教育関係

児島　功和

## 1　はじめに

　本章では，教師と生徒の関係（性）である「教育関係」について考えていきたい。

　教師は必死になって何かを伝えようとしている。だが，生徒である自分にはその何かが全く伝わってこない。このような経験を多くの者がもっているはずだ。教師経験のある者であれば，自分が伝えたはずのことを生徒が全くわかっていなかったという苦い経験を誰もがもっているだろう。いずれにせよ，私たちは生徒として，あるいは教師として，伝えようとしていたことが実際には伝わっていなかったという「失敗」を経験的によく知っている。

　以上のようなことは，何ら特殊な事態ではない。教育が営まれている場所では，ごくありふれたことである。本章では，この「失敗」に焦点を当て，「人間形成」の営みとしての教育にとって意義あるものが含まれていることを指摘したい。新たな発見というわけではない。それは，「豊かである」と私たちが感じる教育実践の記録では繰り返し示されていることである。だが，それがいかなる点で意義を有しているのかを理論的視点から探求されることは，その重要性に比べて少ない。

　次節以降の議論を先取りするならば，こうした視点からの議論が十分に展開されてこなかったのは，私たちにとって馴染み深い教育観が〈目的―内容―方法〉という枠組を前提にするからである（今井 1987）。どのような教育目的を設定し，それに基づいてどのような内容にするのか，決まった内容を具体的に

どのような方法で教師から生徒へ伝達するのかという枠組に，私たちが強く規定されているからである。言い換えるならば，教育関係が教師（主体）から生徒（客体）への情報伝達としてのコミュニケーションという認識によって見立てられていたからなのだ。本章の問題意識は，こうした教育観を捉え直すことにある。

次節以降の議論は，以上の問題意識から展開する。2節では，私たちにとって当たり前となっている近代教育のあり方，ならびにその問題構成の歴史的・社会的背景を概観する。3節では，そうした教育観が抱え込むことになった根源的困難について明らかにし，同時に，それを乗り越えようとする様々な試みについて整理・検討する。4節では，主にルーマンと教育哲学者ゲルト・ビエスタの議論を往復しながら，そのような困難こそが教育を支える基盤となっていることを検討したい。終節となる5節では，それまでの議論をまとめ，今後の課題を提示する。


## 2　教育関係の歴史的・社会的背景

教育関係が，教育という営みにとって中心的要素と考えられるようになったのは近代以降であり，全体社会から機能分化した教育システムの成立以降である。同様に，法，経済，学問などの諸領域も全体社会から機能分化したサブ・システムとして成立する。それら機能システムは，それぞれが独自の編成原理（二元コード，プログラム，象徴的に一般化されたコミュニケーション・メディアなど）を有しており，それに基づきながら外部〈環境〉との差異＝境界を再生産し，自身の相対的「自律性」を維持している（ルーマン 2004）。

前近代は，例えば「士農工商」といった身分制を主導的原理としており，身分の上下が，当時の人々の生活および様々な営みの意味づけにとって決定的に重要な意味をもっていた。教育はそれぞれの身分内部において，特に家父長の責任の下で行なわれていた。現在から見れば，学習することと労働が未分化といえる状態の中，教育はいわば「働くこととして学び，学ぶこととして働く」という形で徒弟制的になされていたのである。そして，「働くこととして学び，学ぶこととして働く」営みを通じて，大人から子どもへとその身分における生

活形式が伝承され，身分制秩序全体も再生産されていったのである（モレンハウアー 1987）。

しかし，近代になって身分制が崩壊することで，「生まれ」（属性主義）ではなく能力主義（業績主義）が全体社会における主導的原理となる（Luhmann 1979）。近代教育システムは，学校での学業達成状況を能力の代理指標として用いることで子どもたちを選別し，学業達成の程度に相応しい職業・社会的地位へと配分する装置として急速に構築される。例えば，明治5年（1872年）の「学制」における学問を立身出世のための資本と見なす考え方は，まさにこうした近代教育システムの特徴を表していよう。

他方，そのような大規模な社会構造の変動に伴って，家父長ではなく学校教師が教育の主たる担い手と見なされるようになる。また，こうした教育の主たる担い手の変更が起きる一方で，前近代では貴重な労働力として認識され，「小さな大人」と見なされていた子どもたちは，労働の世界とは分離・区別された学校に通い，勉強することをその役割とする「生徒」となったのである（アリエス 1980）。以上，ここに教育関係という独自の関係（性）と問題構成が「誕生」することになるのである[1]。

前近代と近代に共通するのは，子どもが大人による何らかの状況設定において何かの知識を身につけていくという点である。だが，前近代では徒弟制的に大人との労働状況に強く結びつけられているのに対して，近代では労働と学習とが分離させられ，学校という明確な教育意図を持った機能空間へと知識を身につけることが限定化された点が大きく異なるのだ。すなわち，近代になって教育は，教師という主体によるある企図を持った伝達行為として明確に表わされるようになったのである。私たちにとって馴染み深い教育観は，このような歴史的・社会的背景を有している。

## 3　伝達としての教育とその問題構成

近代になって教育は，学校という機能空間において明確な教育意図をもった教師による生徒への情報伝達として規定されるようになる[2]。そして教師と生徒が「向き合う」ようになった時はじめて，教師にとって生徒が何を考えてい

るのかという心的システムの不透明性が強く意識されるようになるのだ。ここに，どのようにすれば教師が伝達しようと企図していることを生徒に伝えうるのかという近代教育（学）的，あるいは教授学的な問題枠組が立ち上がってくる。

　本章とは分析視角が異なるものの，佐藤学は著書『教育方法学』（1996年）において，教育方法学の歴史的経過を次のようにまとめている。「1 近代以前の教育方法」「2 教授学の成立——コメニウス」「3 合自然の教育学——ペスタロッチ」「4 国民国家の教育学」「5 子ども中心の教育と学びの共同体——デューイ」「6 効率主義の教育学——ボビットとチャーターズ」「7 単元学習の諸類型」「8 行動科学の教育技術学——タイラーとブルーム」「9 認知の教授理論から文化の教育学へ——ブルーナー」。歴史的・社会的背景はもとより学問的背景など，それぞれの出発点は異なる。だが，いかにして教師から生徒に伝えられるのかという問題設定は共通している。

　当然のことながら，佐藤が取り上げているのは，よく知られた一部の研究者・教育者にすぎない。それ以外にも，わが国の戦後教育史であれば，例えば「教育技術法則化運動」の中心的人物である向山洋一の取り組みが挙げられる。また近年であれば，マスメディアなどで一般的にも広く知られている齋藤孝が挙げられる。齋藤は教師の身体（性）に着目している。少し長くなるが，示唆に富む指摘であるため，著書『教師＝身体という技術』の序論から引用しよう。

　　もし教育に技術というものがあるとすれば，それはそれぞれの教師の固有の身体性に基づいた諸工夫の綜合体であり，一般的なマニュアルの集積ではないのではないか。教師自身の身体が他者や新しい世界に対して閉じている，すなわち学ぶ構えを失っているにもかかわらず，職業的な習慣に従って『教える』という行為を惰性的に繰り返すならば，その相手をさせられた人間はダブルバインド的な状況におかれ，教育の名の下に学ぶ意欲を喪失させられることになるのではないか。教師の身体性，他者に向かう〈構え〉の在り方こそが，あらゆる教育諸技術の根幹として常に問われるべきではないか。教師の身体を，教育方法，あるいはより踏み込んで教育の技術として捉えようとするのは，教育方法のリアリティを，教師の人間性と教育技術の間の不毛な二元論に陥ることなく，教師の具体的な諸力量の記述へもたらすためであ

る（齋藤 1997: 4）。

　齋藤によれば，従来の〈教師の人間性／（狭義の）教育技術〉という二元論を乗り越えるためのものとして，教師の身体（性）への着目があり，それこそが教育諸技術の根幹に置かれるべきものだという。また，心理学に依拠した議論も多い。教育学黎明期における「巨人」といえるヘルバルトは，教育目的の設定を倫理学（実践哲学）に求める一方，いかにして伝えうるのかということについては心理学に範を求めている（広田 2009）。時代ごとに心理学の内実も変化するが，教育実践が依拠する学問として，その影響力は今なお非常に強い。
　いずれにせよ，これまでの議論では，教師と生徒のどちらに焦点を当てるにせよ，「人間」の本質をどこにどのようなものとして設定するのかが重要な鍵を握っている。「人間」の本質を知ることで，そこを基点に教育方法を組み立てることができるからである。ルーマンが指摘しているように，こうした「人間」に関する学問の総称としての「人間学」に依拠するのは，教育学の伝統的な問題枠組といってよい（ルーマン 1992）。
　以上のような学問的知識の積み上げが，教育方法の洗練化に寄与するのは確かであろう。だが，こうした枠組は，「いかに教師が効率的に伝えられるのか」という教師の方法に着目する「技術論的発想」（田中 2004: 18）を基にしているがゆえに，それ以外の教師と生徒の関係のあり方への反省的思考を奪ってしまう恐れがある。次節では，この点について考えていきたい。

## 4　「人間形成」としての教育とコミュニケーション

　「伝達としての教育」という問題枠組は，教育関係の一方の構成要素である教師に焦点を当てることで，教師（主体）→生徒（客体）という関係（性）認識へと結びつく。以上のことから，「教師の伝達しようとした情報と同じものとしてその情報が生徒の側で受け止められているのか」が教育（学）における大問題となるのである。前節で教育方法についての様々な議論を取り上げたが，それらはこの大問題との格闘の成果といえるだろう。ところが，こうした枠組が強固であることによって，教育の「失敗」がはらむ「人間形成」の可能性へ

の想像力を減じる可能性をもってしまう。本節では,「ギャップ(隔たり)」をキーワードとして用いながら,この点について踏み込んで議論したい[3]。

### (1) 教育のテクノロジー欠如と「ギャップ」

　教師が伝えようと企図したことが生徒に伝わらないということは,教師と生徒の間に「ギャップ」があるということである。「ギャップ」には,知識量によるものだけでなく,ピエール・ブルデューやバジル・バーンスティンが明らかにしているような双方の出身階層と結びついた文化的なものなど,様々なものがある。ブルデューとバーンスティンの議論は,文化的「ギャップ」が教育を介した"不平等"を(再)生産することの問題点を鋭く指摘しており,現代日本の教育システムを批判的に考察する上でも示唆に富んでいる(小内 1995)。

　しかし,より根源的な問題となる「ギャップ」とは,教師と生徒がそれぞれ別の心的システムを持った個人ということである。当たり前のことである。だが,この根源的事実からきわめて重要な帰結が導き出される。それは,ある個人が別の個人を自身の企図どおりに,自身の働きかけによって因果的に変容させることはできないということである。教師が生徒にAという働きかけを行なえば,因果的に必ず生徒にBという変容が起きるわけではない。

　ルーマンは,サイバネティクスという情報・工学系学問由来の「非単純な機械(non-trivial machine)」という概念を用いて,この点を説明する。すなわち,私たちはある特定の働きかけ(=インプット)をすれば,必ずある特定の反応で応答する(=アウトプット)といった存在(=単純な機械)ではないということである。ルーマンが見るところ,様々な教育方法があるものの,それは因果的変容を引き起こす「テクノロジー」と呼ぶに値するものではなく,「テクノロジー補完テクノロジー」に留まっているという(山名 2004)。

　教育を生徒の知識獲得の営為と捉え,「いかにして教師から生徒へと効率的に伝達するのか」という枠組から考えると,「ギャップ」は取り除くべき障壁となる。だが「人間形成」という視点から見たとき,教育関係における「ギャップ」は,むしろその可能性の足場となりうる。具体的にそれは,教師との「出会い」が生徒の成長,あるいは「人間形成」に大きな影響を与える場合である。ビエスタは関連して,次のように述べている。「それは教育について違

うように考えてみる試みであり，教育を困難なものとし，時には不可能にするものが，教育を可能にするものであることを示す試みである」（Biesta 2006: 75）。

### （2）教育関係の二つの側面

　私たちの多くが生徒として，ある教師との「出会い」が自身の成長，あるいは「人間形成」に繋がったと感じる経験を持っているだろう。筆者はいくつかの大学にて教職科目の授業を担当しているが，学生に教師を目指すことになったきっかけを尋ねてみたことがある。そうすると，もちろん表現の仕方は必ずしも同じではないが，自身の「人間形成」に結びついたある教師との「出会い」について語る者が多くいる。このような大学生によって語られるある教師との「出会い」は，必ずしも情報伝達の仕方（教育方法）の上手さ・効率性と関わってのものではない。

　そこでの教育関係とは，「ギャップ」をできる限り取り除こうとするコミュニケーションではなく，「ギャップ」あるいは「わからなさ（他者性）」ゆえに生成されるコミュニケーションといえるだろう。ここには，前節で述べたような教育を情報伝達と同一視する「技術論的発想」ではない考え方がある。その考え方とは，生徒が固有の心的システムを有する固有名を持った存在であること自体への尊重・承認と深く結びついている。

　全体社会から機能分化した教育システムの主たる機能は，生徒を「能力」の代理指標たる学業達成状況により選別し，社会へと送り出していくことである。この選別機能と結びついているのが，教師が教授した知識を生徒がどれだけ獲得したのかという「伝達としての教育」観である。しかしながら，教師と生徒の教育関係においては，こうした選別という側面だけでは捉えきれない，あるいは時に選抜機能との間にジレンマを生じさせる「人間形成」の契機が含まれているのだ。

### （3）教育関係における「ギャップ」と「人間形成」

　「人間形成」としての教育とは，生徒が個別の知識を単に獲得・所有することではない。それは，自己のあり方が大きく変容するということ，別様にありうるものとしての自己の存在のあり方を再発見することを意味している[4]。教

育関係においてこれが可能となり，支えられ，促されるためには，教師と生徒の「ギャップ」は積極的に位置づけられなければならない。「ギャップ」を除去すべき「ノイズ」として捉えるのか，豊かな資源として捉えるのかという教育関係の2つの側面は，コミュニケーションをどのようなものとして規定するのかという違いでもある。

　ルーマンによれば，一般的にコミュニケーションは，送り手による一方から他方への情報の「移転」メタファーによって語られ，規定されてきた。しかしながら，そこには3つの問題がある。1つ目は，送り手から受け手に何かを「移転」というが，実際には送り手が失うものがあるわけではないということ。2つ目は，送り手の（伝達）行為にのみ焦点が当てられてしまうということである。だが，社会学での一領域とされているエスノメソドロジー（なかでも会話分析）が強調するように[5]，受け手側の何らかの応答や処理ぬきに教育を考えることはできない。3つ目は，「移転」メタファーに基づくコミュニケーション規定では，「移転」されるとされる何かの同一性が誇張されるということである。ルーマンの言葉を引用しよう。「そうしたメタファーを用いると，移転される情報が送り手と受け手にとって同一であると考えるようにそそのかされてしまう。同一であるということがあたっている場合もあるかもしれないが，いずれにせよ情報が同一であることは，その情報の内容によってあらかじめ保証されるのではなく，コミュニケーション過程においてはじめて明らかになるのである。」（ルーマン 1993: 218）

　ルーマンは，コミュニケーションを送り手から受け手への「移転」として規定することを否定し，コミュニケーションを自己と他者の何らかの選択・提示や応答の関係的営為として規定する。しかし，「伝達としての教育」という枠組は，まさに送り手としての教師の「移転」に軸足を置いたコミュニケーション規定といえる。

　以上の視点から教育関係を捉え直してみると，「ギャップ」を「ノイズ」として認識し，教師（主体）→生徒（客体）への情報伝達としてではないあり方が浮かび上がってくる。それは，教師と生徒が「ギャップ」を介して互いへと関わり続けるという教育関係のあり方である。教師が教育するのではなく，「ギャップ」ゆえに生成するコミュニケーションそれ自身が教育するという言

い方もできるだろう。そして，こうした認識を前提とすることにより，教育関係は「人間形成」の場として十全たる機能を果たすと思われるのだ。

### (4) 教育関係と「知識なしの責任」

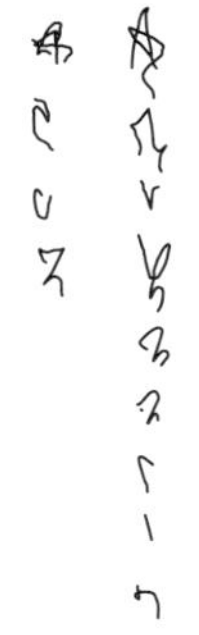

このような視点から見たところで，教師としての責任が消失するわけではない。教師は，自身の働きかけが生徒にとっていかなる影響を与えるのか見通すことができないという不確定性に耐える必要がある。そして教師は，時に拒絶されて自身の営みを問い直しながら，それでもなお生徒が別様にありうるものとしての自己の存在を模索できることへの責任を負うことになるのだ。

図3-1 「文章」

出典：大野 1978

「教師の責任とは，来る者への責任，何が来るのかという知識なしの責任なのだ」（Biesta 2006: 148）とビエスタは述べているが，教師の仕事とは，まさに生徒の「別様にありうるものとしての可能性」と関わる未来への責任と深く結びついている。教育を情報伝達と等値する場合，教師は何が正解かをあらかじめ知っている権威者としての責任を負う。しかし，上記のように教育を捉えた場合，何が正解かの知識も不確定なまま，教師は生徒とのコミュニケーションを継続しながら，なおその先に生徒の成長があることを予期し，引き受ける責任を負うのだ。

これと関わって，教育学者の汐見稔幸が紹介している実践記録が示唆的である（汐見 1988）。大野先生はある特別支援学級のクラスにて，千栄子を小学2年から受け持つことになった。千栄子はその障碍から読み書きがほとんどできなかったが，ある日，千栄子は大野先生に自分の書いた「文章」を読んでほしいと近づいてくる。大野先生がその「文章」を見ると，次のようなものが書かれてあった（図3-1）。

大野先生は，千栄子が何を書いているのかがわからない。だが，次のようなことを考えながら応じる。「これが読めなければ，千栄子は作文を書こうという意欲を永久になくしてしまうのではないだろうか。ここは一番死んだ気で。（中略）『ちえ子は，さくぶんかきました。おおのせんせいにくれました』と読

3章 教育関係 *57*

むと，千栄子はにっこりわらって，『また　あした　かいてくるね』と言った。」（汐見 1988: 164）ここから千栄子は「文章」を次々と書くようになり，大野先生とのやりとりを通じながら，大きな変化――大野先生の言葉を借りるならば，それまでよりもずっと「やさしさ」が見えてきた――が見られたという[6]。

　以上の実践からはっきりと見えてくるのは，大野先生の千栄子という存在への「知識なしの責任」であり，千栄子の大野先生という存在への「基盤なき信頼」（Biesta 2006: 25）である。そして，教師と生徒の「ギャップ」が取り除くべき「ノイズ」としてではなく，「人間形成」の基盤として力強く機能する姿である。ドイツの教育哲学者ボルノウが「教育的雰囲気」と呼んでいる教育関係のあり方が，まさにここあるといえる（ボルノウ 1989）。

## 5　まとめ

　本章では，教師と生徒の関係（性）である教育関係について考えてきた。まず，教育関係の歴史的・社会的背景について明らかにした。前近代における教育は，身分制と強く結びついており，学習と労働が未分化ななか徒弟制的になされていた。そこでの主たる担い手は，家父長である。近代になり，全体社会から機能分化した相対的「自律性」を持った教育システムが成立し，学習と労働が分離されることになる。そして，教育の主な担い手は学校教師となり，子ども・若者は生徒として教育システムに囲い込まれることで，教育関係という独自の関係（性）が成立する。

　学校という機能空間において，教育関係は基本的に教師から生徒への情報伝達として枠付けられる。こうした枠組は，「いかに教師が効率的に伝えられるのか」という教師の方法に着目する「技術論的発想」と結びつき，教師と生徒の「ギャップ」を「ノイズ」として取り除くという発想となる。だが，他方で「ギャップ」への配慮ゆえに，「ギャップ」において教師と生徒が互いへと関わり続けることにより，生徒の「人間形成」に繋がるという側面もある。近代教育システムの成立は，時に強いジレンマを引き起こす教育関係の二つの側面を生み出したといえるだろう。

近年，わが国では学力をめぐる不安が急速に高まり，いかに効率的に学力をつけさせるのかという意識が強くなっているように思われる。「学力」をどの文脈でいかなるものとして定義するのかにより問題の所在は大きく異なるものの[7]，子どもたちの多様な生活文脈に配慮しつつ，かつ平等に学力保障をしていくことはきわめて重要である。だが，学力不安のみに押し流される形で教育関係が「技術論的発想」に基づき，規定されていくことは適切ではないだろう。これまで見てきたように，教育関係は教師と生徒がその「ギャップ」を抱えながら，なおそれゆえに生徒が成長をすることのできる重要な場だからである。

注
1) ある日を境に前近代から近代へと突然変化したわけではなく，そこには緩やかな連続性がある。〈前近代／近代〉という区別は，個別の歴史的・社会的事象の複雑な関係性を単純化することで得られたものである点に留意されたい。
2) 教育が学校教育という制度形態に強く結びつけられて考えられるようになったことは，それ以外の場での教育のあり方や可能性を見えづらいものとしてしまう問題も持っている。こうした点への批判としては，「脱学校論」として広く知られるイリッチの議論（1977）を参照されたい。
3) 教師と生徒の「ギャップ」という視角からの議論については，Biesta（2004）の印象的なタイトルを持つ論文「"ギャップにお気をつけください！"コミュニケーションと教育的関係」に着想を得たものである。
4) ここでの着想は，齋藤直子／ポール・スタンディッシュ（2004）から示唆を得たものである。齋藤／スタンディッシュは，成長を獲得の段階的積み上げ過程としてではなく，自己の存在基盤のたえざる「喪失・出立・再生」として描いており，またそれが他者との受容的関係においてなされることを描いている。
5) 前田・水川・岡田編（2007）を参照されたい。同書は，学校での教授・学習活動を含め，あらゆる社会状況・秩序がいかに「成員」同士のやりとりにおいて生起しているかをわかりやすく説明しており，示唆に富む。
6) 二人の教育関係は，千栄子の最愛の母の死を大きなきっかけに，更に「深い」ものとなっていくのだが，詳細は汐見論考を参照していただきたい。
7) 学力と私たちが一括りに呼んでいるものが根本的にどのような知の構造を持っており，それが社会的文脈とどのような繋がりを持って規定されているのかについては，田中（2009）を参照。

## 引用・参考文献

アリエス，P.（杉山光信・杉山恵美子訳）『〈子供〉の誕生――アンシァン・レジーム期の子供と家族生活』みすず書房，1980.
今井康雄「教育学における〈目的―内容―方法〉図式への不満」『教育哲学研究』56，1987.
イリイチ，I.（東洋・小澤周三訳）『脱学校の社会』東京創元社，1977.
小内透『再生産論を読む――バーンスティン，ブルデュー，ボールズ＝ギンティス，ウィリスの再生産論』東信堂，1995.
大野英子『詩の生まれる日』民衆社，1978.
齋藤孝『教師＝身体という技術――構え・感知力・技化』世織書房，1997.
齋藤直子／ポール・スタンディッシュ「自らの声で 喪失・出立・再生――カベルによるエマソンの道徳的完成主義」『現代思想』7，2004.
佐藤学『教育方法学』岩波書店，1996.
汐見稔幸「（補稿）書くことと『やさしさ』」茂呂雄二『なぜ人は書くのか』東京大学出版会，1988.
田中智志「ルーマンの教育システム論」田中智志・山名淳編著『教育人間論のルーマン――人間は〈教育〉できるのか』勁草書房，2004.
田中昌弥「知の文脈を架橋する学習――相互作用リテラシーの提案」『北海道教育大学紀要 教育科学編』60（1），2009.
広田照幸『教育学（ヒューマニティーズ）』岩波書店，2009.
ボルノウ，O, F.（森昭・岡田渥美訳）『教育を支えるもの』黎明書房，1989.
前田泰樹・水川喜文・岡田光弘編『エスノメソドロジー――人びとの実践から学ぶ』新曜社，2007.
モレンハウアー，K.（今井康雄訳）『忘れられた連関――〈教える－学ぶ〉とは何か』みすず書房，1987.
ルーマン，N.（下地秀樹・太田 明・山崎鎮親訳）「教育が可能であるとはどういうことか？――教育科学の社会科学的分析」『東京大学教育学部教育哲学・教育史研究室研究室紀要』18，1992.
―――（佐藤勉監訳）『社会システム理論（上）』恒星社厚生閣，1993.
―――（村上淳一訳）『社会の教育システム』東京大学出版会，2004.
山名淳「なぜ教育のテクノロジーはないのか？」田中智志・山名淳編著『教育人間論のルーマン――人間は〈教育〉できるのか』勁草書房，2004.
Biesta, G.（2004）"Mind the Gap!" Communication and the Educational Relation, *No Education Without Relation*, Peter Lang.
Biesta, G.（2006）*Beyond Learning: Democratic Education for a Human Future*, Paradigm Publishers.
Luhmann, N.（1979）*Reflexionsplobleme im Erziehungssystem*, Suhrkamp.

Ⅱ　学校システムを構成するもの

# 4章　教育システムとカリキュラム
―― 「ゆとり教育」へのシステム論的アプローチ ――

保田　卓

## 1　はじめに

　2008年3月，新しい幼稚園教育要領および小・中学校の学習指導要領が公示された。前回（1998年）以来ちょうど10年ぶりの改訂公示である。旧要領の中心的理念であった「生きる力」は新要領でも継承されているが，この30年来，減らされ続けてきた授業時数が一転して増やされることになった。

　授業時数の削減は「ゆとり教育」の政策方針の下で行われてきた。今回の改訂の原案となった中央教育審議会（中教審）答申（2008）では，「ゆとり教育」を否定こそしていないものの，現在の子どもの学力や学習意欲に問題があることが，各種学力調査の結果を引用しつつ詳細に指摘されている。今回の改訂については，1990年代からのいわゆる「学力低下」批判を受けた「ゆとり教育」の事実上の撤回であると見られている。

　この変化は単に教育政策の問題ではない。「ゆとり教育」の導入には校内暴力やいじめ等の教育問題の増加とその原因と目された「詰め込み教育」に対する批判，「ゆとり教育」からの転換にはいわゆる「学力低下」批判が背景にあった。それぞれの政策転換は，教育に向けられた社会のまなざし，社会が教育を見る捉え方と連動している。したがってこうした教育政策の変遷を検討する場合，教育システムの"環境"である社会全体の動きも考慮に入れなければならない。本章では，教育システムとそれを取り巻く社会との関連を説明しうる包括的な理論枠組であるルーマン教育システム理論の視点から，「ゆとり教育」

の社会的含意を考察する。

## 2　「ゆとり教育」政策の変遷

　まずは「ゆとり教育」政策そのものの変遷を，関係審議会答申に沿ってごく簡単にまとめておきたい。

　教育現場に「ゆとり」を――この主張は1970年代初めから日本教職員組合（日教組）によってなされていたが，教育政策あるいはそれに直結する提言に初めて登場するのは1976年の教育課程審議会（教課審）答申である。三つの「教育課程の改善のねらい」の一つとして「ゆとりのあるしかも充実した学校生活が送れるようにすること」が掲げられており，その具体化が，翌年公示の改訂学習指導要領（施行は小学校1980年，中学校1981年）における授業時数の計282時間削減および教育内容の削減である。

　1987年の教課審答申では，1976年答申とは異なり，「ゆとり」が明示的に前面に打ち出されているわけではない。しかし，76年答申にも同様の項目があった「国民として必要とされる基礎的・基本的な内容を重視し，個性を活かす教育の充実を図ること」の中で「各教科の内容の一層の精選を図らなければならない」と謳われており，「ゆとり教育」路線が継続していることが窺われる。

　1996年の中教審答申の主張を標語的に一言で表現すれば――答申の概要をまとめたパンフレットでも繰り返し述べられているように――「ゆとり」の中で「生きる力」を育む，であろう。「生きる力」は，少なくとも教育政策上の理念としてはこの答申で初めて用いられた言葉で，①「いかに社会が変化しようと，自分で課題を見つけ，自ら学び，自ら考え，主体的に判断し，行動し，よりよく問題を解決する資質や能力」，②「自らを律しつつ，他人とともに協調し，他人を思いやる心や感動する心など，豊かな人間性」，③「たくましく生きるための健康や体力」の総称とされている（同答申「今後における教育の在り方の基本的な方向」）。ともあれ，この答申の提言によって教育内容および授業時数はさらに大幅に削減されることになった。

　2008年の中教審答申については既に触れたが，前回の学習指導要領改訂以降に行われたさまざまな学力テストの結果が概観され，読解力・応用力・思考

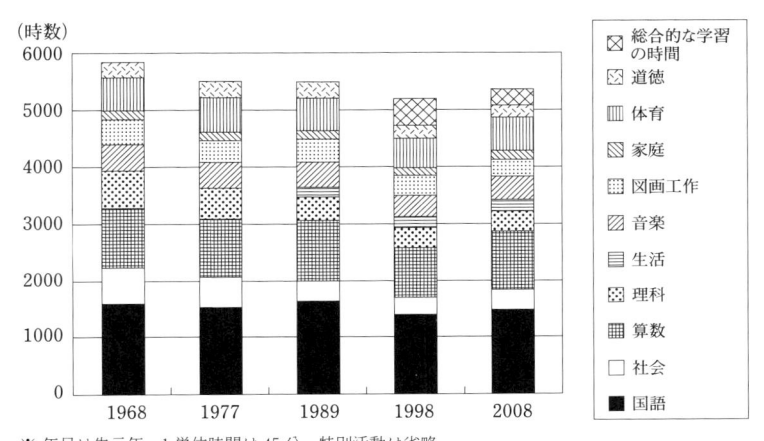

**図 4-1** 各教科の年間標準時間数の推移（小学校 6 年間の合計）

※ 年号は告示年。1 単位時間は 45 分。特別活動は省略。

力・表現力といった総合的学力や学習態度に課題があることが指摘された上で，授業時数・学習内容ともに増加すべきことが提言されている。「ゆとり教育」を明示的に否定する文言こそないものの，事実上の方針転換といえる。

この間の授業時数の変化を図 4-1 に示す。

## 3　教育システムのコミュニケーション・メディア

### (1)　子どもと知識

学習指導要領は，わが国の公教育におけるカリキュラムの国家基準である。いわば公定の教育内容であり，学校で教えることが正統化された《知識》であるといえる。しかし，「ゆとり教育」の社会的含意は，学習指導要領そのものを精査すること，あるいは教育内容を従来の教育学の枠内で考察することによっては探ることができない。教育システムを社会全体のシステムに位置づけて考える必要がある。

学習指導要領の定める《知識》は，通常の用語法での「知識」よりも範囲が狭い。社会一般に存在する「知識」のすべてが，学校で教えられるわけではな

い。では正統化の基準は何か。ふつう，学校は「子どもを一人前の大人にするところ」と考えられている。してみると，教育内容すなわち「教えられるべき知識」は，「子どもを一人前の大人にするのに資する知識」ということになるだろう。ルーマンはかつて，こうした【子ども】と《知識》の関係について，【子ども】は教育システムにおけるメディアであると考えた。メディアとは「何かを伝える媒体」であるが，ルーマンがいわんとしていたのは，一人ひとりの子どもが媒体であるということではない。現実の子どもではなく概念としての【子ども】が，《知識》を伝える媒体であるというのだ。つまり，教育が子どもに授ける《知識》は，「子どもの教育上ためになる」「子どもが一人前の大人になるために必要である」という含意，いわば暗黙のメッセージを伴っている――【子ども】がメディアであるとはそういう意味である。フランスの歴史家フィリップ・アリエス（1960＝1980）は近代における「子どもの誕生」を説いたが，ルーマンの意図もそれと似たところがある。

### （2）機能システムとコミュニケーション・メディア

こうしたメディア（社会システム理論では「象徴的に一般化されたコミュニケーション・メディア」と呼ぶ）があるのは，教育システムに限ったことではない。社会システム理論においては，近（現）代社会は機能分化によって成り立っていると考える。近代以前から近代への移行を，階層分化から機能分化への社会全体の構造変動と捉えるのである。近代以前の階層分化とは，身分や階層が一人ひとりの人間を規定し，職業や地位もそれによって決まってくるような社会の在り方である。一方，近代の機能分化とは，身分秩序が撤廃されて（たとえば明治期日本の「四民平等」）人々が一応の平等を手に入れたうえで，法・経済・政治といった社会的機能――社会を成り立たせるためのさまざまなはたらきの領域が分化し，それぞれの領域に専門特化した職業や組織が成立するとともに，誰もがそうした社会的機能に（たとえば有権者として，消費者として）関与する（あるいは，せざるをえない），そのような社会形態である。

近代社会において分化した社会的機能の領域を，社会システム理論では機能システムと呼び，機能システムにはそれぞれ固有のメディアがあると考える。たとえば法システムの【法】メディア，経済システムの【貨幣】メディア，政

治システムの【権力】メディア，といった具合である。しかし【子ども】が現実の子どもではないのと同様，これらのメディアもその名が一般に指し示す具体的対象ではない。たとえば【貨幣】メディアは，紙幣や硬貨あるいは電子マネーなどではなく，経済システムにおいてコミュニケーションの媒体となる抽象的な概念である。逆にいえば，紙幣や硬貨や電子マネーが貨幣として流通しうるのは，【貨幣】メディアの通用性，つまり「貨幣とはそれを媒介として物品やサービスを交換できるモノである」という観念が人々の共通了解となっているからである。

　なぜこのような，機能システムごとに異なるメディアが発達したのだろうか。その理由はこうだ。中世から近代にかけて，印刷術の発達や人々の地域移動の活発化，国民国家の成立など，それまでの地域的秩序を揺るがし，崩壊させるような社会の変化があった。このため，それまで中心的であった対面的な，つまりその場に居合わせる人々の間で交わされるコミュニケーションの範囲を超えて行なわれる遠隔コミュニケーションを成立させる必要が増大した。【貨幣】の例でいえば，絶えず変化して予測し難い遠隔地の需要に応えるためには，貨幣の価値が共通了解となっていることが好便である。

## (3) 機能分化の進行と教育システムの変容

　教育システムのメディアは【子ども】である――しかし，現在の教育情勢を顧みると，このような捉え方には少し違和感を覚えないだろうか。今日，教育を受ける立場にあるのは子どもだけではない。スキルアップやキャリアアップのために資格の勉強をしたり，英会話やパソコンを習ったり，あるいは趣味の市民講座を受講したりなど，大人になってからの教育はますます盛んに行なわれており，大人を対象とした学校もたくさんある。いまどき教育や学校は，子どもたちだけのものではない。

　機能分化が進んだ社会では，さまざまな社会的機能に関与するため，誰もが一定の知識を身につけなければならない。学校が子どもの占有物であった頃は，学校を出ることが一人前の大人になるための条件だったが，機能分化が進んで一人前の大人に必要とされる知識が増えてくると，子どもの頃に受ける教育だけでは不十分になる。また，近代になって身分による差異から解き放たれて平

等化・均質化した人々が，しだいに多様化するようになり，就職するにも結婚するにも，多くの人に共通する標準的な人生の行程がなくなってくる。

こうした機能分化の進行に伴って，人が社会に参加するために必要な知識の在り方も変わってくる。一人前の大人になるための知識のパッケージは解体し，人は自分の境遇と，複雑化した社会に自分がそのつど出会う個々の局面に応じて，ケース・バイ・ケースで必要な知識を習得しなければならない。教育もまた，教育する相手が人生のどのような局面でどんな知識を必要としているかに対応していなければならない。

### (4)【子ども】メディアから【ライフコース】メディアへ

ルーマンもこうした社会の変化を承知していた。そして晩年（1990年代後半），教育システムのメディアを【子ども】とするそれまでの考えを変え，その位置に【ライフコース】の概念を据えた。「ライフコース」という語そのものは，システム理論に特別の用語ではないが，ルーマンは以下のような独自の着眼点の下に用いている。

ライフコースは，根拠を欠くにもかかわらず物語ることができる。一般にライフコースというものは，人生行路の途上のある地点までの出来事を前提として，それを承けるように次の出来事が語られるというふうにできている。では前の出来事が原因で，後の出来事が結果という具合に，前から後へ根拠づけるような関係にあるかというと，そんな場合ばかりではないし，仮にそのような説明が可能であったとしても，それは永久に一種の「仮説」でしかありえないだろう。だが考えてみれば，そんな説明をする必要もないのである。人が自分のライフコースについて語るとき，別に研究発表をしているわけではない。個々の出来事の間の繋がりにそれなりの説得力があれば，人生の物語としては十分であろう。

人生の物語に根拠づけが不可能かつ不要なのは，人生が一回きりであると同時に，全体としては他の誰の人生とも比較ができないからである。「もし私が誰々だったら」などと考えてみてもはじまらない。では，このような個別的な性質をもつライフコースが，なぜシステム理論という普遍理論の概念になりうるのだろうか。それは，ライフコースそのものは個別的だが，ライフコースの

中の個々の出来事に関しては、何程かの普遍性があるからである。とりわけ進学・就職・結婚などの重大事は、ほとんどの人が経験する。もちろん経験しない人もいるが、その場合でも、社会の視点から見れば、経験した場合との比較において、一つのオプション（選択肢）と見なされる。そうした比較の可能性は近代マスメディアの出現によって決定的に増大した、とルーマンは言う。

今日好んで言われるように、マスメディアは、あらゆる情報が一方では文脈づけられて現れ、他方では他の可能性へのまなざしを提供する「知識社会」を作り出す。そこからはもはや何も確かなものは出てこない。どんな物事でも他の可能性との比較を前提としているように見える。こうなると、個人が自分自身を省みるときも不確かになってしまう。「私は誰？」という問いは答えのないままである（Luhmann 1997b: 17）。

われわれはライフコースを人物知覚の図式（この表現が正しいとして）として見るようになっている。それとともに、その中で個人が自身を、獲得されかつ変わりゆく形式として設定しうるような、社会一般に使用可能なメディアが構築され、同時に、自身の過去との絶えざる再会に導きうる、開かれた未規定の未来の保証が与えられる（Luhmann 1997b: 25）。

もはや「無限の可能性」もまた——輝かしい将来も、暗澹たる前途も——子どもだけの占有物ではないのである。

思い出してほしい。【子ども】が教育のメディアであるとは、子どもを一人前の大人にするという観点から《知識》が選ばれ、その《知識》が子どもに授けられるということであった。【ライフコース】もそれと同様、一人ひとりの人生ではなく、教育において《知識》が授受されるメディアである。ただし、教育の対象がもはや子どもに限定されていない以上、そこには「一人前の大人にする」という含意はない。子どもであれ大人であれ、教育を受ける者がその《知識》を得ることで、自分のそれまでの人生の歩みをどのように続け、いかなる可能性を開拓するのか——《知識》は教育において、そのような意味合いを含んで授けられ、受け取られるのである。

## 4 教育システムにおけるインフレ／デフレ

### (1) 教育システムの普遍化と進化

【子ども】から【ライフコース】への，教育システムのメディア転換は，成人教育・継続教育の普及という現実の教育情勢を反映したものであり，単なる理論のバージョン・アップではない。しかし，このメディア転換は教育システム理論に広汎かつ深甚な帰結をもたらす。

教育システム理論が成人／継続教育をも対象にするとなると，狭い意味での学校の外部にある多様な教育機会や学習機会が理論の守備範囲に入ってくるが，その守備範囲は，まさに成人／継続教育がますます普及しているため，拡大の一途をたどっている。理論の本来の対象であった子どもの教育についても，インターネット経由の（自己）学習等をも含む学校外の教育／学習機会やその利用が増えている。こうした教育／学習機会の学校からの拡散＝脱中心化に伴って，《知識》の授受も，学校外で行われるケースが増えるにつれ，これまで以上にアド・ホックな，偶然に左右されやすい，連結の緩やかなものになり，予測／制御／調整が困難になっている（Kade 2006: 22）[1]。しかしこうした事態は，教育システムの弱体化を必ずしも意味しない。前節までの行論からもわかるように，教育システムは学校（における／をめぐるコミュニケーション）内部で完結するものではない。一見よるべなさそうに見える教育の学校からの脱中心化・柔構造化は，同時に教育の普遍化でもあり（Kade und Seitter 2007），そのことによって教育システムは「完全な，そしてその限りで初めて本格的に全体社会の機能システムになる」（Kade 2006: 24）とも考えられる。それはまさしく，社会全体の柔構造化に対応した教育システムの進化と見ることができるかもしれない。

### (2) 教育システムにおけるインフレとしての普遍化

こうした教育システムの普遍化は，メディアの観点からは，教育システムのメディアが特定の組織である学校の外部で流通・普及する度合を高めていると捉えることができる。もとより教育システムは学校に限定されるものではない。

家庭であれ企業であれ，教育をめぐるコミュニケーションが教育固有の価値と論理をもってなされるとき，そこには他の機能システムに還元されることのない教育システムが成立しているのである。しかし上のような情勢は，教育をめぐるコミュニケーションというより，教育そのものが学校外で行われる機会が増えているということであり，それにつれて教育システムのメディアの流通もまた量的にも質的にも増大すると想定される。

　ルーマンの社会システム理論において，機能システムのメディアの流通増大はインフレと捉えられる。このことが理解しやすいのは経済システムのメディアすなわち【貨幣】についてである。一般的な用語法においても，インフレといえば貨幣の流通増大を指すが，他の機能システムについても同様であるとルーマンはいう。

　　インフレが起こるのは，コミュニケーションがその信頼潜勢力（Vertrauenspotential）を上回る場合，つまり潜勢力からして生み出しうるより多くの信頼を前提とする場合に起こる。デフレが起こるのはその逆のケース，つまり信頼を得る可能性が使用されていない場合である。インフレの場合はメディアは象徴の価値切り下げ（経済だと物価上昇によって測られる）によって反応する。デフレの場合はメディアは強く制限されすぎた条件づけ，つまり循環の減少によって反応する（Luhmann 1997a: 383）。

### （3）機能システムにおけるインフレ／デフレ

　貨幣のインフレ／デフレは身近な現象としておなじみであろうが，他の機能システム，たとえば学術や政治や宗教といったシステムのメディア――それぞれ真理，権力，信仰――についてはどのように理解すればよいのだろうか。

　機能システムのメディアの成り立ちに遡って考えると，それらのメディアはコミュニケーション受容の蓋然性を高めるように発達したのだから，そのはたらきは流通すればするほど高まることになる。それゆえ「非蓋然的な動機づけに見通しをつけるというメディアの機能にはインフレ化の傾向があ」り，「導入されたメディアは，信頼および他者の信頼への信頼を強い，そしてまさにそれゆえに高度のインフレ許容度を有する」（Luhmann 1997a: 385-386）。一方，

デフレはインフレの修正として生起する。ルーマンはこうしたインフレ修正＝デフレの例として，学術システムについてはアメリカ社会学における「大理論」に抗しての実証研究への固執，政治システムでは分権化，宗教システムでは原理主義を挙げている（Luhmann 1997a: 386）が，インフレもその逆として捉えれば理解しやすい。最初のアメリカ社会学の例は，実証研究から理論化へ向かうほど経験的所与から乖離していくため，理論化はより抽象的な，すなわち実証研究よりは非蓋然的な真理の主張がなされるインフレ傾向ということになるだろう。分権運動については，逆に集権化するほど個々の権力エージェントすなわち個人から離れたところに権力が集中するという非蓋然的な傾向を意味するので，集権化＝インフレ，分権化＝デフレとなる。原理主義は，信仰に適うと見なす言動や生活様式を最小限に局限する立場であるから，反対に信仰に照らして許容される行為などを広く寛容にとらえる立場はインフレを意味する。

### （4）デフレとしての「ゆとり教育」

さて，前述のように，機能分化した現代社会ではインフレが常態であり，教育の普遍化は近年においてそれが昂進している事態と見ることができる[2]が，インフレの修正としてデフレが生じることもある。「ゆとり教育」の社会的含意は，まさにこの文脈でとらえることができる。デフレこそがその含意である。これはメディアのデフレの定義を「ゆとり教育」政策の具体的内容にあてはめてみればよくわかる。教育内容が削減され，授業時数が短縮されるということは，教育メディアへの信頼が減衰し，「教育的」と見なされる知識の範囲が狭まったことを意味する。

「ゆとり教育」のカリキュラム（教育課程）は，1970年代後半以降のわが国の教育におけるデフレをうかがわせる指標の一つであるが，他にも2つのマクロ的指標を挙げることができる。

第一に，この時期，進学アスピレーションが停滞している。1970年代後半から1990年代初頭にかけて，わが国の大学・短大進学率は停滞あるいは微減さえした（図4-2）。その直接の原因については，一般に，この間の18歳人口の増加（丙午年生まれの1985年を除く）と，それにもかかわらず——期間によ

図 4-2　18歳人口，大学・短大進学率および志願率，高等教育進学率の推移

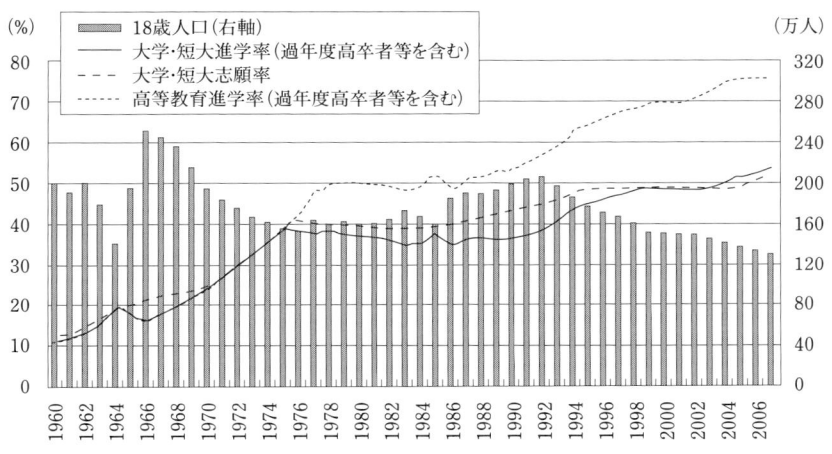

凡例：
- 18歳人口（右軸）
- 大学・短大進学率（過年度高卒者等を含む）
- 大学・短大志願率
- 高等教育進学率（過年度高卒者等を含む）

※「学校基本調査」各年度版による。

って多少の程度の差はあれ——大学の新増設に対する文部省の政策姿勢が消極的であったことであると認識されている。しかしながら，ここで言いたいのは，この時期の進学率停滞の原因が教育メディアのデフレであった，ということではない。むしろ，文部省の政策自体もまたデフレの一つの現象形態であったと見るべきである。この間の大学設置政策の基本姿勢は，量的拡大よりも質的充実を優先するものであった。これは，大学設置申請を認可する間口を狭め，大学教育の名を冠することのできる教育の質を絞り込む，ということを意味するものであり，まさにデフレにほかならない。さらに，進学アスピレーションもそれに対応して"素直に"冷却していることに注目しなければならない。実際，大学・短大志願率や，大学・短大に専修学校等を加えた高等教育進学率もまた停滞しているのである（図 4-2）。これもまた，デフレすなわち教育に対する信頼の減衰と解釈することができる。

### (5) 貨幣インフレと教育デフレ

「ゆとり教育」期の教育におけるデフレを裏付ける第二の指標は，教育メディ

図 4-3　消費者物価指数（教育，総合）および消費支出に占める教育費の割合の推移

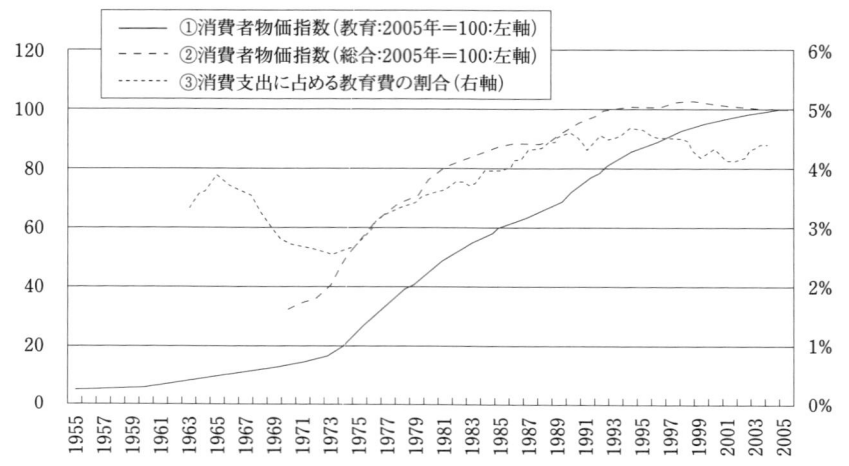

①消費者物価指数（教育：2005年＝100：左軸）
②消費者物価指数（総合：2005年＝100：左軸）
③消費支出に占める教育費の割合（右軸）

※①②は総務省統計局統計調査部消費統計課物価統計室「平成17年基準消費者物価接続指数総覧」，③は総務省統計局統計調査部消費統計課「家計調査年報」による。

ィアと経済メディアすなわち【貨幣】との関係である。1973年のオイルショック以降，一般にいわれる意味でのインフレすなわち物価上昇が急激に進んだことはよく知られている。物価上昇は【貨幣】メディアのインフレであり，これを商品・サービスの側から見れば全く逆にそれらのデフレを意味する。教育についても同様で，いわゆるインフレ率から見れば，教育は1970年代以降，大学進学率が再び上昇に転じる90年代初頭を過ぎて，21世紀に入ってもなおデフレが続いたことになる（図4-2）。しかし，あるメディア（目下の場合は教育メディア）のインフレ／デフレの原因は，殊に別の（目下の場合は経済）メディアとの関係で測る場合，当該（教育）メディアにのみ求められるものではなく，当然，比較対象となっているその別の（経済）メディアに主因が存在する可能性もある。1970年代から2000年前後にかけての貨幣インフレ率の高騰は，教育ばかりでなく商品・サービス一般にあてはまることであり，その原因はむしろ経済メディア＝【貨幣】に求めるのが妥当であろう。インフレ率そのものよりもここで注目したいのは，教育に金をかける度合である。図4-3には，イ

ンフレ率に加えて，消費支出に占める教育費の割合の推移も示している。この指標は，1970年代から1990年頃にかけてはインフレ率と同様に上昇しているが，それ以降はインフレ率と異なり，停滞あるいは下降するようになる。図には示していないが，教育費以外でこれと似た推移をたどる費目は教養娯楽費くらいである。教育への出費が増えていることは一見，教育に対する信頼が高まっていることを示すように見えるがそうではない。むしろ逆である。公立学校等の金のかからない教育に対する信頼が低下しているからこそ，つまり金のかからない教育を「教育的」と見なす度合が低くなっているからこそ，有償の教育を「買い求める」のである。本章の主張はここでも，このように教育にますます金をかけるようになっていった原因がデフレにある，ということではない。「ゆとり教育」の導入以降，学力低下が懸念される公立学校に子女を通わせることを避けたい親が私学を志向し，またそのために塾通いなどをさせる傾向が強まったといわれる。前述の大学進学率の抑制はそれに拍車をかけたかもしれない。教育費膨張の原因を説明するならこのようになるだろう。しかし本章が言いたいのは，これらすべての現象が一致して，教育メディアのデフレを含意している，ということなのだ。「教育的」だと信ずるに値するものの質が絞り込まれ，そうして選り抜かれた「教育」にはますます出費を惜しまなくなった時代。「ゆとり教育」とは――語感に反して――そんな時代の社会システムがカリキュラムとして制度的に具現したものである。

## 5　おわりに

「ゆとり教育」からの方針転換は2008年であった。しかし，現実の情勢や世論の動向と政策的対応との間にはいつもタイム・ラグがある。「ゆとり教育」は，既に1990年代から学力低下の一因（あるいは主因）として社会的批判を浴びてきた。一方その頃，大学・短大および高等教育進学率は再び上昇に転じ（図4-2），消費支出に占める教育費の比率は逆に下降気味になっている（図4-3）。1970年代から1990年代初頭が教育メディアのデフレであるとするなら，これらの指標がその逆をいく1990年代以降はほぼ20年ぶりにインフレに転じたことになる。繰り返し述べるように，教育メディアにおけるインフレとは教

育に対する信頼の高まりを意味するが，定義よりそれは「信頼潜勢力」を上回るものである。教育メディアにおけるインフレの高度の昂進は――かつて経済メディア＝【貨幣】においてバブルが惹き起こされたように――教育に本来的に見合う水準を大幅に超える信頼が寄せられるという事態を招くかもしれない。そうなればまた，インフレ修正としてのデフレの時期がやってくることも理論上は考えうる。いずれにせよ，教育システムの分析視角としての教育メディアのインフレ／デフレは，教育政策をはじめ目前に繰り広げられる教育現実を社会的に相対化して捉える上でも有効であろう。

注
1） たとえば本田（2005）が考察している事態を想起すればよいだろう。本田は，新奇性・創造性・コミュニケーション能力などの「ポスト近代型能力」が要請される「ハイパー・メリトクラシー」が支配する近年のわが国において，家庭環境や性別といった――いわば"偶然"の――要因がそうした能力の獲得を，ひいては「社会的地位」の達成をも左右するようになっていると指摘する。
2） わが国近代の教育システムにおけるインフレの顕著な例としては，広田（2001）のいう「教育的」の誕生と普及がそれにあたると考えられる。広田は，明治後期から昭和初期の教育雑誌において「教育的」の語の使用頻度が高まったこと，さらに大正期以降には「教育的価値」「真に教育的」などの規範性を帯びた使用例が急増したことを明らかにしている。

**引用・参考文献**
アリエス，P.（杉山光信・杉山恵美子訳）『〈子供〉の誕生――アンシァン・レジーム期の子供と家族生活』みすず書房，1980.
広田照幸『教育言説の歴史社会学』名古屋大学出版会，2001.
本田由紀『多元化する「能力」と日本社会――ハイパー・メリトクラシー化のなかで』NTT出版，2005.
Kade, J. (2006) Lebenslauf - Netzwerk - Selbstpädagogisierung. Medienentwicklung und Strukturbildung im Erziehungssystem, In: Y. Ehrenspeck/ Lenzen, D. (hrsg.), *Beobachtungen des Erziehungssystems*, Verlag für Sozialwissenschaften.
Kade, J., /Seitter, W. (hrsg.) (2007) *Umgang mit Wissen: Recherchen zur Empirie des Pädagogischen*, Verlag Barbara Budrich.

Luhmann, N. (1997a) *Die Gesellschaft der Gesellschaft*, Suhrkamp.
―――― (1997b) Erziehung als Formung des Lebenslaufs, In: D. Lenzen/ Luhmann, N. (hrsg.), *Bildung und Weiterbildung im Erziehungssystem: Lebenslauf und Humanontogenese als Medium und Form*, Suhrkamp.
―――― (2002) *Das Erziehungssystem der Gesellschaft*, Suhrkamp.（村上淳一訳『社会の教育システム』東京大学出版会，2004）.

# 5章　授業
―― どのようにして可能になっているのか ――

牛田　伸一

## 1　問いの変換

　日々，目の前の授業に追われる教師にとって切実なのは，「どのように授業をしたらよいのか」という問題である。もちろん，授業は教師にとっては日常でもあるから，授業実践のルーチン化を通して，「どのように」という問いが浮かばなくなることも十分に予想できる。しかしそれでも，研究授業を任されたり，授業実践につまずいたりした場合には，この問いを避けては通ることができなくなる。

　「どのように授業をしたらよいのか」との問題を抱えた教師は，おそらく授業についての経験とその省察が蓄積した知的倉庫の参照作業をはじめることになる。参照先は，主に一般教授学であったり，教科教授学であったり，または処方箋的な授業論であったりする。そこではこの問いは，たとえば「どのような目的を持って，どのような価値内容をどのような教材に具体化して，それをどのような発問を中心に，どのような指導過程で教えるのか」などの問いに細分化される。授業実践の向上に寄与しようとするがゆえに，教授学も授業論も，教師が抱える「どのように授業をしたらよいのか」を中心にして展開する。教師は，参照結果を授業現実に照らし合わせながら，自問自答を繰り返す。

　この問いは，なるほど問われないわけにはいかない大切な問いである。教師にも教授学にも，授業は向上させるべき生の現実だからである。しかし，いま一歩思考を前進させてみると，この問い方には問われざる前提があることに気

づかされる。

　教師が「どのように授業をしたらよいのか」と問えるのは，たとえどのような質であっても，授業がそれなりにできているからである。毎日同じ時刻に同じ場所へ子どもはやってきて，ほとんど同形式の授業に参加している。もちろん，授業中に私語をしてしまう子どもがいたり，学習にやる気がない子どもがいたりするなど，教師を悩ます大小の問題が頻繁に発生しつつも，それでも授業は可能になっている。だからこそ，「どのように授業をしたらよいのか」と問える。

　社会システム理論には，日常世界の自明な事柄を分析しようとする関心がはたらく。もちろんここでの自明な事柄とは，「どのように授業をしたらよいのか」を問える前提としての「授業が可能になっている」ことである。それゆえ，授業を社会システム理論のまなざしから考察する本章では，その前提自体に問いが向けられる。すなわち，「授業が可能になっている」のは「どのようにしてか」という問いである。

　この問いは，教育現場が直面する現状を思い起こすならば，意義のある問い方だと思われる。授業が成立しにくくなってきたという話は，いまでは大騒ぎしては語られなくなった。語られないということは，それが特別なことではなくなってきたからだ，とも捉えることができる[1]。授業の成立の困難がごく普通のことになるとき，「どのように授業をしたらよいのか」という問い方は，あまり意味をなさなくなる。それよりも必要なのは，授業が成立するとはどういうことなのか——少なくともその可能的様態を記述することにある。これが本章の目的である。

　この目的を達成するための検討課題は次の通りである。一つは，「どのように授業をしたらよいのか」という問いは，社会システム理論の言葉を用いれば，「介入（Interferenz）」の方法上の問題だということの確認である。これに教授学は伝統的に「教育的教授（erziehender Unterricht）」の授業構想によって応じてきたこと，そしてこれは「非平凡な機械（Nicht-Trivialmaschine）」の子どもにはその実現がきわめて困難だということを究明する。二つ目の検討課題は，授業は「非平凡な機械」の集まりにもかかわらず，それでも「どのようにして可能になっているのか」を「相互浸透（Interpenetration）」の概念でもっ

て説明することである。「介入」としての「教育的教授」ではなく、「授業という『相互作用システム』が教育する」との命題の確認を通して、授業の可能的様態が記述される。そして最後に、授業を可能ならしめていることを、社会的合意の視野から記述することが、三つ目の検討課題である。

## 2　「介入」としての授業

「どのように授業をしたらよいのか」という問いでは、社会システム理論の言葉で表現すると、「介入」の・方・法が問われている。「介入」とは、ルーマンによると、「あるシステムがその行為を通して、他のシステムがどのように行為するかを多かれ少なかれあらかじめ規定する」ことを意味する（Luhmann 1981: 48)[2]。授業の場面を念頭に説明すれば、教師がその意図を抱き教え、それを通して子どもをその意図の通りに変化させようとすることを指す。日常の経験を冷静に振り返れば、授業はどれも参加者である子どもをつくり変える「介入」にちがいない。そしてこれに注意が傾けられ、そのための「介入」の・方・法の問いが発せられてきた。たとえば、子どもを意図の通りに変化させるには、教師は授業でどのようなはたらきかけをすればよいのか、あるいは、どのようなはたらきかけができるのか、と。この場合には、あらかじめ抱いていた・意・図に準拠し規定された結果を、的確に生み出せるようなはたらきかけの蓋然性が問題になる。すなわち、はたらきかけとその結果の因果的なつながりの安定性の問題である。

### (1)「教育的教授」の理念の両義性

授業の意図は、教授学の伝統にしたがえば、単に知識・技能を媒介することではなく、それを子どもの人格育成に結実させることにある（長谷川 2008: 181）。たとえば、ゴミ収集の仕組みを授業で取り上げ、子どもの活動を組織し指導した教師は、子どものテストの正答平均値が高いことで満足できるだろうか、あるいは、それで満足していいのだろうか。また、地域にある下水と浄水の仕組みを学んだ子どもの多くが、その単元終了時のテストで100点を獲得できたことを理由にして、その授業が「すぐれた」と形容され得るのだろうか、

あるいは，そう形容されてよいのだろうか。なるほど，100点を意図する教師とそのための授業は否定されてはならない[3]。しかしたとえそうだとしても，教師の多くは，ゴミや浄水の仕組みについての単元を通して，水を大切に，ゴミをできるだけ少なく生活できる構えの育成を意図してきたし，夢見てきた。

教授学の歴史を紐解くならば，このような授業は，ヘルバルト（Herbart, J. F. 1776–1841）が「教育的教授」論として究明した教授構想に求められる[4]。彼は教授を2つに区別して次のように述べている。

　単なる知識と技能それ自体を通して人間の人格はどこにも成長しない。……わたしたちが話題にしようとも思わない教授は，その教授から単なる知識だけが生まれ，人間の心情の変化がまったくなく，あたかもよく理解されないままに留まるような偶然の情報のみ受け取られる教授のことである。これに対してわたしたちが問題にする教授は，人間それ自体，その人格自体と一体になり，その人間からこの知識を取り去ったときには，もはやその同じ人間ではないであろう教授のことである（Herbart 1802: 516f., 傍点は引用者による）。

単なる知識と技能の媒介を意図する「教育しない教授」ではなく，人格を作り変えようと意図する「教育する教授」こそが，ヘルバルトにとって追求されるべき本当の教授だった。だからこそ彼は，「わたしは，この際，教授のない教育などというものの存在を認めないしまた逆に，少なくともこの書物においては，教育しないいかなる教授もみとめない」（Herbart 1806: 22）と告白した。

授業を通して子どもたちの生き方をより善く変化させる。この「教育的教授」の構想は，今もなお授業実践者を導く理念である。しかし同時に，それはいつも「理念に過ぎないもの」という意味において，失望をあわせ持っている。なぜなら，「教育的教授」は，はたらきかけとその結果のきわめて複雑な因果的つながりという「介入」の方法に関心を抱いているわけだが，しかし率直にいえば，これはきわめて困難なことだからである。

事例を挙げればすぐこの困難が理解される。健康教育の授業を受け煙草の有害さについて学んでも，その休憩時間に喫煙したり，環境教育の授業でゴミ分

別の大切さを学んだとしても，可燃と不燃の分別を気にも留めなかったり，メディアリテラシーの授業においてメディアの光と影について勉強しても，あい変わらずテレビの解説者の言葉をそのまま信じたりなど，教えることが行動を動機づけられない事例はいくらでも挙げられる。教師は，実際に価値ある行動ができるように，価値内容を教えることの困難にいつも直面している。

このように「教育的教授」は，「因果計算と時間の観点でより高度な秩序要求を掲げており，それゆえ実現はより困難である」（Luhmann 1981: 48）という「介入」の特性を余すところなく満たした難題である。

### (2) 「平凡な機械（Trivialmaschine）」と「非平凡な機械」

この困難の理由は，分かりやすくいえば，わたしたちがきわめて当てにならない存在だということにつきる。これをルーマンは「平凡な機械」と「非平凡な機械」の区別から説明している（図5-1，図5-2を参照）。

> トリビアルな機械（平凡な機械）というのは，インプットの刺激が特定の規則にしたがってアウトプットに転換され，その結果，情報やエネルギー量子を入力すれば機械は作動し特定の帰結を生み出す，というようなものです。それに対して非トリビアルな機械（非平凡な機械）は，いつもそれ自身の状態にスイッチを入れ，その間に「わたしは誰」「わたしはいま何をしていたのか」「わたしの気分は今どのような状態か」「わたしの関心は今どの程度の強さになっているか」などの問いを挿み，しかる後にはじめてアウトプットを生み出すのです。それは自己言及のループを組み込んでいます（Luhmann 2006: 97-98，カッコ内は引用者による）。

InputとOutputとの間の線形的・直線的なつながりの回路があれば，わたしたちは「平凡な機械」として，喫煙の危険性の授業（Input）から禁煙行動（Output）へと安定的に反応するかもしれない。しかし言うまでもなく，わたしたちは「平凡な」というよりは，「非平凡な機械」のはずである。InputとOutputの間で自分自身を参照する存在である。ルーマンが「心理システムは典型的に自己決定的かつ当てにならないように反応する。……心理システムは

図 5-1

Trivialmaschine

Input → □ → Output

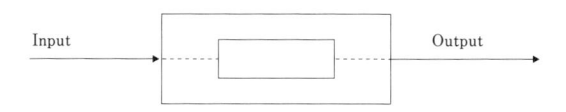

図 5-2

Nicht-Trivialmaschine

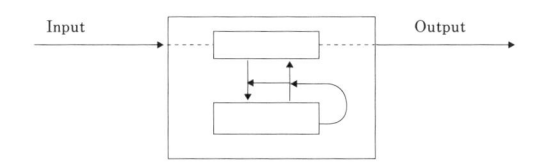

Input → □ → Output

自由に反応する」と述べるのは，この意味でとらえられる（Luhmann 1985: 82）。

　自由に反応するのがわたしたちならば，授業に参加する子どももまた，例外なく自由に反応する「非平凡な機械」にちがいない。そうだとすれば，根本的には授業におけるはたらきかけとその結果の因果的つながりは，不確定性に満ちていることを認めざるを得なくなる。

　たとえば，お説教を熱心に語れば，子どもの心は動かされ態度をあらためてくれると思い，教師は真剣に語る。そして子どもの緊張した面持ちを見て，分かってくれたと実感する。しかし，子どもの真剣な顔は訓示が早く終わってほしい，という懇願のあらわれかもしれない。それゆえ，「熱心に語る」と「態度があらたまる」という両者のつながりは，どこまでいっても思い込みの閾を出ない。授業はいつでも「（因果）テクノロジーの欠如」の状態にある（Luhmann 1979, カッコは引用者による）。それでも，この思い込みそれ自体は不必要なものではない。たとえそれが思い込みに過ぎなくても，このつながりを予

想し思い込んで決断するからこそ，教師は不確実性の中に飛び込むことができるのだから。

### (3)「因果プラン（Kausalplan）」をマシなものに

　この欠如から目をそらさずそれでもなおかつできることは，この思い込みをよりマシな思い込みにすることしかない。この思い込みは疑似的テクノロジーである。これをルーマンは「因果プラン」と呼ぶが，それをマシにする手続きは次のようにまとめられる。それは，期待する Output を引き起こす Input を試み，実際の Output と期待した Output とを対比することで，期待する Output をより高い確率でもたらしてくれそうな Input を反省・考案するというやり方である。たとえば，正答率の上昇（Output）をねらいにはたらきかけ（Input）をしたが，実際の結果（Output）は芳しくなかったため，これを参考に新たなはたらきかけ（Input）の戦略を練る場合がそれである。

　さて，追い討ちをかけることになるかもしれないが，「教育的教授」が期待する Output を振り返れば，この「因果プラン」をマシにすることも，実際にはきわめて困難だと言わざるを得ない。なぜなら，はたらきかけた結果を確かめる手立てがほとんど残されていないからである。メディアリテラシーの授業を試み（Input），メディアに理知的にかかわる生活（Output）をしているかは，教師には不透明である。免許更新の講習が実施（Input）され，更新を済ませたドライバーが安全運転を心掛ける生活（Output）をしているかは，講習を実施した警察署側には突き止めようがない。そうなると，次のはたらきかけの戦略を練る材料すらも得られないことが分かる。したがって，「因果プラン」をマシなものにすることすら，「教育的教授」にとっては困難である。だからこそそれは，わたしたちを導く授業の理念であると同時に，いつまでたっても手にできない理念に過ぎないものでもある，という2つの側面をあわせ持つことになる。

　それでは，授業は子どもの人格を育成することはできないのだろうか。これにルーマンは「そんなことはない」と答えてくれるが，ただし彼によれば，それをするのはもはや教師のはたらきかけによるものではない。それをするのは「授業という相互作用システムのほうである」（Luhmann 1981: 50）。この命題

は，もはや「介入」の方法についての議論ではなく，「相互浸透」の様態の記述に関係することになる。この概念を説明することは同時に，「どのようにして授業は可能になっているのか」について，社会システム理論からの回答を得ることにつながっている。

## 3 「相互浸透」としての授業

　子どもは自由に反応する「非平凡な機械」だとされる。そうだとすれば，当てにならない存在が多数集まる授業は，それぞれが勝手に振る舞う無秩序な場所になるにちがいない。それでも実際にはそうはならずに，授業は大部分の場合には，いわゆる授業の体裁（教師が発問し指示し，子どもが議論し解答するなど）が整えられている。これを前提にできるからこそ，「介入」の方法が問われ，「教育的教授」の実現が問題化される。それでは，「非平凡な機械」の集まりにもかかわらず，それでも「どのようにして授業は可能になっているのか」。

### (1) 可能的様態としての「相互浸透」

　ルーマンによると，授業が可能になっているのは，授業という場において「相互浸透」が果たされているからである。この概念は「人の行為が不確定であることが社会的に予見できる場合，自分の行為を選択するには，社会システムの所与性にしたがわなければならないということを洞察している場合」を意味している（Luhmann 1981: 47）。ここでの「社会システム」が授業という相互作用システムを指すことを前提にすれば，次のように言い換えることができる。すなわち，子どもが授業で振る舞う場合に，授業という相互作用システムの特殊な構造下に流通する所与性（規範や習慣）に準拠して，その行為を選択しなければならないということが意識できていること——これが「相互浸透」である。ルーマンは外国人との会話を事例にして，この概念を次のように説明している。

　　わたしたちが外国人と関わらねばならないとき，わたしたちの国の言葉（ドイツ語）で話しかけ，そしてその人が話を理解していないことがわかっ

5章　授業　｜　85

たとします。そのとき英語で話すことを試みたりします。それでも会話がうまくいかないとき、フランス語で試したりもします。そしていつしか完全に中断してしまいます。けれども意識のなかに理解が困難なことと関わるためのある種の可能性が蓄積されます。……その結果、意識はまさに・コ・ミ・ュ・ニ・ケ・ー・シ・ョ・ンを、そしてそのときどきの環境の所与を複合的に受け入れるのです(Luhmann 2006: 269, 傍点は引用者による)。

　この場面にいる人が、外国人に言葉が通じないという環境を受け入れ、この所与の条件下でコミュニケーションの接続を模索する以外に、自己の行為選択の余地がないことを洞察できている場合が、「相互浸透」だと言われる。それゆえ、英語がダメだったらフランス語でやり取りができるかどうかを試したり、あるいは逆に、理解されないことをいいことに、悪口を言ったりもできる。
　授業に置き換えれば、その場面に流通する所与性が洞察されているからこそ、規範や習慣への適応も、またそこからの逸脱も可能になる。それゆえ、いわゆる「お利口」に子どもたち全員が整然と授業に参加しているといった、授業者側に都合のよい情景が「相互浸透」で説明されているわけではない。問題なのは、授業に通底する規範が予期され、そこに準拠しなければならないと思われているかどうか、ということにある。
　このための事例を2つほど挙げてみよう。授業中におしゃべりを楽しむ子どもがいたとする。教師が少し厳しい口調で注意を向けると、ある子どもはバツが悪そうに、別の子どもは不満そうに、そしてもう一人別の子どもは悲しそうに、おしゃべりを止めた。この事例では、授業中は基本的には私語はしてはいけないという規範が、どの反応を示した子どもにも予期された上で、そこからの逸脱が図られている。そのため、もちろん感情的な反発はあっても、子どもには、教師の注意はおおむね妥当で自分たちにも非がある、と受け入れられる。私語を二度としない場合もあれば、おしゃべりの代わりにメッセージを書いた紙きれを、気づかれないように交換したりする場合もあるかもしれない。これを通して、子どもは授業という特殊な構造下で「上手くやっていく」ことを学んでいる。
　もう一つの事例を挙げてみよう。先述したように、わたしたちはもちろん

「平凡な機械」ではない。しかし，期待される結果（Output）を生み出すようなはたらきかけ（Input）が，教師によって選択される場合には，授業では一つの決まった結果（Output）が出るまで，子どもは発言を繰り返し求められ，他の子どもはその間待たされる場合がほとんどである。たとえば，教師の発問には一つの正答が準備されていて，これが出てこなければ，授業内のコミュニケーションは進展しづらくなる。一つの正答が求められる限り，ここでは子どもは「平凡な機械」として振る舞うことを求められている。それゆえ，正答を見つけ出すという授業内のコミュニケーションの方向づけが，子どもに予期されるからこそ，子どもは正答をできるだけ正確に素早く読み切れるように対処したり，反対に馬鹿らしく感じて勉強に身が入らなくなったりできる。やる気がでない子どもに対しては，教師から成績を心配したはたらきかけがあるかもしれないが，学校で「上手くやっていく」にはそれが必要だと予期し，そこに準拠すべきことが分かっているからこそ，子どもは改心したり反発したりできるともいえる。

## （2） 授業の構造条件下での社会化

授業の特殊な構造は，ルーマンによると，以下の5つに整理される（Luhmann 1981: 52）。

① **非対称性**：教師は子どもを教育するが，それと同じ意味で，子どもが教師を教育することはない。明確な役割の区別が埋め込まれている。
② **人数配分の不平等**：一人の教師に多くの子どもが配置される。それゆえ，教師の役割の相対的な重要性が発信されている。
③ **コミュニケーションの時間配分の不平等**：教師は子どもよりも話す時間が長い。通常，子ども全員の時間を合わせても，教師の発話時間には達することはほとんどない。
④ **子どもの平等性**：機能特殊的な不平等のための平等性。すなわち，成績で不平等を生み出すために，子どもたちに平等に均一な授業を提供することを意味する。
⑤ **所与のコミュニケーションの方向づけ**：子どもはあらかじめ決められた

内容を学ばなければならない。

　こうした授業の特殊な構造条件下にある「相互浸透」が結果するところについて，ルーマンは次のように述べている。「家庭とは違う学校という場所で，家庭とは異なることを学ぶといわれる。学校で学ぶこと，それは平等な仲間と普遍的な基準の下で比較されるということ，順番を待つこと，組織の活動規律というものは決して避けられないということ，また，成績を志向することによってお金を志向することを学ぶことになる」(Luhmann 1981: 54)。
　授業も教育する。しかしすでに明らかなように，「介入」としての「教育的教授」がそれをするのではない。そうではなくて，それをするのは，無意図的に子どもに影響を及ぼす，授業という時間と空間そのものである。これは，教育学の用語では，随伴学習，無意識的学習，「隠れたカリキュラム (hidden curriculum)」とも呼ばれるが，一言で表現すれば「授業で上手くやっていくこと」を，教師のはたらきかけとはあまり関係なく，勝手に学んでいくということである。「上手くやっていくこと」が実際にできるようになるかは問題ではない。子ども全員が上手くやれるわけではないからである。しかし，上手くやるにも上手くやれないにも，少なくとも授業に流通している所与性が予期されて，それに準拠すべきだという前提――それが「相互浸透」である――が不可欠になる。

### (3)「相互浸透」の濃淡

　ここから「相互浸透」の濃淡の両方が予想できる。濃厚な「相互浸透」は，子どもの過剰適応としてあらわれる。授業内で求められることの先読みが過度になり，肥大化した予期に準拠し行為がなされる。具体的には，「非平凡な機械」のはずの子どもが，授業の構造条件に合わせて「平凡な機械」を演じるのではなく，すぐれた「平凡な機械」になろうと積極的に努力することにある。ここでは，授業で学んだ事柄の中身の「真理／非真理」や「妥当性／非妥当性」よりも，教師が持つ正答を大切だとする構えが醸成される。それゆえ，この意図されざる教育の結果として，権威者が何を考えているかを際限なく読み取り，それに限りなく合わせていこうとする傾向の定着も起こり得るだろう。

これとは反対に，おしゃべりを楽しむ子どもに教師が厳しい口調で注意しても，子どもがキョトンとした面持ちで，「どうしてこの大人はいきなりキレているのだろう」という反応を見せたとするならば，これをどう解釈したらよいのだろうか。それはとりもなおさず，通常あるはずの，授業は学ぶところだから私語はしてはいけない，という規範や習慣がまったく予期されていないことを暗示させている。それゆえ，その子どもには，教師の注意は大人の単なる理不尽な怒りにしか映らないばかりか，被害者は自分たちの方だと考える場合もあり得る。これは「相互浸透」の欠如であり，語るまでもないが，この時，もはや授業は不可能になっている。

　この濃淡の対極を踏まえれば，ルーマンが語る授業における「もっと根本的な問題」の意味が理解されるだろう。彼は次のように述べている。

　　もっと根本的な問題は，〈平凡でないシステム（非平凡な機械）〉が，ときには〈平凡であるかのように〉振る舞う（外部からのインプットに対して期待されたとおりのアウトプットで反応してみせる）ことができ，しかも〈平凡なシステム（平凡な機械）〉になりきってしまわないことを，どのようにして学べるか，ということであろう。（Luhmann 2002: 80，山カッコ内のカッコは引用者による）

　一方では，「相互浸透」が薄弱であれば，授業は不可能になる。授業の特殊な構造に準拠する（少なくとも）意識がなければ，授業内のコミュニケーションは継続のしようがないからである。しかし他方では，過剰な「相互浸透」は，「非平凡な機械」の平凡化を強く促す傾向を持つ。授業内の社会化の結果として，自分で考えることを捨て去る構えが浸透する。それゆえ，授業は平凡化を求めると同時に，平凡化の回避を求めるという，相矛盾した難題を背負わされることになる。


## 4　社会的合意としての授業

　授業が成立しづらくなっているとの印象を多くが抱きつつ，それでも全体

的には授業は日々営まれている。これを根底から支えているのは何か。この問いに対して，デュルケーム（Durkheim, É. 1858-1917）の「契約」の成立や「犯罪」への非難についての見方は，大切な示唆を与えてくれる。

デュルケームによると，契約は，契約をしたから遵守されるのではなく，すでに契約の締結以前にそれが守られるべきという，社会的合意がなければならない（デュルケーム 1989: 194）。犯罪も同じで，それが犯罪だから非難されるのではなく，それが犯罪であるという以前に非難されるべき振る舞いである，という社会的合意が必要である（デュルケーム 1979, 93-107）。

この見方を参考にすると，授業には，それが授業だから学習に取り組まれるのではなく，それ以前に学習するところである，という社会的合意が不可欠である，と言い換えられる。これは授業を可能ならしめる社会システムの観点からの前提である。もしもこれが崩れるならば，語るまでもなく，授業はもはや不可能になるだろう。これについて，次の諷刺画（図5-3）を観た際の人々の

図5-3 授業を脱走する場面

出典：Hickel, J.（1980）Sanfter Strecken, Quelle & Meyer Varlag

反応を事例に，説明を試みてみよう。

### (1) 授業についての予期

　冗談が他者の笑いを誘えるのは，冗談を発するその人があらかじめ他者の予期をある程度予期できた上で，その他者の予期を良い意味で裏切るか，あるいは，それに大げさに応えるからである。傷つけたり悲しませたりするのも同様である。要するに，相手の考えていることに応えるにも，それを裏切るにも，まずは相手が何を考えているかを読まなければどうにもならない[5]。

　すぐれた諷刺画が時に笑いを誘うのは，その作り手が，鑑賞する受け手によって考えられる「何ものか」を事前に予期して，それを巧みに利用しているからである。それゆえ，この諷刺画を読み取って，もしも多くが面白く感じるとすれば，授業についての予期が良い意味で裏切られたか，またはそれに大げさに応えられたからだ，ということになる。

　この諷刺画には子どもが授業を脱走する場面が描かれている。机の上に立てた上半身の模型を生贄に，教室の後ろの扉からの脱走が敢行されているが，教壇に座り教科書を手にして講義する教師は，この逃走にまったく気がついていない。それは，子どもが感じる授業の退屈さ，彼らが抱く願いにはまったく関心がない教師の傲慢さを揶揄しているかのようでもある[6]。

　授業はおおかた退屈であるという授業についての予期が，この諷刺画には外部化されデフォルメされている。これが小さな笑いを誘うのかもしれない。また，逃げ出す子どもの情景が「実際にあり得なかった」や「あり得ても困る」と思われるからこそ，苦笑もできる。授業は学習するところだという授業についての予期が，良い意味で裏切られているからである。

　「素直な子どもたちだと思いました」。この諷刺画を眼にしたある学生が苦笑しながら発した一言である。推察するに，「素直」という言葉の背後には，次の二つの意味が込められている。一つは，その学生の経験によると，授業はおよそ退屈なものだったという意味である。脱走劇はそうした退屈さからの画期的な解放行動としてとらえられ，その限りで，この画の子どもは「素直」だと彼女の眼には映る。その裏がえしの現実として，彼女自身は「素直」ではなかったことが，もう一つの含意である。すなわち，逃避したいほど退屈だとは感

じたこともなるほど事実ではあるが，しかし決して自分の気持ちが欲するがまま，授業を逃げ出すことはなかったということである。

### （2）授業を支える社会的合意

「もしも」という仮定の話しとして，この諷刺画を読み取った際に，大多数が「何も面白くなんかない普通のことですよ」といった感覚を持つとすれば，授業にとって何が意味されることになるのだろうか。先ほどの学生が「この画の何が面白いのですか」と真顔で問い返してきたならば，さらにはこの学生ばかりでなくて，学生の大多数が似たような反応だったときには，何が意味されることになるのだろうか。

この場合には，授業についての予期が，多かれ少なかれ，この諷刺画の場面のようなものだということを暗示させる。すなわち授業は，その場を平気で抜け出せるようなものに「中らずと雖も遠からず」ということになる。その時，この諷刺画はすでに「諷刺」の意味を失い，そこには現実の授業の不可能の様態が，単に描かれているだけに過ぎなくなる。

授業の成立を支えているのは，この諷刺画を読み取った際に，多くの人々がこれを冗談の範疇に収められることそのもの，すなわち「気持ちは分かるけれど，ばかげた冗談」だと笑い流せることにある。笑い流せるということは，授業は（あまりに退屈だとしてもそれでも）学習に取り組むところだ，という授業についての社会的合意を，その背後に予想することができるからである。

これを笑い流せなくなるとき，授業（近代学校方式の教育）は，限界の閾値を越えようとしていると見てよいだろう。この限りで，授業の成立は，授業の中身についての社会的合意（通常は学習に取り組む場だ）という前提に支えられている。

## 5　おわりに

先ほど第3節（3）で，教師に私語を厳しく注意され，キョトンとした面持ちで，「どうしてこの大人はいきなりキレているのだろう」と反応する子どもの事例を挙げた。もしもこの子どもが先の諷刺画を観たとしても，おそらくそ

れを冗談や諷刺だとは受け取らないように思われる。なぜなら，その様子が彼ら彼女らにはそれほど特異なことには思えないからである。授業に流通する所与性（規範や習慣）が予期されることも，そこに準拠すべきだと意識することもないのだから。あえて彼ら彼女らの授業についての予期を探り出せば，授業は楽しくおしゃべりをする場ということになるのかもしれない。

　田中は「潜在的（隠れた）カリキュラムの喪失は，結局のところ，学校教育の崩壊である」（田中 2003: 109，カッコ内は引用者による）と興味深い一文を寄せている。これは筆者の経験の閾をまったく出ないのだが，あの諷刺画をもはや冗談の範疇に収められない実情が，学校現場には少なからずあるように思われる。この「喪失」があながち的外れではない状況下にあると仮定してみて，教育システムがこれにどう対処しているのかについて，最後に簡単に触れておこうと思う。

　一つは，教育の自由化（市場化）という行政レベルの対処である。授業についての予期を共有する層が，学校選択を橋渡しに集まってくる。こうして円滑に授業が営まれる学校と授業が成り立たない学校，言い換えれば，構造条件下での過剰適応が進む学校と適応が覚束ない学校との区別が，より鮮明になることが予想できる。後者の学校はもはや授業をする所ではなく，消費財として単に子どもを通過させるという場の意味合いが非常に強くなる。

　もう一つは，学校の内的な自由化（カリキュラムや授業方法の自由化）を目ざすという学校レベルの対処である。ルーマンが示した構造条件は，いわゆる「近代学校方式の教育」を冷静に記述したものである。これに対する「相互浸透」の度合いがあまりに低く不安定なのであれば，これを解体し別様の学校・授業を構想しなおすという対処が考えられる。ここでは，いわゆる新教育（進歩主義教育）風味の授業が志向されることになるが，この点についてルーマンは懐疑的である。「非平凡な機械」の平凡化は，「予見可能性を求める社会の正当な利益」（Luhmann 2002: 79）に資するものだからだと見られている。いわゆる改革教育学校がいつも特異な存在として見られるのも，それが社会の正当な利益に反するため，一般的には広がり得ないからである。

　最後に，「潜在的カリキュラム」の顕在化という授業実践レベルの対処である。近年，学級経営の大切さが盛んに訴えられている。その理由は，今まで

「隠れて」進行した授業についての予期形成が，もはや弱くなったために，意図的に「隠れたカリキュラム」を示すことを迫られたからだと考えられる。もちろん，その時すでに「隠れたカリキュラム」は「隠れた」ものではなくなるのだが。


注
1) 学級崩壊という言葉は，2011年現在ではほとんどセンセーショナルには語られなくなった。たとえば，2010年度の全国学力調査における生活習慣についてのアンケートの結果を見ると，「児童・生徒が授業中の私語が少なく落ち着いているか」という質問に，小学校の9.3％，中学校の9.0％が「そう思わない」「どちらかと言えばそう思わない」と回答しているが，これを毎日新聞（2010年7月31日朝刊11面）は「依然として一部の学校では授業が成り立たなくなる『学級崩壊』に苦慮している様子がうかがえる」と比較的冷静に報じている。
2) この「システム」とは，心理システムのことを指している。厳密性を欠くことになるが，授業の場面では，最初のシステムが教師を指し，後のシステムが子どもを指していると考えてもらいたい。
3) 難関私立中学校受験の合格発表の場面で，「お受験」合格のゆえ，歓喜にむせび泣く親子を無意味な姿だと否定する権利は，教授学にはない。
4) 授業ではなく，「教授」と表記するには理由がある。ヘルバルトの「教育的教授」論の「教授」は，近代学校教育に組織される「授業」の意味では使われてはいないからである。それどころかヘルバルトは，事前制御システムとしての学校教授を厳しく批判していた（牛田 2006）。
5) 石戸はルーマンの記述をまとめて次のように述べている。「期待を期待（予期）することは，必ずしも相手の期待に応えることを意味するものではない。むしろ相手の期待を予期しうるからこそ，相手を幻滅させることができるのである。」（石戸 2000: 220）（Luhmann 1987: 176f.）。
6) この諷刺画は，たいてい改革教育学を試行する論者によって引っ張られ，これをもって近代学校教育が批判の槍玉に挙げられる。たとえば，「旧来の学校や授業は，子どもが逃げだしてしまうような，知識・技能の詰め込みの無味乾燥な冷たい近代特殊施設である。だからこそ，授業・学校は子どもたちが生きいきと学び合える，教師もその学び合いを援助し得る共同体的なものへと転換されるべきだ」などと言われる。こうした主張の呼び水にこの諷刺画は活用されるが，言うまでもなく，改革教育学の風味を利かせるために，筆者はこの画を引き合いに出したわけではない。学校教授は，すべてがすべ

てではないにしても、ほとんどは退屈である。それは、教師や教育関係者の努力が足りないからではなく、近代学校とその授業は、設計上退屈になるようにできているからである（柳 2005）。問われるべきは、それにもかかわらず授業が成り立ち得るものであるなら、それはどういう仕組みからそうなっているのか、ということであろう。

## 引用・参考文献

石戸教嗣『ルーマンの教育システム論』恒星社厚生閣、2000.
牛田伸一「学校批判としての『教育的教授』論――教授学的な論理を機軸としたヘルバルトの学校批判とその教授学的意味」『教育方法学研究』第33巻、日本教育方法学会、2008.
――――「『教育的教授』論と教科指導――教えの体系化と潜在化した動機の間」『学校教育研究』第24号、日本学校教育学会、2009.
田中智志『教育学がわかる事典』日本実業出版社、2003.
デュルケーム、É.（佐々木交賢訳）『社会学的方法の規準』学文社、1979.
――――（井伊玄太郎訳）『社会分業論（上）』講談社、1989.
長谷川榮『教育方法学』協同出版、2008.
柳治男『〈学級〉の歴史学』講談社、2005.
Herbart, J. F. (1802) Die ältesten Hefte. In: Willmann, O./Fritzsch, Th. (hrsg.): *Johann Friedrich Herbarts Pädagogische Schriften*. 3 Band. Osterwieck/Harz 1913-1919.（田口淳訳「J. F. ヘルバルト『最も古い原稿』（1）」『高松工業高等専門学校研究紀要』第43巻、2006）
―――― (1806) Allgemeine Pädagogik, aus dem Zweck der Erziehung abgeleitet. In: Asmus, W. (hrsg.): *Herbart Pädagogische Grundschriften*, Georg Bondi, 1965.（三枝孝弘訳『一般教育学』明治図書、1969）
Luhmann, N. /Schorr, K. E. (1979) Das Technologiedefizit der Erziehung und die Pädagogik. In: *Zeitschrift für Pädagogik*. 25. Jg. Heft 3.
Luhmann, N. /Schorr, K. E. (1981) Wie ist Erziehung möglich? Eine wissenschaftssoziologische Analyse der Erziehungswissenschaft. In: *Zeitschrift für Sozialisationsforschung und Erziehungssoziologie*. 1. Jg. Heft 1.（下地秀樹・太田明・山﨑鎮親訳「教育が可能であるとはどういうことか？――教育科学の科学社会学的分析」『東京大学教育学部教育哲学・教育史研究室紀要』第18号、1992）
Luhmann, N. (1985) Erziehender Unterricht als Interaktionssystem. In: Diederich, J. (hrsg.): *Erziehender Unterricht. Fiktion und Faktum?* GFPF.
―――― (1987) Sozialisation und Erziehung. In: *Soziologische Aufklärung*. 4 Band, Verlag für Sozialwissenschaften.

―――― (1989) *Reden und Schweigen*, Suhrkamp.
―――― (2002) *Das Erziehungssystem der Gesellschaft*, Suhrkamp.（村上淳一訳『社会の教育システム』東京大学出版会，2004）
―――― (2006) *Einführung in die Systemtheorie*, Carl-Auer-Systeme Verlag.（土方透監訳『システム理論入門』新泉社，2007）

# 6章　評価・選抜

山田　哲也

## 1　教育と評価の関係

　教育の営みには評価が不可欠だと言われる。しかしながら，これまで受けてきた教育を振り返ると，必ずしも納得しているわけではないのに教える側から一方的に値踏みされることにネガティブな感情を抱いたことがある人もいるのではないか。教師や親からの評価が気になった人，良い成績を取らねばとプレッシャーを感じたことのある人はかなりの数に上るだろう。逆に親や先生にほめられたことがきっかけで，これまで苦手だと思っていたことが得意になるなど，評価をめぐるポジティブな経験を持つ人もいるかもしれない。

　いずれにせよ，教育を受ける者にとって，また，これから述べるように教育を行う側にとっても，評価をめぐる出来事は重要な意味をもっている。教育において，これほどまでに評価が重視されるのはなぜだろうか。教育と評価の関係を考えるために，制度化された教育において観察される典型的なやりとりをみてみよう。

　教師：(黒板に貼った地図を示して) この記号は何を表していますか？　[I]
　生徒：桑畑です [R]
　教師：うん，そうですね [E]

　この例は筆者が考案した架空の会話だが，こうしたやりとりは実際の授業でも観察される，ごくありふれたものである。社会学者のメーハンは，教室にお

けるコミュニケーションの特徴を描き出した研究で，I–R–E 連鎖，すなわち，教師の呼びかけ（I:initiation）に生徒が応答し（R: reply），その応答に対して教師が評価を下す（E:evaluation）上記のようなやりとりが授業の中核をなしていることを指摘している（Mehan 1979）。

　こうしたやりとりには，どのような特徴があるのだろうか。通常，私たちが日常的な会話のなかで質問する場合，その目的は「自分が知らない情報を得ること」である。特別な事情がない限り，私たちは既知のことがらについて相手にわざわざ尋ねたりはしない。

　ところが授業で教師が生徒に投げかける質問のほとんどは，教師が「すでに知っていること」である。さらに言えば，日常的な会話では通常は質問への回答に対して返礼がなされたり，相手の応答をふまえて会話の内容が展開したりするが，上の例では生徒の応答の適切さを教師が評価することで，ひとまとまりの区切りをもつ会話が構成されている。教師が既知のことについて生徒に質問を投げかけ，それに対する反応に評価を下す。そこに日常会話とは異なる授業場面で生起するコミュニケーションの特徴がある。

　教育学の議論には，教師の権力性を示すやりとりあるいは知識を機械的に注入することで子どもの創造性を奪う旧来的な一斉教授型の授業の典型としてメーハンが発見した I–R–E 連鎖を位置づけ，批判的に論じるものもある（佐藤 1996 など）。冒頭に触れた評価に関するネガティブな印象も，授業場面で一方的な評価者として振る舞う教師像と結びつくかもしれない。だが，このやりとりにおける評価行為が教師と生徒の双方にとってどのような意味をもつかを考えてみると，評価のもつ重要な働きが浮かび上がる。

　まず，教師にとって応答―評価のやりとりは，自分が伝えようとしたことを生徒が首尾よく獲得したかどうかを推測する手がかりを提供してくれる。近代以降の教育は，属人的な要素から知識を切り離し，わかち伝えが可能な形式で伝達することを試みる点に特徴がある。特定の教育目標とそれを達成するためのカリキュラムを設定し，教科書や教材を用いて授業を行なう学校教育は，伝達可能な知識と伝達不可能な知識を区別し（すなわち，知識を伝達可能なものに編成し），それをいまだ有していない者に対して意図的・計画的に教授する制度である（ルーマン 2002＝2004: 70）。

しかしながら，意識を構成要素とする心的システムは作動的に閉じており，「知識の伝達」が成功したかどうかを直接確かめるすべを教師はもたない。少し難しい言い方に聞こえるかもしれないが，私たちの自己意識は先行する意識に触発されて後続する意識が創出される絶え間ないプロセスのなかで成立しており，意識の連鎖に外部から介入することはできない。他者の内面を直接把握することも端的に不可能である。

　そこで教師は，応答—評価のやりとりを用いて，教わる側がこちらの意図通りに知識を獲得したかどうかを確認する。教師が既知のことを尋ね，それに対する応答を評価するのはそのためである。もちろん他者の内面を直接感知することができない以上，生徒による学習達成の度合いを確実に把握することは不可能である。とはいえ，評価の営みなしには生徒の内面を推測することすら困難になる。教師にとって評価は，不透明な内面を有する生徒に知識を伝える困難な課題を遂行する上で，いわば羅針盤としての役割を果たしているのである。

　次に生徒の側から評価を受けることの意味を考えてみよう。評価を通じて獲得の度合いを推測する教師と同様に，何ごとかの知識・技術を身につけたいと考えている者にとって，教師によってなされる評価は自らの学習の進度を測る目安になる。また，肯定的な評価を得ることは，学習の持続を支える動機づけとしても機能する。

　生徒にとっての評価がもつ効用は，外部の評価者が存在しない独学の難しさを想定すると理解しやすい。自分のペースで興味のあることについて学ぶ独学は，学習者の自由度がきわめて高い半面，自分が知識・技術をどれだけ習得したかを的確に把握する手立てに乏しく，やる気を持続させることも難しい。評価によるフィードバックなしに学習を進めることは困難な課題なのである。

　評価に対してネガティブな印象をもつ人にとって，その意義はなかなか実感しづらいだろう。だが，「もし学校から評価が消え去ったらどうなるか」を想像してみてほしい。始めのうちは解放感もあり，評価の廃止を歓迎するかもしれない。ところが自分が何をどの程度学んでいるのかを把握しづらい状況が続くという事態は，なかなか困ったものではないだろうか。評価を学校から一掃し，授業で教師が生徒の理解度を把握することすら止めてしまえば，教える側は授業の進度を調整したり教え方を工夫したりすることが難しくなり，学ぶ側

も知識や技術を習得したという実感を得難くなるだろう。評価を欠いた学校における学びは，図書館での自習とそれほど違わないものになる（もちろん，自習が性に合う人もいるだろう。筆者はそのことを否定したいわけではない）。

これまで述べてきたように，知識や技術を伝達するうえで評価は重要な役割を果たしている。だが，ここで強調しておかなければならないのは，知識・技術の伝達は，キャッチボールのようなモノのやりとりとは違うということである。ボールとは異なり，教え手が伝達を意図する知識や技術と学び手が獲得するそれは同一ではない。教師がこう伝えたいと思っても，生徒はそのようには受けとめてくれないという悲しいすれ違いや誤解は授業につきものである。わかち伝えが可能な形式で教師が知識や技術を提示したとしても，結局のところこれらを習得するのはそれぞれ異なる思考様式や態度を有した他者である。

学ぶという言葉の語源は「まねぶ＝模倣する」だと言われるように，知識や技術の「伝達」は，実際のところ受け手による模倣＝再演であり，教える側と学び手の知識や技術が同じものである保証はどこにもない。そこがキャッチボールのようなモノのやりとりとは大きく異なる点である。しかも，私たちは外部から直接把握できず，時には自分自身にとっても不透明な内面を持つために，教える側と学ぶ側の双方とも知識の伝達・獲得プロセスの内実を直接把握することはできない。

教育評価は，教える側・学ぶ側の双方にとって，教育的なコミュニケーションにおける不確かさを軽減し，知識や技術を伝達／獲得するプロセスに確実さの様相を与える働きを持つ（本田［沖津］2000）。ただしそれはあくまでも「確実さの様相」を与えるだけに過ぎない。教師が行う評価には，誤解やそれに対する不満，異議がつきものである。なぜなら，学習のプロセスとその成果は，あくまでも評価を通じて間接的に推測することしかできないからである。確かに教育の営みには評価が不可欠だが，どれだけ工夫したとしても，学び手に生じた変化を十全に把握することはできない。意図した方向へ人が変わることを手助けする困難な課題を果たすために，私たちは不確かな羅針盤を手がかりに進んでゆくほかないのである。

## 2　教育のための評価，選抜のための評価

　教育評価にネガティブなイメージがつきまとうことが多いのは，評価の結果が，入試や入社試験などの選抜に用いられるためだろう。本来は教育活動を支えるための評価が，人間を選別し，振り分ける道具になってしまっている——。教育学者の多くは，教育のための評価と選抜（選別）のための評価を区別し，後者の側面を問題視してきた。しかし両者の違いが重視される社会的な条件を考慮すると，選抜のための評価を単純に批判することが難しいことが明らかになる。

　少し回り道になるが，評価はあるが選抜のない（あるいは選抜があるとしても限定されている）場面を想定してみよう。徒弟制による職業訓練はその一例である。親方に弟子入りし技能や知識を身につける徒弟修行は，それ自体が日々の仕事に従事し，これらを使用して生計を立てる集団の一員になることを意味する。学校教育とは異なり，徒弟における学びは「将来，何らかの職業につくための準備」ではなく，特定の職業に従事しそこで一人前と認められるプロセスにほかならない。もちろん，徒弟制においても，親方から仕事の出来映えを評価され，その腕前に応じて作業の分担がなされる。しかしそれはあくまでも仕事を遂行するうえで必要なことであり，限られたポストに多数の人々が殺到し，選抜による振り分けがなされているわけではない。

　徒弟制が広く浸透し，身分や家業の世襲が当然視されている社会では，学校のように日常生活から切り離された教育のための特別な場所を設定して教育を行い，有為な人材を選抜する特別の仕組みをつくる必要はない。そもそも選抜を行うためには，人と社会的な地位が切り離され，誰がその地位につくかが不確定であること，つまり地位と人を組み合わせる際に複数の選択肢があることが前提である。身分制が支配する社会では，制度化された選抜の仕組みを用意しなくても，生まれ（出自）を基準に地位と人を結びつけることができる。もちろん地位にふさわしい人物かどうかを値踏みすることはあっただろうが，そこで検討される選択肢は選抜の仕組みをもつ社会に比べるとごく限られていた。近代以前の身分社会では，選抜と教育，そして両者における評価の機能も，未分化の状態で日常生活に埋め込まれていたのである。

近代社会が到来し，法，政治，経済，芸術，宗教，科学，教育など特定の機能を担う社会領域が地位や身分から切り離され，独自の論理に従って作動する機能システムとして分化してゆくなかで，こうした事態は根底から変化することになる。社会学者のルーマンは，社会の機能分化が教育にどのような変化をもたらしたかについて，次のように述べている。

　　教育と選別の区別がこれほど重要な意義をもつに至ったのはなぜか（中略）社会が成層的分化の優越［身分制社会］から機能的分化の優越へと組み替えられたことと関連する理由によって，［立派な］出自を示す家柄の（［いちいち名字を挙げるまでもなく］個人名を挙げれば足りるような［○○さま！］）内輪の社会化は意義を失い，計画的に操作される教育によって片隅に追いやられる（ルーマン 2002＝2004: 82，［　］は訳者による補足）。

　これまでの議論の文脈に即せば，ルーマンの「内輪の社会化」とは，ある地位・身分が特定の人物と結びついていることを自明視するコミュニティで生まれ育つことによって，選別（選抜）を意識せずとも地位と人とが結びつけられる事態を意味する。ところが，全体社会がそれぞれの機能を担う領域に分化するようになると，身分に応じて地位を配分することの正統性が失われ，別な基準を用いて地位と人とを対応させなければならなくなる。「計画的に操作される教育」に地位配分の基準が求められるようになった背景には，このような社会の変化があった。
　もう一つ重要な点は，社会の近代化（機能分化）が進むにつれて，教育の営みも一つの機能システムとして分出したということである。近代化が進展すると，日常生活に埋め込まれていた社会化のプロセスをそこから切り離し，教育のために意図的に編成した特別な領域が生じる。その端的な事例は学校教育の拡大である。一定年齢のほぼすべての子どもを収容する義務制・皆学制の学校教育の登場は，教育が一つの機能を担うシステムとして分出したことを表している。
　こうした機能システムの分出は，そこで生じるコミュニケーションを，他の機能領域が別様の論理で観察し，活用するようになることを意味する。学校で

教育を遂行するために必要不可欠な評価についても例外ではない。そこでの評価の結果は，外部の社会領域から教育の論理とは異なる意味を付与され，別様に用いられることになる。たとえば，企業が採用時に学歴の記載された履歴書やそこでの成績証明を求めるのは，学校で下される評価を個人が有する能力や適性の指標とみなしているためである。また，教育システムの内部においても学校教育制度の拡大とともに組織上の内部分化が進むと，入試などの選抜制度を設けて，誰が学校組織の構成員になるかを決定する必要が生じてくる。

　評価が自覚的に行なわれ，そこに二重の意味（教育のための評価／選抜のための評価）が発生するのは，学校教育が普及・拡大し，教育が一つの機能システムとして分出して以降のことである。「計画的に操作される教育」が，ねらい通りに知識や技術を伝えたかどうかを確認するためには評価の営みが不可欠である。他方で，教育領域でなされた評価の結果は，他の様々な組織（そこには教育を遂行する組織である学校も含まれる）や機能システムによって選抜のための基準として用いられる。なぜなら慣れ親しんだ人びとからなる共同体から個人が切り離され，日常生活に埋め込まれた人物評価をあてにできない社会では，何らかの指標を用いて人の能力や適性を把握し，ふさわしい地位を割り当てる必要が生じるからである。

　こうして評価の結果は，教育の成果を確認する素材としてだけではなく，他の社会領域においても，能力・適性の指標として読み替えられることになった。メリトクラシー（業績主義・能力主義）が社会に浸透してゆくプロセスは，学校教育が普及し，教育システムが分出する動きと密接に結びついている。

　教育学は選抜のための評価を批判しがちであるが，教育のための／選抜のための評価は，コインの裏表のように不可分に結びついている。「人格の完成」に代表されるように，教育が掲げる理念は，特定の社会や集団のためではなく，教育を受けるその人自身が，よりよい状態に変わることを理想視する。教育が他の社会領域からは切り離された独自の機能システムとして分出すると，教育を受ける個々人にとって「よりよい」状態であると教育（者）が理想視することがらが，かれが所属する社会や集団にとって「よりよい」状態と必ずしも一致するとは限らなくなる。

　教育と選抜が区別され，後者が問題視される背景にはこのような文脈がある。

「選抜のための評価は教育的ではない」という批判は，教育が独自の機能領域として社会から分出し，教育独自の価値や意味づけがなされることで，はじめて成立する批判である。逆説的な言い方になるが，機能システムとしての存立基盤があるからこそ，教育は選抜のための評価を非教育的なものとして批判することができるのである。

選抜のための評価を「教育的でない」と批判してすませるのではなく，教育活動の成果が他の組織や社会領域からどのように捉えられ，いかなる役割を要請されているのかを検討することが重要である。それは，教育が掲げる独自の価値や理念が「教育的だから教育的なのだ」という同語反復に陥らずに，それが教育外部の社会でどのような意義を持つのかを探るためにも必要な課題である。

次節では，日本の学校教育における評価制度の根幹をなす指導要録に生じた変化に着目し，教育評価の二重性という観点から，評価の社会的な意味について検討を加えてみたい。

## 3　指導要録の改訂にみる評価のまなざしの変化

指導要録とは，法制上，学校が備えておかねばならない表簿の一つで，学校で行なわれる公式な評価の根幹をなす文書である。小学校から高校までの学校段階で行なわれる教育では，文科省の告示する学習指導要領によって教育課程の基準が設定されるが，指導要録は学習指導要領をもとに各学校が編成したカリキュラムの学習成果を評価・記録する役割を担っている。学習指導要領がほぼ10年ごとに改訂されると，そこから3年程度の時間をおいて指導要録も改訂されることが通例である。文部科学省が参考様式を示し，教育委員会等，学校の設置者が実際の様式を定めることになっている。学習指導要領と指導要録様式の改訂時期が違うのは，新しい学習指導要領が全面実施されるまでの移行措置期間を考慮するためである。指導要録には児童生徒の学籍に関する情報と指導に関する情報が記載されており，後者については子どもの学習状況や評価の結果，それらを踏まえた教師の所見など，指導を行なううえで有用な情報が盛り込まれている。

「指導要録」という言葉になじみのない人も多いだろう。要するに通知票や内申書のもとになる原簿と聞くと身近に思えるのではないか。医師がカルテに基づき診断書を作成するように、学校から受け取る通知票や進学の際に必要になる内申書（正式には調査書）は、指導要録をもとに作成される。指導要録は学校段階ごとに様式が決まっており、それぞれの学校に入学してから卒業するまでの子どもの様子が一目で分かるようになっている。医師のカルテと同様、指導要録には、子どもが学校で何をどのように学んだか、その記録が集約されているのである。

　なお、子どもが転校・進学する場合、学校は指導要録の抄本や写しを作成し、子どもが新たに所属する学校に送付しなければならず、卒業後も指導に関する記録は5年間、学籍に関する記録は20年間の保存が義務づけられている。評価制度の根幹をなす指導要録の変化をみることで、学校教育における評価のあり方がどのように変わってきたのかをとらえることができる。

　現在（2011年1月時点）使用されている指導要録のもとになる参考様式は基本的に2001年に改訂されたものであるが、小学校〜高校の順に、新学習指導要領の全面実施が始まる2011年度以降を見越して文科省は2010年の5月に指導要録の新しい様式を通知した。新カリキュラムへの対応をはじめ若干の変更点があるものの、新たに定められた参考様式も基本的には現行の指導要録を踏襲している。

　それでは現在使われている指導要領は、過去の様式と比べ、どのような点が異なっているのだろうか。その特徴は、①相対評価から目標に準拠した評価への全面的な移行を遂げたこと、②関心・意欲・態度など、評価の範囲を子どもの内面に踏み込んだものへと拡張したことの2点である。ただしこれらは2001年の改訂で急速に進行したというよりは、1980年代後半から徐々に生じてきた変化である。以下では指導要録に生じた2つの変化を概観することにしたい。

## (1) 相対評価から目標に準拠した評価へ

　第一の変化は、相対評価から目標に準拠した評価へと、評価方法の力点が変わったことである。これまでの指導要録における評価法を主導していた相対評

価は，子どもが身につけた能力を科学的な手法で客観的に測定し，公平な評価を行なうことを企図する近代的な学力テストと密接に結びついた評価方法である。心理学の知見を基盤に20世紀の初頭に教育測定運動が展開して以降，さまざまな標準化された客観テストが開発されてきた。

相対評価では，人間の能力は平均値を中心に釣り鐘状に正規分布するという前提のもとで，客観テストの成績をもとに，個人の成績が集団に占める位置に従って評価を下す。例えば，過去の指導要録に取り入れられていた五段階相対評価では，上位7%の成績の子どもに「5」を，その次の24%の子どもたちに「4」を，それに続く38%の子ども（かれらは平均値±1標準偏差内に位置するマジョリティである）に「3」を…といった具合に，評価の枠となる集団のどこに位置するかで評定が下されることになる。

その評価手続きから「集団に準拠した評価」とも言われる相対評価は，同じ「5」の評定がついたとしても，所属する集団によってその意味合いが変わってくるために，個人が何をどれだけ身につけたかを把握することが難しい。また，良い成績をとろうと皆が努力すると集団の平均点が上がり，さらに努力しなければ高い評価を得ることができなくなるため，成績獲得をめぐる競争関係がとめどなく昂進してしまうおそれがある。能力の正規分布を仮定するには一定規模の集団に準拠する必要があり，40人程度の規模の学級集団で相対評価を行なうことはそもそも難しいという問題もある。1960年代に高校進学率が急激に上昇し，偏差値に代表される相対評価の発想に基づく指標を用いて多くの子どもたちが選抜される状況が拡がると，先に述べた相対評価の難点が顕在化することになる。

こうした批判を背景に，70年代に改訂された指導要録では，評定を行なう際に機械的な振り分けを避けることが強調され，運用面で評価の妥当性を維持することが図られた。さらに1980年代以降になると，改訂のたびに評定の段階が簡素化され，学年によっては評定欄が廃止されたりするなどの対応策が取られてきた。

このように様々な問題を抱えているものの，相対評価は集団内の位置を示すという点で選抜試験と適合的な評価方法であるために，学業達成の度合いを総合的に示す指標として用いられる「評定」では依然として相対評価が用いられ

続けていた。

　評定の評価方法が相対評価から「目標に準拠した評価」（いわゆる絶対評価）に変更されたのは，2001年に改訂された指導要録からである。「目標に準拠した評価」は，学習指導要領によってあらかじめ設定された目標をどの程度達成したかで評価する方法である。80年代に導入された「観点別学習状況」（後述）欄では，すでに91年の改訂時点で絶対評価が導入されていたが，2001年の指導要録の改訂では，観点別学習状況の評価結果を基本的な要素として評定を行うことが明記され，評価方法も相対評価から絶対評価に完全に移行することになった。

　この変化の背景には，前回の学習指導要領の改訂で教育内容が大幅に削減されたことを契機に社会問題化した「学力低下」問題の影響を受け，2000年代初頭に文部科学省が学習指導要領はすべての子どもが身につけるべき「最低基準」を示すとの見解を示したことがある。相対評価は選抜には都合がよいが，評価結果を見ただけでは子どもたちが実際に身につけたことを把握しづらい。教育目標・内容における最低基準性を強調することで，これまでも様々な難点が指摘されつつも入試による選抜に活用しやすいために存続していた相対評価が全面的に見直されることになったのである。

### (2) 内面に向かう評価のまなざし

　指導要録に生じたもう一つの変化は，その評価の対象が，子どもたちの内面のあり方に関わる次元まで拡張された点にある。学習状況を総括的に把握する評定欄の情報は，調査書に成績を記載する際に特に重視される部分だが，ともすればその数値の高低だけが着目されがちである。以前から子どもが身につけた力を分析的に把握し，評価に反映する必要性が指摘されてきたが，1980年改訂の指導要録ではこれを受けて「各教科の学習の記録」に「観点別学習状況」を記載する欄が設けられ，観点別学習状況を基本に評価を行なうことになった。あらかじめ設定した観点に即して，子どもたちの学習達成状況を分析的に把握し，これを統合して評価を行なう方針が示されたのである。記入欄が導入された当初は，①知識・理解，②技能，③思考，④関心・態度という観点が設定されていたが，1991年の改訂で，①関心・意欲・態度，②思考・判断，

③技能・表現，④知識・理解に再編されることになる。

「関心・態度」として区分された観点に「意欲」が追加されるとともに，かつて「知識・理解」が占めていた筆頭の位置を占めるようになった点が，91年の改訂で生じた大きな変化である。順序の変更は些細な違いに見えるかもしれないが，様式の変更は学校教育における評価制度の根幹を変えることを意味する。91年の改訂は学力観の一大転換，すなわち「新しい学力観」の導入として，現場に大きな衝撃をもたらした。

当時強調された「新しい学力観」では，学力を知識の習得と捉える従来の学力観が批判され，絶えず変動する社会を生き抜くためには自ら意欲をもち主体的に学ぶ姿勢が重要であり，主体的に学ぶ力こそが学力の中核に位置づくという見方が強調された。指導要録の改訂で，「関心・意欲・態度」が評価の観点として特に重視されるのはそのためである。

「指導ではなく支援を」というスローガンに象徴されるように，「新しい学力観」では知識の習得よりも子どもの主体性の育成が強調された。ところが，自発的な学習が重視されるあまり，学校現場では，教師が指導性を発揮し基礎的な内容の定着を促す働きかけを差し控える動きもみられた。この背景には，新しい学力観に見合う指導法を教師たちが身につけるだけの時間的な余裕や，そのために必要な資源が充分に提供されていなかったという事情がある。

こうしたなかで，主体的な学習者の育成を目指した教育目標・評価の仕組みにおける強調点が若干変化することになった。先ほど触れたように，学校週五日制の完全実施に向けた教育内容の削減を契機に生じた90年代末の「学力低下」論争は，子どもたちが主体的に試行錯誤できるゆとりあるカリキュラムを提供し，変化の激しい社会で「生きる力」を育むことを目指すこれまでの教育課程行政が，学力の低下という意図せぬ帰結をもたらしたのではないかと疑義をつきつけた。これらの批判に対応すべく，近年の文部科学省は「確かな学力」を確立するために授業時数の確保を図り，基礎的な知識を確実に身につけることを現場に強く求めている。

ただし，基礎・基本の習得がより強調されているものの，主体的に学ぶ姿勢はこれまで通り重視されている。例えば「生きる力」を構成する3つの柱（確かな学力，豊かな人間性，健康・体力）の一つである「確かな学力」は，基礎

的・基本的な知識や技能に加え，思考力や判断力，表現力などを含むものとして捉えられている。基礎・基本を習得するだけではなく，問題解決のために意欲的・主体的にこれらを活用することが求められているのである。2010年に改訂された指導要録の参考様式においても，これまでと同様「関心・意欲・態度」が観点別学習状況欄の筆頭に位置している。知識・技能の習得が再び強調されているものの，それはあくまでも学習者が主体的に問題を解決するために活用されるものであり，学習が首尾良く達成されたかどうかを確認するためには，子どもたちの内面のあり方を詳細に把握しなければならないという発想は今もなお継続しているのである。

## 4 評価の変化が意味するもの

これまで述べてきた指導要録の変化は，学校教育における評価の仕組みが選抜のための評価としての性格を弱め，「生きる力」を育てるという教育意図がどの程度達成されたのかを測定することに力点を置くようになったことを意味している。評価のもつ二重性のうち，近年は教育のための評価という側面がより強調されているといえよう。

「生きる力」という抽象的に過ぎる目標を掲げることの是非はさておき，単に知識や技術を習得するだけではなく，具体的な問題解決のためにそれらを活用する能力を育成するという方針は，いわゆる先進諸国が共通に掲げる教育課題である。現代社会では，先行世代が蓄積してきた文化的なリソースを子どもたちに伝えるだけでは不十分で，手持ちの知識を活用し先行きが不透明な未来に対応する力を身につけることが，より重要な課題となっている。ルーマンの言葉を借りれば，現代は「未知のままであり続ける未来に対応するための教育学」（ルーマン 2002＝2004: 270）が求められている時代であり，そこでは単なる学習ではなく「学習能力が学習されなければならない」（ルーマン 前掲書: 256）。

機能分化を遂げた社会のなかで，教育システムはそれぞれの社会領域でコミュニケーションが生起する際に前提としてあてにできる人格を形成する機能を担う。ここで言う「人格」は，生身の人間そのものではなくコミュニケーショ

ンの主題や前提，あるいはその宛先となりうる意味的な構成物を表す。例えば，義務教育制度が定着した社会では，ほとんどの構成員が読み書き能力をもつことを見越したコミュニケーションが可能となる。別の例をあげれば，企業組織は教育の履歴を参照することで，採用候補者が業務の遂行に必要な能力や適性を持つかどうかの判断材料にする。これらのコミュニケーションで参照される「人格」は，人格の語源である仮面と同様に，それを身にまとう人間と密接に結びつき，時には特定の人物を指し示す役割を果たすが，それはあくまでも人間そのものではなく，特定のコミュニケーションを通じて言及され，その文脈を背景に固有の意味を帯びる構成物に過ぎない。特定の知識や技術，価値観の伝達を行なう教育制度は，これらがどの程度身についたのか評価をすることで教育の成果を「学びの履歴」に具現化し，そのことを通じて人格に特定の形式（言い換えれば特定の知識や技術，態度や行動様式，価値観を保持しているというシグナル）を与える機能を果たしている。人格がどのように意味づけられるのかは，企業での採用面接，友人との日常会話，取引先との交渉など，その時々のコミュニケーションのあり方によって異なるし，そこで参照される「人格」の水準が「期待される人物像」のような抽象度の高いものか，それとも固有の人物を指し示すものなのかも様々である。

　いずれにせよ，次世代の社会に必要とされる能力の育成が教育に求められるのは，教育が人格育成機能を担うことを他の社会領域から期待されているためである。関心・意欲・態度の把握をめざす近年の教育評価のあり方は，主体的な学習者を私たちの社会が必要としており，学習能力を学習できる人びとを育てるという目標と分かちがたく結びついている。社会学者のA・ギデンズが指摘するように，時代の要求に応じて知識や技術を更新し，主体的に振る舞うことができる「利口な人びと」になることが万人に要請される社会を私たちは生きているのである（ギデンズ 1994＝2004: 18）。

　教育評価のあり方にみられる変化は，このように教育システムの外側で生じている社会の変化に対応すべくなされた側面がある。しかしながら，学校教育における評価枠組みの変更はあらたな問題を引き起こすことにもつながっている。ここではそこから2点を指摘しておくことにしたい。

## (1) 内面把握の不可能性

　第一の問題は，他者の内面という原理的には把握不可能なことがらを評価することをめぐる困難と結びついている。第1節で述べたように，私たちは直接には他者の内面を把握することも，それに介入することもできない。教育評価を行なう際には，様々な指標を用いて学習者に生じた変化を把握し，教育的な働きかけが意図通りになされたかどうかを確認するが，それはあくまでも教育する側による暫定的な「見立て」に過ぎず，いくら確かさの装いをまとったとしても，評価には常に不確実性がつきまとう。学力テストに代表される，標準化された共通の手続きに基づく評価でさえも，心的なシステム＝学習者の内面に生じた変化を十全に把握することは不可能である。

　評価を下すということは，この不確実性を何らかのかたちで処理するという側面をもつ。近年の教育評価における枠組みの変更によって，評価の対象を学習者の内面にまで拡張すると，その不確実性――評価の恣意性――が誰の目にも露わになるおそれが生じてしまう。これに対して教育現場では，2つの異なるリアクションが生じることになった。

　一つ目の対応は，従来よりも妥当で緻密な新しい評価方法の開発と導入である。例えば，教育学者の梶田叡一は，指導要録の変更に対応すべく，アメリカの教育心理学者たちが1960年代に開発した教育評価の分類体系を援用し，「①受け入れ（意識化），②反応（興味・関心），③価値づけ，④組織化，⑤個性化」からなる5段階の機能水準を手がかりに，子どもたちが示す様々な「徴候」から関心・意欲・態度項目の目標達成度を把握する方式を提案している（梶田 2002: 181-182）。また，1980年代後半に登場した「真正な評価」（authentic assessment）論では，従来のテストで測定しうる学力の狭さを批判し，より現実に即した文脈で子どもたちが身につけた力を測定する新しい評価法が提起された。具体的には，課題解決活動を行なわせて実際に能力を活用する様子をもとに評価を下すパフォーマンス評価，学習履歴を「ポートフォリオ」（書類ばさみの意味が転じ，評価記録や作品など学習の成果物の集積体を表す）のかたちに具現化し，時には鑑賞などの形式で教師以外の人びとも評価に参画するポートフォリオ評価，あるいはこれらの評価を行う際の基準となるルーブリック（目標の達成状況を把握する基準を示し，フィギュアスケートの採点のように複数の

評価者が定性的な情報をもとに教育評価を行なう際に用いる評価表）の開発などが，真正な評価をめぐる議論のなかで提起されることになったのである。

　もちろんこれらの評価法をもってしても，子どもの内面を完全に把握することはできない。しかしここで重要なのは，評価に不確実性が付随するからこそ，これまでよりも妥当で教育的に望ましい評価法を探求することができる点にある。「真正な評価」論が既存のテスト理論を批判して自らの優位性を主張していることからも明らかなように，評価の不確実性は，教育（学）的な議論を喚起し，より望ましい教育のあり方を探求する触媒としての役割を果たしている。内面把握の難しさは現場に困難をもたらすだけでなく，豊かな教育論を展開する余地を与えてくれるのである。

　第二の対応は，学校の日常で生起する微細な出来事に対してくまなく評価のまなざしを向けることである。先に述べた梶田の提案からも分かるように，子どもの内面を把握する有効な手立ての一つは，かれらが示す様々な「徴候」に着目することである。新しい評価方法を導入する・しないに関わらず，子どもたちの内面を把握するためには，かれらの様子を注意深く観察しなければならない。「関心・意欲・態度」が評価項目として重視されることによって，評価の日常化とそのまなざしの遍在が学校現場で生じることになった。

　ベネッセが1997年から繰り返し実施している「学習指導基本調査」の経年データを分析した教育社会学者の諸田裕子によれば，「関心・意欲・態度」が評価の観点として重視されて以降，学校現場では評価の「日常化」が進展したという。直接把握することができない内面が評価の対象になることで，子どもたちが「学校のあらゆる場面で『評価』され，教員はあらゆる場面を『評価』の対象として把握し，かつ，説明せねばならない状況」（諸田 2008: 103）が到来することになった。

　評価の日常化によって学校現場の教師にかかる負担が増大すると，より望ましい評価方法を試行する余裕が失われ，発言回数や宿題の提出状況を形式的にチェックするだけに留まりかねない。「徴候」への着目は子どもの内面で起きている変化の手がかりとなるからこそ意味があるのであり，徴候の有無を機械的に把握するだけでは，単に形骸化した評価がなされているだけに過ぎない。

　問題は教師の側に生じているだけではない。際限のない評価を受ける子ども

たちの中に，評価のまなざしを過剰に受けとめ，教室の日常でなされるあらゆる評価に反応する子どもたちが存在する点も気がかりである。新しい学力観が浸透し，多面的な評価の日常化が進展した学校現場を調査した金子真理子は，テストで良い点を取ることを優先し，その他の評価は取捨選択して応答する「したたかタイプ」や，成績以外でよい評価を得ることを目指す「代替タイプ」とは異なり，教師の評価行為に全方位的に反応する「巻き込まれタイプ」の子どもたちが存在することを指摘する（金子 1999）。巻き込まれタイプの子どもたちは，あたかも仮面がはりついて取れなくなった人のように，評価を通じて形成される「人格」と内面とが緊密に結びつくあまり，かえって身動きが取れなくなる状態に陥るおそれがある。

評価の対象を子どもたちの内面に属することがらにまで拡張する枠組みの変更は，一方では教育学的な議論を活性化し，新たな評価方法を生み出すきっかけを用意した。だが，他方でそれは教師たちに疲弊をもたらし，日常的な評価のまなざしに過剰に同調する子どもを生み出す危険性を学校現場にもたらすことにもなった。豊富な資源をもち先進的な取り組みを追求する状況にある学校は，評価制度の変更を契機に優れた教育実践を展開することが可能だが，そのような条件を欠いた多くの学校において，評価制度の変更は残念ながらこれまで指摘した問題を浮かび上がらせる変化として受けとめられているようである。

### (2) 選抜と教育の「脱連結」と再連結の可能性

第二の問題は，教育評価の二重性と深く関連している。2001年の改訂で評定にも絶対評価が導入されたことで，指導要録に記載される評価結果は入試による選抜との結びつきを弱めることになった。

社会学的な視点から教育評価研究を展開している金子は，指導要録の改訂が入試制度と教育評価との「脱連結」をもたらし，入学試験に基づく選抜と学校内で行われる教育評価が分裂する可能性があると主張する（金子 2002）。現在の指導要録は教育のための評価に力点を置くあまり，特に中学から高校へ進学する際に行われる選抜において有用な指標として機能しづらくなっているというのである。

目標と照らし合わせて何をどれだけ身につけたかを評価する絶対評価は，一

定の水準を超えたものはすべて合格とする資格試験とは親和的だが，限られた定員をめぐる競争が生じる選抜試験ではどこかで合否の線を引かなければならず，そのための指標としては使いづらい。相対評価と異なり，絶対評価では原理的にはすべての子どもたちの評価結果が同一になりうる。そのため，指導要録の改訂後も自治体によっては高校に提出する調査書に記載する成績情報については今もなお相対評価を用いる教育委員会が存在する。調査書の評定に絶対評価を導入した教育委員会も近年は評定点を補正し，評定点の分布が高めに偏る学校の生徒が過大に評価されることを忌避する動きが生じている。

　確かに入試による選抜において，調査書の内容が以前よりも軽視される傾向があることは否めない。しかしながら，指導要録の変更は社会からの要請に応えるためになされたものであり，学習を常に継続し，更新した知識や技術を活用し問題を解決する人材を育てる課題はますます重要になっている。先に述べたように，これらの課題に応えるべく導入された現行の教育評価は，進学の際になされる選抜とは結びつきを弱めている。しかしながら，他方で学校を卒業し職業世界に参入する際の選抜過程においては，教育評価が測定し，教育の成果として他の社会領域に提示することを試みる諸能力はかつてよりもその重みを増している。企業が人材を採用する際に「コミュニケーション力」や創造性などの人格的特性と分かちがたく結びついた「ポスト近代型能力」（本田 2005）が重視されている点からもそれは明らかである。

　本田由紀によれば，ポスト近代型能力を構成する諸要素は標準化されたやり方で形成・評価することが難しく，学校教育よりもむしろ家庭でのコミュニケーションのあり方がその獲得を大きく左右するという。旧来的な入試制度と，新しい教育評価の仕組みとの間に「脱連結」が生じている背景には，労働市場における選抜で重視される能力が，学校教育制度における選抜で着目されるそれと乖離しつつある状況がある。とはいえ，教育の側も変化への対応を試みている。「生きる力」の育成を目標に据えたカリキュラムは従来の学校教育で身につけさせることが難しい能力を育てるための内容と方法を模索している。「真正な評価」論が提案する新しい評価法も「ポスト近代型能力」を構成する諸要素を可視化し，その獲得度合いを教育以外の社会領域に証明する試みである。選抜のための／教育のための評価が乖離する現状はある種の過渡期で，今

後の教育システムにおいては「学習能力の学習」という目標により適合的なカリキュラムや評価方法が登場するかもしれない。現状ではその可能性は低いが「ポスト近代型能力」を重視した労働市場における選抜と親和性の高い入試の仕組みが開発され，学校教育に全面的に導入されれば，教育評価と選抜が「再連結」することになる。選抜性の度合いが低い入試として周辺的な位置づけにある AO 入試が未来の学校教育では主流になるかもしれないし，「高大接続テスト」をめぐる議論のように，高等教育のユニバーサル化に対応すべく資格試験的な入試のあり方を模索する動きも存在する。

## 5  おわりに

　本田が危惧するように，「ポスト近代的能力」を重視するメリトクラシーの新たな展開が学校教育を介した選抜というこれまで公正さを担保してきた手続きでは制御できなくなり，家庭環境による格差が増大する可能性は否定できない。だが，教育学的な議論を経て従来とは異なる新しいカリキュラムや評価方法が考案され，現行の学校教育制度では伝達することが難しい能力をわかち伝え，その習得度合いを的確に評価することが可能となる，そのような未来も中長期的には一つの選択肢となりうる。当面の実現可能性はさておき，「ポスト近代的能力」の獲得が物を言う時代においても社会からの要請に適合しつつ，しかも手続きの公正さを手放さない教育評価を私たちは選択するかもしれないし，その萌芽は現時点でも存在する。

　教育の世界で生じることがらは，外部社会の要請と乖離した教育独自の理念に主導される傾向にある。教育を批判する際に言及されることの多いこの特質は，経済社会の要請に教育が即応することで政治的な主体に不可欠な資質を身につけさせる課題が等閑視されるなどの，異なる社会領域のコミュニケーションが前提とする人格特性の違いに起因する困難や葛藤の緩衝材となりうるものでもある。評価のあり方をはじめ，教育で生じる変化の方向性とスピードが社会的要請とずれるのは，複雑な社会においては当然であり，それがある種の安定を生み出しているとも言える。

　他の社会領域とは異なり，教育は社会的なコミュニケーションを行う際にあ

てにできる人格そのものの形成を目的とする。そこでは教育を受ける人びとの内面と教育以外の社会領域の両者が，教育的な関与によって直接介入することもその内実を十全に把握することもできない「外部」として感知されることになる。そして教育評価は，教育の営みを行なう際に，そこに関与する人びとと教育の成果をあてにする外部社会との——すなわち，教育システムの内部環境と外部環境に対する——インターフェースの役割を果たしている。

　現在の教育がどのような特質をもつのか，その諸環境に対して教育がどのように対処しうるのかを探るためには，教育評価のあり方とその社会的な意味を問う作業が欠かせない。本章では主に指導要録に生じた変化に着目したが，教育評価の営みは，授業場面の相互作用から制度的な次元に至るまで多岐にわたる。紙幅の都合上触れることができなかったが，約40年のブランクを経て2007年度から実施された全国学力テストにも教育評価の視点が組み込まれており（志水 2009），学校や個々の教員に対してなされる評価も，広い意味では教育評価の一環に含まれる。教育評価の社会学的な研究には広大な領域が広がっており，本章はその一隅を照らしただけに過ぎない。

　教育のあり方が大きく変動する時代は，評価の仕組みが根底から変わる時代でもある。教育評価に着目することで，私たちは教育とその外部との関係を問い直し，教育の未来を構想する手がかりを得ることができる。複雑な現代社会で未来の教育が他の社会領域にどのような影響を与えるのかを予測し，それを見越して望ましい評価のあり方を構想するのは至難のわざであるが，評価を手がかりにともかくも教授・学習活動を続けてゆくのと同様に，私たちは不確かな羅針盤をもとに進むほかないのである。

**引用・参考文献**
梶田叡一『教育評価［第2版増補版］』有斐閣，2002.
金子真理子「教室における評価をめぐるダイナミクス」日本教育社会学会編『教育社会学研究』第65集，東洋館出版社，1999.
――――「中学校における評価行為の変容と帰結」日本教育社会学会編『教育社会学研究』第72集，東洋館出版社，2002.
佐藤学『教育方法学』岩波書店，1996.

志水宏吉『全国学力テスト』岩波ブックレット，2009.

田中耕治『教育評価』岩波テキストブックス，2008.

本田（沖津）由紀「教育内容の「レリバンス」問題と教育評価」長尾彰夫・浜田寿美男『教育評価を考える』ミネルヴァ書房，2000.

本田由紀『多元化する「能力」と日本社会』NTT出版，2005.

諸田裕子「評価・定期試験」Benesse教育研究開発センター『第4回学習指導基本調査報告書』ベネッセコーポレーション，2008.

Giddens, A. (1994) *Beyond left and right*, Polity Press.（松尾精文・立松隆介訳『左派右派を超えて』而立書房，2002.）

Luhmann, N. (2002) *Das Erziehungssystem der Gesellschaft*, Suhrkamp.（村上淳一訳『社会の教育システム』東京大学出版会，2004）

Mehan, H. (1979) *Learning Lessons*, Harvard University Press.

# 7章　生徒指導と社会化

早坂　淳

## 1　「教育の失敗」を乗り越えるために

　文部科学省が実施した平成20年度「生徒指導上の諸問題」調査の結果によると，対教師暴力，生徒間暴力，対人暴力，器物損壊を含めた児童生徒による暴力行為の発生件数は，調査開始以来過去最高の件数を記録した平成19年度の5万3千件をさらに上回り，約6万件を記録した。また，いじめの認知件数は前年度の10万1千件より減少しているとはいえ，それでも約8万5千件と依然として高い数字を示している（文部科学省 2008）。
　以上のような調査結果が示す児童生徒による問題行動の増加傾向を背景にして，新学習指導要領では児童生徒の規範意識を醸成する必要性が明記され生徒指導のさらなる充実化が謳われている。
　さて，新学習指導要領が教師たちに求めていることは何か。これはすなわち，生徒指導の充実化を図り，児童生徒の規範意識を醸成させ，問題行動の増加といういわゆる「教育の失敗」をさらなる教育によって乗り越えよ，ということである。
　教育実践の場面において生じた「教育の失敗」に私たちが向き合う際に，これをさらなる教育によって乗り越えようとする考え方が出てくることは一般的であるし，なにより理解が得られやすいものでもある。しかしながらこの考え方に安易に納得してはいけない。なぜならば，「教育の失敗」をさらなる教育によって乗り越えようとする考え方に納得するということは──「教育の失敗」がいかに複雑な要因によって生じているとしても──それは教師たちの努

力次第で解決できる，という考え方に賛同することである。そしてこのことは，ともすれば，「教育の失敗」の原因が教育実践の場面で奮闘する教師たち個人の教育的力量不足に起因することを認めるということにもつながりかねない。はたして「教育の失敗」は教師の努力次第で乗り越えることができるのであろうか。そして「教育の失敗」の原因は教師の指導力不足にあるのだろうか。

　後者の問いから筆者の考えを述べてみたい。確かに，マスコミが喧伝する「指導力不足教員」が存在することは事実であろうし，その「指導力不足教員」を児童生徒による問題行動が増加している一因から排除することは困難であろう。しかしその一方で，筆者自身がフィールドワークにおいて数多くの「奮闘する教師たち」と出会ってきたこともまた事実である。その経験が筆者に伝えることは，彼ら・彼女らがいなければ問題行動の数は上記の程度にとどまってはいないかもしれない，という確信に近い認識である。

　確かなことは，「児童生徒による問題行動の増加傾向の原因は教師の指導力不足にある」ということに同意署名するだけで私たちが「教育の失敗」を乗り越えることはできないということである。

　そして前者の問い――「はたして『教育の失敗』は教師の努力次第で乗り越えることができるのであろうか」――に，一般的に理解や納得が得られやすい考え方とは違った視点でこたえるなら，教師の指導力不足が児童生徒による問題行動の増加を生み出すのではなく，「教師の指導力不足が児童生徒による問題行動の増加を生み出す」と考えることそれ自体が教師の本来発揮できたはずの指導力を減退させ，その結果として問題行動が生み出されている，ということもできるのではないだろうか。


## 2　「教師が児童生徒をコントロールできる」という迷信

　上記の理由から，「教育の失敗」をさらなる教育によって乗り越えようとする考え方にフィールドワーカーとしての筆者はいささか懐疑的である。そして，筆者がこの考え方に懐疑的になるのはもう一つ別の理由がある。それは，「教育の失敗」をさらなる教育によって乗り越えようとする考え方が「教師が児童生徒をコントロールできる」ということを自明の前提としている，とういこと

にある。

　「教師が児童生徒をコントロールできる」という前提に立つからこそ，「教育の失敗」をさらなる教育によって乗り越えようとする考え方が成立する。なぜなら，コントロールできるはずの児童生徒を教師がコントロールできないのだとしたら，論理的に導き出される結論は，教師にその指導力が不足しているということだけだからである。このようにして「教師が児童生徒をコントロールできる」という考えを前提とした議論は，外から内から教師たちを苦しめる原因となっている。

　「教育の失敗」を教育によって乗り越えようとする言説の信者は，学校の外で教師を批判する人々だけではない。「教師の指導力不足が児童生徒による問題行動の増加を生み出す」という考えに囚われているのは他ならぬ教師自身でもある。

　2008年度に文部科学省が実施した調査によると，対象となった公立の小中高等学校の教員91万5945人の内，病気で休職していたのが8578人。このうち，精神疾患が理由の休職は5400人で，病気休職の63％を占めている（文部科学省 2009）。心の病などによる休職者は16年連続増で，1979年度に調査が始まってから過去最悪となった。また，同年10月に同省がまとめた抽出調査では，うつ病の症状を訴える教員の割合は一般企業におけるそれの2.5倍に上った。これらは，多くの教師が「教育の失敗」を自身の教育力不足に結びつけてしまっていることを示す有力な証拠であろう。

　筆者が先ほどから提言している〈「教師が児童生徒をコントロールできる」という前提に立たない〉とは，「教師に児童生徒は教育できない」と同義ではない。筆者はここで「教師に児童生徒は教育できない」と言いたいのではない。そうではなく，「教師が児童生徒をコントロールできる」という考えが自明の前提とされていることに疑義を呈しているのである。議論を「教師が児童生徒をコントロールできる」という考え方を前提として出発させてしまうと，本来であればその過程で問われるべき様々な事柄（コミュニケーションとは何か，教育とは何か，生徒とは何か等）をも自明の前提としてしまうことになる。その結果として，私たちは「教育の失敗」に対してさらなる教育を求めるという結論しか導き出すことができない袋小路にはまり込んでしまうのではないか（ある

いは既にはまり込んでしまっているのではないか），ということが言いたいのである。

　もしそうであるならば，私たちはこの袋小路から抜け出さなくてはならない。抜け出さなくては，あらゆる「教育の失敗」は短絡的に教師の指導力不足という単一の原因に還元されてしまう。

　この袋小路から抜け出すためには，「教師が児童生徒をコントロールできる」ということを自明の前提とした議論を一旦止めて，「教師が児童生徒をコントロールできる」という考え方そのものをも射程に入れることのできる視座から議論を再出発させる必要がある。

　すなわち，「『教師が児童生徒をコントロールする』ことは可能か？」，とこれまで私たちが自明の前提としていたことをも議論の俎上に乗せることのできる理論——言い換えれば，私たちの考え方を暗黙のうちに規定している枠組みそのものを議論の対象とすることのできる理論——が求められるのである。

　このような問題意識のもとで，本章はルーマンの社会システム理論に着目する。ルーマン理論はこれまで，従来自明とされてきた様々な問いに対して「いかにして○○は可能か」と問うことを通して，われわれが無自覚に前提としてきた諸概念を相対化してきた。ゆえに，「教育の失敗」をさらなる教育によって乗り越えようとする袋小路から私たちが抜け出すための方途についてもルーマン理論は示してくれることが大いに期待されるのである。

　結論を先んじて述べてしまえば，過剰な〈教育〉を期待され身動きのとれなくなった教師たちを解放する一つの手立てとして，本章では生徒指導における〈社会化〉のもつ機能への着目を提案する。

　その理路を説明するために，まず次節では教育学研究においてこれまで記述されてきた生徒指導を概括し，次いで「複雑性」概念を中心に，「コミュニケーション」，「教育」，「社会化」というルーマン理論における諸概念を順に追っていこう。

## 3　生徒指導の分類

　まず本節では，生徒指導とは何か，ということについて筆者の分析枠組みを

図 7-1 生徒指導と学習指導

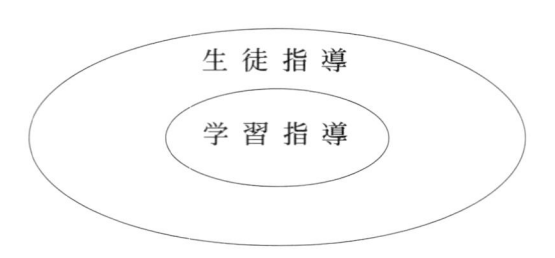

　　　生 徒 指 導
　　学 習 指 導

用いて概説しよう。
　教育実践の場面で教育を実現させるために行なわれる指導は，一般的に学習指導と生徒指導とに分類される。学習指導とは，教科の学習およびその指導（場面）に着目した概念で，我が国では 1920 年代から使われている用語である。
　一方で生徒指導とは，一般に問題行動への対応や学級外での指導といった捉え方をされてきているが，これは生徒指導に期待される機能の一部にすぎない。生徒指導とは，本来は教育のあらゆる場面に機能し児童生徒の「自己指導能力」の育成という意義と機能が期待されている概念である（「自己指導能力」については坂本 1990，江川 2000 を参照）。すなわち，生徒指導とは学習指導よりも広義の概念であり，生徒指導の一場面である学習場面に焦点化した概念を学習指導とよぶのである。図 7-1 は生徒指導と学習指導との関係を便宜的に表したものである。
　図 7-1 が示すように，学習場面における生徒指導を学習指導とよび，教科外における指導はそのまま生徒指導とよぶ。もちろん，学習指導には生徒指導だけでは説明しきれない特質が存在する。生徒指導が 1920 年代初期に導入された概念である一方で（早坂，2011），学習指導原理（教授原理）の研究はコメニウス（J. A. Comenius 1592-1670）をその嚆矢とするほど長い歴史をもっているし，それらの研究を基礎にした学習指導過程の研究成果はこれまで児童生徒の学業成果の向上及びその定着に大きく寄与してきている（早坂，2010）。そこには確かに，生徒指導だけでは説明しきれない学習指導の特質を見てとれる。しかしながら，学習指導のその特質を認めた上で，ここで強調しておきたいこと

は，〈学習指導とは生徒指導をその基盤として機能する〉ということである。小学校で児童に四則演算の指導を行なったり中学校で生徒の歴史認識を再発見させるよう導くためには，そのための学習指導がなされる以前に，児童生徒が着席し，私語を控え，教師の言うことに耳を傾ける授業態度を維持できなければならない。すなわち，授業場面において，学習指導が成立するための環境整備として生徒指導は機能するのである。

　上述の観点から，生徒指導は学習指導を内包する概念であるということができる。言い方を変えれば，生徒指導とはこのままでは大きすぎて扱いにくい概念ともいえよう。よって以下では，その特徴から生徒指導を四種類の概念軸で区切ることで細かく分類し，扱いやすい概念として捉え直してみたい。

　第一に，生徒指導は，それが「言語的か非言語的」かによって分類することができる。教師は，言葉を用いて指導を行なう場合もあれば，あえて言葉を用いずにジェスチャーなどを用いて指導を行なう場合もある。たとえば，児童生徒の私語が目立つ授業で「静かにしなさい」と教師が発言する場合が前者の言語的生徒指導であり，「ドン」と教卓や黒板を叩く行為が後者の非言語的生徒指導である。

　第二に，生徒指導は，それが「明示的・具体的か暗示的・抽象的」かによって分類することができる。教師による生徒指導は，児童生徒から見て生徒指導と判断できる場合と，児童生徒から見て生徒指導とは判断できないが結果としてその効果をもつもの（あるいは期待されるもの）とがある。先の例を用いれば，「静かにしなさい」と発言する場合と「ドン」と教卓を叩く行為はどちらも明示的・具体的生徒指導と考えられる。その一方で，児童生徒が授業中や課外活動中に私語をしている際に，児童生徒の話題にあえて教師が同調してその私語を盛り上げるように参加することが，時として教室における「フォーカス（ある場面において注目の対象となる事物）」を教師の手に取り戻すことになり，結果として児童生徒の私語が鎮まることがある。これは「暗示的・抽象的」な生徒指導と考えられる（「フォーカス」については，山田 2006 を参照）。

　第三に，生徒指導は，既に発生している児童生徒の問題行動に対して「対症療法的・事後的」に行なう生徒指導と，発生するおそれのある児童生徒の問題行動に先回りして「予防的・開発的」に行なう生徒指導とがある。一般的に，

前者の対症療法的・事後的生徒指導は「消極的指導」とよばれ，後者の開発的・予防的生徒指導は「積極的指導」とよばれる（文部省 1981）。先に挙げた児童生徒の私語を抑制した指導は対症療法的・事後的生徒指導であると同時に，その後発生する恐れのある学級崩壊を抑止する開発的・予防的生徒指導とも考えられる。

　第四に，生徒指導は，教師が「意図的」に行なっているのか，あるいは「無意図的」に行なっているのかによって分類できる。たとえば，先の「フォーカス」の例で考えてみると，教師が児童生徒の私語を抑制しようという意図をもって，私語をする児童生徒の発言に同調する場合は前者の意図的生徒指導であり，教師が単に児童生徒の発言に興味をもって授業内容から脱線したことが結果として私語の抑制につながる場合が後者の無意図的生徒指導である。無意図的な教師の言動を指導とよんでいいのかということについて疑問をもつ読者もいるかもしれない。しかし，構造が機能を生み出すのではなく機能が構造を生み出すというルーマン理論の機能構造主義の観点からすれば，これはそれほど不思議な考え方ではない。機能構造主義の考え方に従えば，児童生徒の行動が律せられるという機能が結果として指導という構造を生み出すといえるのである。本章では，この考え方に従って，無意図的な教師の言動についても（事後的にであれそこに指導性を見出せる限りにおいて）生徒指導に分類する。

　さて，以上で挙げた四種類の概念軸によって分類された 8 つの生徒指導（言語的生徒指導・非言語的生徒指導・対症療法的事後的生徒指導・予防的開発的生徒指導・明示的具体的生徒指導・暗示的抽象的生徒指導・意図的生徒指導・無意図的生徒指導）を一つにまとめたものが表 7-1 である。

　以上のように，生徒指導という大きな概念は，四種類の概念軸によって計 16 の下位概念として分類することができる。この表が示していることは，生徒指導とは先に挙げた 8 つの生徒指導が単独で用いられるのではなく，実際はそれぞれ異なる性質の生徒指導と絡み合って教育実践の場面で用いられる，ということである。このことについて，具体的な事例を挙げて考えてみよう。

　次の事例は，筆者が 2008 年にフィールドワークを行なった A 県立 B 高等学校 3 年 C 組で観察されたものである。B 高等学校は問題行動の比較的少ない学校であった。具体的な場面は教師 D による英語の授業である。筆者はそ

表 7-1　生徒指導の分類

|  | 明示的<br>具体的<br>意図的 | 明示的<br>具体的<br>無意図的 | 暗示的<br>抽象的<br>意図的 | 暗示的<br>抽象的<br>無意図的 |
|---|---|---|---|---|
| 言語的<br>対症療法的<br>事後的 | 1 | 2 | 3 | 4 |
| 言語的<br>予防的<br>開発的 | 5 | 6 | 7 | 8 |
| 非言語的<br>対症療法的<br>事後的 | 9 | 10 | 11 | 12 |
| 非言語的<br>予防的<br>開発的 | 13 | 14 | 15 | 16 |

の授業を休み時間から観察した。授業開始前から授業開始までによくみられるわずか数分ほどの事例の中に，先に挙げた生徒指導がいくつか見てとれる。以下の事例に，筆者が生徒指導と考えた個所に下線を引いてある。

　授業が始まる前の休み時間中は，クラスはたいへん賑やかな雰囲気であった。(1) 教師Ｄが教室に入ってくると同時に生徒たちは各々の座席に戻る。チャイムが鳴り，(2) 教師はクラス全体を見回した後で (3)「日直～」と号令を促す。賑やかなＣ組の雰囲気は日直の号令とともに多少落ち着きを取り戻す。それでもざわついていた数名の生徒たちに対して，(4) 教師Ｄは授業とは関係のない生徒の話題に同調して話を30秒ほど続ける。ほとんどの生徒が教師の話に耳を傾けている中で，まるで授業開始を阻むかのように授業とは関係のない話を続けようとする生徒ＥとＦからの問いかけに対して，(5) 一瞬無言になった教師Ｄは(6)「はい，ではお勉強の時間です」と応答して，教室に笑いが

起きた後に教師Dは授業を開始する。

　筆者はこの事例から6つの生徒指導を抽出した。これらのうち，分かりやすいものを一つ上げて上記の表7-1に照らし合わせて説明してみよう。
　下線部（4）では，授業開始の号令の後も私語をやめない生徒E，Fに対して教師がその話題に合わせた発言をすることで教室におけるフォーカスを自身に集めて生徒たちの注目を集めている場面である。
　教師によるこの行為は，第一に，言語を用いているため言語的指導に分類される。第二に，生徒からみて教師が生徒E，Fの私語に同調することは必ずしも指導としてとらえられるものではないため，これは暗示的・抽象的指導に分類される。第三に，この指導が予防的・開発的指導に当たるのか，あるいは事後的・対症療法的指導に当たるのかであるが，これは教師が授業中の私語を問題視しているのかいないのかによって変わる。教師Dは授業中の生徒の発言をその内容いかんにかかわらず容認する姿勢で授業に臨んでいるため，この時点では必ずしも生徒E，Fの私語を問題視しているわけではない。しかしながら，このまま生徒E，Fの私語が続いて授業が開始できないとしたらそれは教師にとって問題として認識されうるものであるため，この指導は予防的・開発的指導として分類されうる。最後に，これが教師の意図によるのか無意図によるのかであるが，後の聞き取り調査で，教師が生徒たちの私語に同調したのが単に生徒の話題に興味をひかれたためであると教師Dが答えたため，これは無意図的指導に分類される。よって，下線部（4）は，表7-1における8番の生徒指導（言語的・予防的開発的・暗示的抽象的・無意図的指導）に分類される。
　上の記述からわかるように，教師の生徒指導とは，私たちが教室の中に実際に存在するものとして観察できるわけではない。それはむしろ，観察者と教師と児童生徒との関係性の中に構築され認識されるものである。上記の事例で筆者が見出した生徒指導は6個であるが，これは観察者の視点及び児童生徒と教師との関係性によって変わってくる。観察者が変わり，観察者と児童生徒及び教師との関係性が変われば，同じ事例から抽出できる生徒指導の数もまた変わってくるのである。そして，強調すべきは，教師の行為が教師の意図に基づくものであれ無意図に基づくものであれ生徒指導として成立しうるということで

ある。次節ではルーマン理論の「複雑性」という概念に注目してみよう。

## 4　「複雑性」——子どもの可能性を消すための教育？

　「別の何かでもありえた」（auch anders möglich sein）可能性のことを総称して、ルーマンは「複雑性」（Komplexität）とよぶ。そして世界に存在するあらゆる物事は複雑性で満ちている、という。言い換えれば、いま・ここでわれわれが体験していることは、たとえどれだけ私たちが「これ以外の何ものでもありえない」と信じていても、常に「別の何かでもありえた」可能性をもっている、ということである。にもかかわらず、いま・ここで私たちが体験している物事があたかも他ではありえないような姿をもって目の前に現れているのは、いま・ここで私たちが体験していることとは別の何かでもありえた可能性（＝複雑性）が何らかの力によって打ち消され、その打ち消された可能性が日常的には私たちによって認識されていないにすぎない。このようにルーマンは考える。

　ルーマンの考え方に従うと、子どもを大人に変えてゆくこと——すなわち教育——とは、子どもが潜在的に持っている別の何かでもありえた可能性を打ち消した結果として大人が姿を現す一連のプロセスとしてとらえることができる。

　さて、「教育は子どもの可能性を広げる」という言い回しを私たちは日常的に耳にするが、これは一般的に、私たちが教育を肯定的にとらえている時の言い回しである。その一方で、「教育は子どもの可能性を消す」という言い回しは、一般的に私たちが学校教育や家庭教育を否定的にとらえている時の言い回しである。しかし、以上の複雑性概念からこれらの言い回しを考え直してみると、子どもを大人に変えてゆくプロセス、すなわち教育とは、子どもの持っている大人以外（オオカミや野性児など）になる可能性を消すプロセスとして捉える事ができるのである。

　ルーマン理論における「複雑性」概念を用いて〈教育〉を定義してみると次のようになる。教育とは、子どもが潜在的に持っている別の何かでもありえた可能性を打ち消した結果として大人が姿を現す一連のプロセスである、と。

　筆者は冒頭で、「教師が児童生徒をコントロールできる」という考え方を前

提に議論を始めてしまうと,そこからは決して見えてこない景色があることについて触れた。このことについてさらなる理解を深めるため,次節においてルーマンが述べる「コミュニケーション」について考える必要がある。

5 「コミュニケーション」──共通の理解をもたらす暗号解読機の否定

　コミュニケーションと聞いて私たちが一般的に想像するのは,お互いに理解可能な言語・ジェスチャー・社会常識・決まりごとなどを用いて意思の疎通を図ることではないだろうか。もう少し正確にいえば,本来はどのようにでも解釈可能な言語やジェスチャーが,コミュニケーションを図る者が共通に持つ「暗号解読機」を通すことで,お互いに理解可能な意味を生みだす。これを私たちは一般的にコミュニケーションと考えている。
　しかし,ルーマンのいうコミュニケーションは,私たちが考えているそれと比べて以下のような特徴的がある。
　ルーマンによれば,コミュニケーションとは「二人が共通の解釈図式に基づいて情報を伝達しあうことではなく,二人がそれぞれ自己創出的に存在し,共通の解釈図式をもたないまま,それぞれがそれぞれにある理解を選択し,ある情報(事実確認)を選択し,ある発話(行為遂行)を選択すること」である(Luhmann 1995: 221)。
　ここに注目すべき事がいくつかある。それは第一に,コミュニケーションには「共通の解釈図式」たる「暗号解読機」が存在しないとルーマンが考えていることである。ルーマンはコミュニケーションを共通の「暗号解読機」の存在を否定する形で定義する。この点において,合意に向かって,あるいは合意を前提としてコミュニケーションが成立すると考えるハーバーマスのコミュニケーション論とルーマンのそれとは一線を画している(たとえば,Habermas/Luhmann 1971)。
　注目すべき第二点目は,コミュニケーションの主体(上記引用の「二人」＝教育実践の場面に照らして考えるなら教師と児童生徒)は「自己創出的に存在する」という点である。「自己創出」(Autopoiesis)とは聞き慣れない言葉ではあるが,端的にいって自分自身を不断に創出し続ける自律的なシステムのことで

ある。体内で絶えず細胞（自分自身）を創り出す生体システムを想像すると分かりやすい。自己創出とは，ルーマンの言葉を借りれば，「システムの閉じられたネットワーク内部の営みによって，システムそれ自体の再生産がおし進められること」である（Luhmann 1987a: 173）。

　自己創出の一般的特徴としては，①自律性，②個体性，③境界の自己決定，④入出力の不在があげられる。ここで他のシステムと違って自己創出システムに特徴的なのは④入出力の不在である（cf. Maturana/Valera 1980）。これは，外部からの入力や外部への出力が一切存在しないということを意味するのではない。

　そうではなくて，その入出力自体がきっかけになることはあってもシステム内のメカニズムを劇的に変化させてしまうような直接的影響を及ぼすことはないということである。これを児童生徒の意思決定に即して説明すると，児童生徒は，自己決定に基づく境界によって他のシステム（たとえば教師）と分けられた個体性として存在し，その上で自身のもつ知識や経験などを材料にして自律的に意思決定を行なう存在である，ということになる。

　このようなルーマンのコミュニケーション論に従えば，教師と児童生徒との間で交わされるコミュニケーションは以下のように特徴づけられよう。第一に，教師と児童生徒との間にはコミュニケーションから誤解を排除するような「共通の解釈図式」が存在しないために，そこでのコミュニケーションは常に意図するところとは別の仕方で他者に解釈されうるということ。第二に，これは本章において特筆すべき点であるが，自己創出的存在としての児童生徒にとっては，外部（教師）からの指導や指示が（きっかけにはなったとしても）直接的に児童生徒の意思決定を支配することはない，ということである。

　ルーマン理論に従うと，いよいよ「教師が児童生徒をコントロールできる」という考え方に無理が出てくることがお分かりいただけると思う。一言でいえば，児童生徒が自己創出的な存在であるということに尽くされる。外部からの入力に直接的な影響を受けない独立した個体（システム）としての児童生徒が，教室に入ってきた教師を見て各々の机に戻るという行為を成立させるのは，教師が教室に入ってきたら児童生徒は机に戻るという契約（ないし合意）があるためではない。そうではなくて，自分が教室に入ったら児童生徒は机に戻るで

あろうという教師の考えを児童生徒が考えているためである。ルーマンはこのことを,「予期の予期」(Erwartung von Erwartungen) と呼ぶ。

　予期とは契約や合意とは違う。そのような契約や合意が成立し得るのであれば，子どもたちが好き勝手に教室を歩き回る学級崩壊は起こり得ない。教師が教室に入る時に児童生徒が机に戻るのは，児童生徒が教師の予期を予期しているためである。もちろん，児童生徒が教師の予期を予期することだけで秩序が生まれることはない。児童生徒は教師の予期を予期した上であえてそれに反する行為を選択することもできる。学級崩壊とはそのように解釈すべき問題行動であろう。

　しかしながら，児童生徒が教師の予期を予期した上でもなお，その予期に応える行為選択をするのは，それが児童生徒にとっての快であるためである。そしてこの児童生徒にとっての快を規定するのは，これまでの教師と児童生徒との関係性における歴史である。

　教師が生徒指導によって児童生徒をコントロールするのではない。教師が生徒指導によって行なっているのは，児童生徒との関係性の絶えざる構築なのである。児童生徒が教師の予期を予期し，さらにその予期に従って自身の行為を児童生徒が律することができるような関係性の構築を教師は生徒指導を通じて図るのである。

　とはいえ，予期とは契約や合意のような明示性をもたない。ゆえに，時として児童生徒が予期する教師の予期は外れることがある。では，児童生徒はいかにして外れるかもしれない自身の予期に身をゆだねて行為を選択することができるのか。次節ではこのことについて「社会化」概念を参考にしながら考えていこう。


## 6　制御不可能で無意図的な「社会化」

　それでは，社会化についてルーマンの考えを見ていこう。教科の一つである社会科（social education）のことではない。社会化（socialization）のことである。社会化とは，一般的に，教師や親などの個人からの具体的指示によらずに，人が日常的な実践を通じて社会の秩序や規範を内面化し，それを世代間にわた

って秩序や諸規範を維持・継承してゆく過程として考えられている。そこでは，社会化される客体は個人であるが，社会化する主体は社会や世間あるいは空気というあいまいな存在として説明されている。

先に挙げた「コミュニケーション」と同様に，ルーマンによる社会化概念もまた一般的な用法とは異なっているために注意が必要である。ルーマンのいう社会化とは「心的システムと社会システムの統合という，恒常的で潜在的に進行する事態」（Luhmann 1987b: 59），あるいは，「心的システムとそれによって制御される人の身体的行動が（他の心的システムや社会システムなどとの—筆者）相互浸透（Interpenetration）を通じて形成される過程」のことである（Luhmann 1988: 326）。

ルーマンのいわんとしていることを日常語に翻訳すると，社会化とは，自分の考えていることが社会の考えていることと一致すること，そしてそれが自分には分からない形で進んでいくことである。または，自分の考えていることによって私たちは行動を起こすが，自分の考えが他人の考えや社会一般の考えに触れることで両者が一つになっていくこと，である。

ここで一つの疑問が生じはしないだろうか。「コミュニケーション」についてルーマンの考えを見ていたときに，児童生徒が「自己創出的」な存在——つまり，児童生徒の行動を律している心的システムが基本的には外部からの影響を直接的に受けないこと——であるとのルーマンの考えに触れた。にもかかわらず，ここではルーマンは社会化を，自分と他人との心がつながること（相互浸透）で生じると説明している。基本的には外部からの影響を直接的に受けない「自己創出」概念と，ある心がその外部の心とつながる「相互浸透」概念とは矛盾しないのだろうか。

これを解く鍵は，ルーマンのいう「相互浸透」にある。ルーマンは次のように相互浸透を説明している。相互浸透とは，「ある人の複雑性（Komplexität）が他者にとって有意義であり，相互の立場を入れ替えても同じことがいえる状態」のことである（Luhmann 1988: 303）。人は生きていく上で必ず何らかの複雑性を抱えており，それを巧みに打ち消しながら生きている。コミュニケーションを行なっている両者の間で，相手の抱える複雑性を自分のそれのように感じている場合，そこには親密な関係が生まれて両者の心的システム（＝心）は

相互浸透し，そこに社会化の契機が生じるというのである。ここにおいても，児童生徒が自己創出的な存在であることに変わりはない。すなわち，児童生徒は教師からの影響を直接的には受けない。そして，児童生徒が抱く共感の種類やその深さによって，社会化が児童生徒に与える影響は児童生徒ごとに異なるのである。

　さて，コミュニケーションの主体がコミュニケーションの客体やその主題に対して共感（あるいは興味関心）を抱く時に社会化が生じるのであれば，他者への関心が深まるほどに社会化による影響もまた増大すると考えることができる。

　では，複雑性を共有する両者が相互浸透した結果として社会化が起きるとして，また，社会化の主体が社会や世間といったあいまいな存在から教師という具体的な存在にかわることで，教育実践の場面において社会化を考慮に入れた指導が可能であるとして，次に問題となるのは教育実践の場面において社会化は制御可能か，という問いである。

　このことについて田中（2004）は次のように解釈する。「心的システムと社会的システムの統合としての『社会化』は，予定調和的に進行するわけではない。それどころか，たとえ誰かが他の誰かの社会化をコントロールしようとしてもコントロールできないところに，社会化の本質がある。社会化は，他者の心的システムが決して介入できない私の心的システムにおいて生じる出来事である。その意味で，社会化は無意図的な営みである」（田中 2004: 37）と。つまり田中は，社会化の制御可能性を退ける。すなわち，社会化を考慮に入れた学校教育を想定する場合，それは皮肉にも，社会化の制御不可能性をも考慮に入れなければならないということである。

　しかし，社会化が直接的には制御不能であるからといって，教師が社会化の機能を学校教育に組み入れた指導ができないと考えるのは短見である。教師は，教師自身あるいは教育の主題について子どもに関心を持たせ，教育実践の場における社会化の影響を増大させる方向で社会化を学校教育に組み入れることができるのである。社会化そのものは制御できない。しかし私たちは，社会化が活性化する環境を整備することを通して，社会化を考慮に入れた指導というものを考えることができる。

ではここで，第3節において定義した教育と同じように，「複雑性」概念を用いて社会化についても定義をしてみたい。
　社会化とは，〈子どもとその外部（環境）とが相互浸透することによって，子どもが潜在的に持っている別の何かでもありえた可能性が打ち消された結果として大人が姿を現す一連の恒常的・無意図的プロセス〉である。

## 7　制御可能で意図的な「教育」

　「社会化」が制御不可能で無意図的である一方で，ルーマンは「教育」をどのように考えるのであろうか。
　まず，ルーマンは「人間（Mensch）を人格（Person）に形成することが教育の機能である」(Luhmann 2002: 28) とし，その行為選択が予期不能であるがゆえに他者との協働ができない存在の「人間」（一般的にいう「子ども」）から，その行為選択が予期可能であるために他者との協働ができる存在の「人格」（一般的にいう「大人」）へとつくり変えることとして教育をとらえている。
　さて，先に私たちは「社会化」そのものは制御不可能であることについて触れた。では，ルーマンのいう「教育」とは制御可能なのであろうか。これについては，ルーマンの考える「教育」と「社会化」との違いから読み取ることができる。すなわち，「社会化と異なり，私たちは教育を，人間をつくり変えることを専門にする社会システムの営みとして理解しなければならない。（中略）社会化が常に社会的コミュニケーションを契機として生じる一方で，教育は教育的コミュニケーションの営みそれ自体である」(Luhmann 1988: 327)。以上のように，ルーマンは「教育」を，子どもを大人につくり変えることを志向したコミュニケーションそのものとしてとらえている。ここには当然，教育的コミュニケーションの発信者たる教師の意図が介在することになる。この点において，意図的な教育的コミュニケーションである教育と，無意図的に潜在的に進行する社会化とは大きく異なることが分かる。そして，教育における教師の意図は——実際に制御可能かどうかとは別の次元で——教育が制御可能であるという信頼に支えられている。その意味において，教育とは制御可能で意図的なコミュニケーションである。生徒指導・学習指導と社会化・教育を便宜的に

図 7-2　生徒指導・学習指導と社会化・教育

　　　　社会化　　学習指導　　教育
　　　　　　　生徒指導

　　無意図的で　　　　　　意図的で
　　制御不可能　　　　　　制御可能

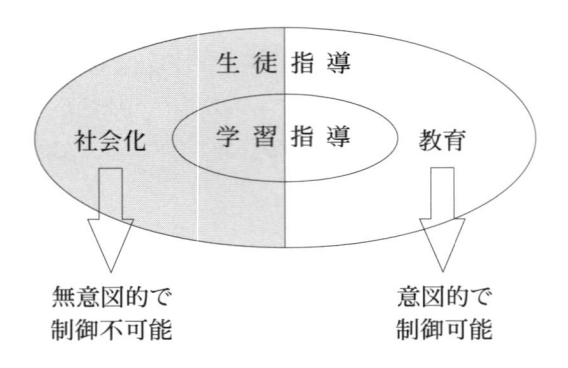

表したのが図 7-2 である。

　さて，本章の第 3 節において，私たちは生徒指導を教師の意図／無意図によって分類した。そして上述のように，私たちは，制御可能な意図的・教育的コミュニケーションである教育と，制御不可能な無意図的・潜在的コミュニケーションの社会化との概念を，ルーマン理論から導いてきた。

　このことが示すように，社会化の機能は生徒指導の半分を占めている。にもかかわらず，生徒指導においてはその教育的側面ばかりがこれまで重視され，生徒指導における社会化の機能についてはあまり語られてきていない。

　子どもが大人になるプロセスとは，教師の意図的指導に基づいた教育によってのみ成立するのではない。そこには，教師の指導のなかで自己創出していく主体としての児童生徒に社会化の作用が働いているのである。生徒指導の半分は，教師が意図的に制御することのできない社会化によって支えられている。このことからも，短絡的に「教育の失敗」を教師の指導力不足に還元しようとする社会風潮に筆者は今後とも異議を唱えていく。

　ルーマンの社会システム理論は，子どもを大人にする方策として，私たちに「社会化」という「教育」以外の道を示してくれている。もちろん，現代のような機能分化が進んだ複合的な社会に生きる子どもたちを無意図的・潜在的な社会化だけで大人にすることはできない。しかしながら実際は，「大人の背中

を見て子どもが育つ」こととしての社会化の機能が教育実践の場面において今でも大きな役割を果たし続けている。

　そして教師は日々，自己創出的な——言い換えればコントロールしえない——子どもと日々向き合い悩んでいる。私たちはまず，生徒指導の大半が無意図的で制御不可能な社会化によって支えられていることに自覚的になる必要があろう。そして，私たちは教育という教師の意図的な営みだけに「教育の失敗」を乗り越えることを頼ってはならないのである。私たちは，その意図性も無意図性も含めた全体として生徒指導を行なっている教師をこれからも信頼していく必要があろう。

### 引用・参考文献

江川玟成編『生徒指導の理論と方法』学芸図書，2000.
坂本昇一『生徒指導の機能と方法』文教書院，1990.
田中智志「教育は社会化を制御できるのか？」田中智志・山名淳編著『教育人間論のルーマン——人間は〈教育〉できるのか』勁草書房，2004.
早坂淳「学習指導過程」新井邦二郎・新井保幸監修『教育内容・方法』培風館，2010.
―――「日本の教育史における生徒指導と生活指導」『長野大学地域共生福祉論集』第5号，2011.
文部科学省『生徒指導上の諸問題』2008.
―――「平成20年度　教育職員に係る懲戒処分等の状況について」表13，2009. 文部省『生徒指導の手引（改定）』1981.
山田雅彦「授業過程における教師の統制行動における実証的研究——フォーカス概念を手がかりとして」『教育方法学研究』第32巻，日本教育方法学会，2006.
Habermas, J. /Luhmann, N. (1971) *Theorie der Gesellshaft oder Sozialtechnologie*, Suhrkamp.（佐藤嘉一・山口節郎・藤沢賢一郎訳『ハーバーマス＝ルーマン論争——批判理論と社会システム理論』第6版，木鐸社，2004）
Luhmann, N. (1987a) Sozialisation und Erziehung, *Soziologische Aufklärung. Bd. 4: Beiträge zur funktionalen Differenzierung der Gesellschaft*, Westdeutscher Verlag.
――― (1987b) Strukturelle Defizite: Bemerkungen zur systemtheoretischen Analyse des Erziehungswesens In: Oelkers, J/Tenorth, H. -E, (hrsg.), *Padagogik, Erziehungswissenshaft und Systemtheorie*, Beltz

　　　　Verlag.
　──── (1988) *Soziale Systeme: Grundriß einer allgemeinen Theorie*, Suhrkamp.
　──── (1995) *Soziologische Aufklärung Bd. 6: Die soziologie und der Mensch*, Westdeutscher Verlag.
　──── (2000) *Vertrauen: ein Mechanismus der Reduktion sozialer Komplexität*, Lucius & Lucius Verlagsgesellchaft mbH.
　──── (2002) *Das Erziehungssystem der Gesellschaft*, Suhrkamp.
　──── (2005) *Soziologische Aufklärung. Bd. 4: Beiträge zur funktionalen Differenzierung der Gesellschaft*, Westdeutscher Verlag.
Maturana, H. R. /Varela, F. J. (1980) *Autopoiesis and Cognition: The realization of The Living*, D. Reidel Publishing Company.（河本英夫訳『オートポイエーシス──生命システムとは何か』国文社，1991）

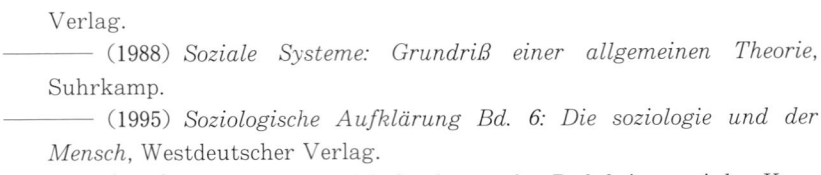

# Ⅲ　組織としての学校

# 8章　行政組織と学校

水本　徳明

　本章では，行政組織と学校の関係をルーマンの組織システム論と教育システム論に依拠して考察することを目的とする。行政と学校の関係といっても，学習指導要領を介した文部科学省と学校の関係，教育委員会とその管轄下にある公立学校の関係，首長部局と私立学校の関係など，制度的には多様な接面をもっている。また，文部科学省と教育委員会，首長部局と教育委員会，都道府県教育委員会と市町村教育委員会など，行政機関相互が関係し合いながら教育行政が展開されている。ここではそのような込み入った関係全体を具体的に検討することはできないので，教育委員会と公立学校の関係を中心に検討する。以下ではまず，これまでの行政―学校関係に関する理論を整理・検討する。次いで，ルーマンの組織システム論と教育システム論に依拠しながら組織としての学校の特質について考察する。その上で，改めて行政―学校関係に関する理論を検討し，最後に近年の学校経営政策について考察する。

## 1　行政―学校関係の理論とその問題点

### (1) 国民の教育権論における内外区分論

　内外区分論とは，学校における教育の内容・方法などの「内的事項（interna）」と学校建築などの「外的事項（externa）」を区別し，この両者で行政の関与の仕方が異なるべきであるとする考え方である。宗像（1954: 4-5）はこの区別が「重要な意味を持つ」としつつも，「いいか悪いかという評価とは別に，教育行政の両者に対する作用の仕方は，事実として異なっている，或いは異な

らざるを得ない」とした。しかし，後に宗像（1969: 259）は，この区別はデ・ファクトすなわち事実上の問題ではなく，デ・ジュレすなわち法規範の問題であるとし，旧教育基本法第10条の「条件整備」の意味は「内的事項の権力的統制を含まないこと，というよりはそれを排除することを含意している」と主張した。これを教育法理論として発展させた兼子（1976: 251）は，「現行法制において，内的事項については原則として法的拘束力ある命令監督が許されず，外的事項については国ないし教育機関設置者の法的決定権が一応存するが，その権限は，『条件整備』の態度で，教育の自主性を尊重するとともに教育の側からの要求に応えるように構成され働かせられなければならない」とし，この区別は「『国民と教師の教育権』に関わる問題である」と述べている。

　この理論は，「アンチ教育行政学」とも呼ばれた。学習指導要領の法的拘束力が強化され，学力テストが実施されるなど，学校における教育内容・方法に関わる行政的な統制が強化され，学校に対する教育行政の包括的支配権を認める営造物理論＝特別権力関係論が主張される中で，それへの批判の論理，対抗運動の論理とされたからである。そのため，営造物理論＝特別権力関係論の影響力が低下するにつれて内外区分論の意義も曖昧になった。そして，1976年の最高裁学テ判決では国の教育行政機関による「教育における機会均等の確保と全国的な一定の水準の維持という目的のために必要かつ合理的と認められる大綱的な」基準設定が認められ，法解釈の問題としては決着がつけられた。

　研究的な立場からも内外区分論については，①内的事項と外的事項の区別が曖昧で，たとえば外的事項とされる学校建築も教育方法を規定していること，②内的事項と外的事項への関与の区分は学校と行政機関の間ではなく，地方自治体と国との間で考えられるべきこと，などの批判がなされてきた。近年でも，黒崎は「教育活動のあるべき姿をめぐる検討を教師の『教育の自由』というブラックボックスの中に閉じ込め」，「教育を専門職主義の閉鎖性と独善性のもとに放置することになりかねない」（黒崎 2005: 6），「教育に対する国家・行政の関与・介入の適切性を高めることが課題」（黒崎 2006: 7）と批判している。

　より根本的には，「教育の管理＝経営（教育行政）」自体が，「教育価値から切りはなされたものではなく，そのうちに教育価値を内包している」（持田 1965: 218）のである。広瀬（2006: 34）はそのことを公私二元論批判として展開

し,「教育を対象とする行政である教育行政は,その出発点からして文字通りの意味において人間形成という価値領域,すなわち私的領域に関わる権力作用」であるとし,「私的領域をアンタッチャブルとして理論構想する公私二元論の分析力の限界と枠組の無力」を指摘している。これに対して,国家・行政権力の抑制を主眼としてきた教育法学説の蓄積を「教育学としての教育行政研究」の領域を確保するための法的枠組を設定するものとして位置づける議論(高橋 2007: 32) もある。この議論は,研究推進上の戦略としてはともかく,教育行政―学校関係を説明する理論としては必ずしも説得的ではない。

### (2) 自治体＝教育事業体説

国民の教育権論によって主張された内外区分論が,行政機関と学校との価値的な対立関係を前提とするのに対して,自治体を教育事業体ととらえ,学校をその実施機関と捉えるのが教育事業体説である。たとえば,市川(1975: 326)は,教育事業は狭義の行政というよりは公企業経営に近いとの立場から,「地教委に公営企業的性格を持たせ,学校経営に自主的創造性と合理的能率性を発揮できるようにする」ことを提言している。そこからすると,個々の学校における学校管理運営は「現場管理」として捉えられる(市川 1966: 366)。

近年では,堀・柳林(2009: 182-3)が「地域(自治体)がいわば一つの『教育組織体』であり,各学校(をはじめとする教育機関)はその中で,地域住民(厳密にいえば,通学区域の住民)に対して教育サービスを直接に提供する,いわば『事業部』としての位置にある」とし,両者が「学校改善のためのパートナーシップ」,「互恵的アカウンタビリティ」の関係にあるべきだとしている。その上で,後述の自律的学校経営を「行政組織内の分権化,つまり,教育行政組織における管理機関としての教育委員会から,教育機関としての学校への権限の再配分,権限委譲に他ならない」とし(同: 195),自律的学校経営政策が所期の成果を生むためには,「教育委員会が学校に対する支援機構(support structure)として積極的に行動」することが必要であると主張している(同: 201)。

この考え方は,国から地方への垂直的分権を前提に,教育委員会と学校を一つの「教育組織体」内部の目的を共有する下位組織間の関係ととらえる。学校

への分権化すなわち自律的学校経営政策によって，所期の成果が生み出されない学校に対しては，教育委員会が積極的に支援ないし介入する役割があると考える。だとすると，このような関係は国と地方自治体との間でも想定できる。すなわち，国から地方への分権化によって所期の成果を上げられない地方自治体に対しては国が積極的に支援ないし介入すべきということになる。とりわけ義務教育の目的は，「地域住民を育てることだけでなく，国民を育成することでもある以上，国や国民社会もまたそれに劣らず義務教育の重要なステイクホルダー」であり，「したがって，義務教育は国の事業か地方の事業かではなく，国と地方の共同事業であると考えられるべき」（市川 2006: 133）ということになる。そうすると一見，国から学校まで教育事業の経営として機能的に一貫するように思えるけれども，国民，自治体の住民，地域（学区）の住民それぞれの育成という，異なる目的を学校は行政機関から負わされることとなる。しかも，学校においては個々の子どもの成長の支援という要請が子ども本人や保護者からもたらされるので，目的を共有したパートナーシップの形成は構造的に困難である。

### （3）自律的学校経営論

堀・柳林（2009）において，自律的学校経営は近年の分権化政策と関連づけられているけれども，自律的学校経営論は必ずしも国—地方間あるいは教育委員会—学校間における権限配分に関係づけられるのではない。吉本（1965: 108）は，「国民の意思として行われている現代公教育の制度では，教育はいかにあるべきかを宣する法則の主体として教育政策があり，これを各般の制度的手段において浸透させようと図る教育行政機能があるのに対して，教育はかくあることを宣する行動の主体として，学校の教育意思を表明する解釈と判断の主体として，教育実践活動とその経営が存在する」とする。その上で，「国の教育政策を現実化する教育行政と，教育活動そのものに直接して，その統括を図る学校経営とは，組織の本質上で区別せられるべき点が認められなければならない」としている。そこで問題とされているのは，教育行政と学校では「組織内の行動基準を異にする」ことである。言い換えれば，国あるいは地方の教育政策とその実現を図る教育行政とは別に，社会における事実行為としての教

育を統括する機能として学校の組織化の契機が存在することが注目されているのである。

　浜田（2007: 12-15）は，この吉本（1965）の議論を出発点として「学校の自律性」概念の変遷を総括し，「『学校の自律性』とは，個々の学校が，委ねられた裁量権限に基づいて，当該学校としての教育目標を独自に設定し，その効果的実現のための方策を自ら選択して実施し，その実現状況を自ら把握・診断しつつ教育活動を継続的に改善していく組織内作用である」と定義している。しかし，「学校の自律性」が裁量権限と関連づけられるなら，この議論は吉本の問題提起から隔たっているといわざるを得ない。もちろん，吉本の議論に沿うことの是非が問題なのではなく，今日の自律的学校経営論が吉本の議論とは関係のない議論をしていることの自覚のないこと，そのためにその間で失われたものに気づいていないことが問題なのである。浜田（2007: 14）は，1960年代の議論は「1956年以降の地教行法体制という制度的環境のもとで活性化したのであり，それゆえの限界を有していた」と述べているが，少なくとも吉本の議論については，それは当たらない。旧教育委員会法体制下であろうが，地教行法体制下であろうが，あるいは今日の分権改革の下であろうが，「学校は単位の社会組織として，独自の意思をもってその任務を遂行する組織体である」（吉本 1965: 90）ことを免れないというのが吉本の論理だからである。この教育という事実に依拠する学校の「独自の意思」をめぐる論理を緻密化することを放置し，教育行政からの権限委譲とそれを活かす学校の組織力に問題をすり替えてきてしまったことは，近年の自律的学校経営論の問題である。

## 2　組織としての学校

### （1）ルーマンの組織システム論

　以上のように見解を異にする行政と学校との関係に関する諸理論がなぜ成立するのであろうか。また，それぞれがなぜ限界をもっているのであろうか。そこには，学校の組織としての性格をどのようにとらえるかという問題が介在している。ここでは，ルーマンの組織システム論に依拠して学校の組織としての性格を検討する。

ルーマンはシステムを機械，有機体，社会システム（soziale Systeme），心理システムに分類し，さらに社会システムを相互行為，組織，社会（Gesellschaft）に分類している（Luhmann 1984＝1993, 1995: 2）。相互行為システムは「その場にいあわせている人が相互に知覚しあっていることによって成立する」社会システムであり，社会はすべてのコミュニケーション行為を包括する「高次の秩序をもった」社会システムである（Luhmann 1975a: 10f）。

　それに対し，「意思決定がコミュニケーションされ，その作動的な基礎の上にシステムが作動的に閉じられたときに，組織は存立し自己を再生産する」（Luhmann 2000: 63）。組織において意思決定は意思決定へと関係づけられる。意思決定とは，それが選択肢からの選択として扱われるということである（Luhmann 2000: 125）。それは，実際にその行為が複数の選択肢を検討したうえでの選択として実現されたということを意味しているのではない。そうではなく，他者（未来の自己を含む）から，その行為がほかでもありえたものとして扱われることを意味しているのである。だから，組織においては不作為すなわち何もしないことも意思決定として扱われ，それが組織におけるリスクの源泉となる（Luhmann 1991→2003: 203）。

　組織システムの作動の基本にある意思決定は，その組織の成員になるという意思決定である。ルーマンによれば組織は二重の偶有性への対応の一形式であり，それは成員資格が条件づけられることによって果たされる。二重の偶有性問題とは，「どのように自分自身が行為するのか，およびどのように自分自身がその行為を相手の人に接続しようとしているのかに，相手の人がその行為を依存させており，その立場を変えて相手から見ても同様であるのなら，相手の人の行為も自分自身の行為もおこりえない」という問題である。この問題の解決は「社会的行為そのものの可能性の基本条件である」（Luhmann 1984＝1993, 1995: 158-159）。

　組織システムにおいては「成員資格が組織への加入との関係ばかりでなく，地位を維持する要件としても条件づけられることによって二重の偶有性の問題が解決される」。人は組織の成員になることによって拘束を受けるが，そこから逸脱することは成員資格を失う危険を冒すことになる（Luhmann 1997: 829）。すなわち，「システムに貢献する人間（成員）の行為傾向」という一つの偶有

性の領域と,「成員が従うべき規則(規則の修正,規則の解釈,権限及び場合によっては与えられる命令に関する規則も含めて)」という今一つの偶有性の領域を「相互に関連,結合させ,それによって相互の変動範囲を限定することを通じて,組織化された社会システムは形成される」のである(Luhmann 1975b: 40-41)。このような仕組みを通じて,組織においては成員が一定の規則を受け入れる意思決定をしていることを前提とすることができ,いざというときにはその責任を追及して成員資格を失わせることができるし,成員自身が成員であることをやめることができる。

### (2) 組織としての学校の特質

ルーマンの組織システム論に依拠して,組織としての学校の特質を捉えてみよう。

第一に,学校における成員資格とくに児童生徒という成員資格は極めてパラドクシカルな性格をもっている。学校において子どもは児童生徒として扱われる。このことは一見すると,教師が学校の成員であることと同様であるように思われる。しかし,根本的な違いがそこにはある。なぜなら,子どもは意思決定によってある学校の成員になって児童生徒という成員役割を受け入れているとはとらえられないからである。とりわけ,義務教育諸学校とくに公立の義務教育諸学校ではそうである。そこでは制度的にも退学処分というかたちで児童生徒という成員資格を失わせることはできない。それは学校が子どもといういわば社会的に免責された個人を成員としているので,学校における子どもの行為は意思決定としては意味づけられず,その行為を導いたり許容したりした教師の行為が意思決定として意味づけられるからである。また,学校は教育機関として,逸脱するような子どもほど受け入れて教育しなければならないという社会的使命を負ってもいる。

だから,児童生徒という成員役割についてこそ,まず学校で教育されねばならない。これはいわゆる「生徒化」に関わる問題である。学校では,子どもは生徒としての役割を受け入れるよう期待されている。しかし,それは必ずしも成功しない。「子どもたちは,学校という集団,制度化された教育関係における生徒生活を,至上の社会化過程として受け入れることが求められるのだが,

彼らはそうした社会における社会化力の作用を，すべてそのまま受容するわけではない。彼らなりに感じとっている学歴社会の矛盾，生徒役割の不合理性，教師―生徒関係の軋轢などをとおして，学校が編み上げるリアリティの隙間の中で，自分たちの学校生活の主観的構成を企てているのである」（岩見 1986）。なぜそうなるのか。それは「生徒化」が教育だからである。すぐ後に述べるように教育はそれ自体が，生徒が逸脱する可能性を開いてしまうのである。

　補足的にいえば，日本の制度においては教職員の成員資格という点でも個々の公立学校は組織として十分な権限を有していない。教職員の人事は教育委員会の権限であり，とくに義務教育諸学校の県費負担教職員については，その学校を設置する市町村教育委員会ではなく，都道府県教育委員会に人事権がある。

　第二に，学校における教育活動，とくにその中心である授業は，組織的にプログラム化することが困難である。教育というコミュニケーションにおいては，教師から生徒へ教育の意図もコミュニケーションされることによって，生徒の側にそれから距離を置く自由や，それ以外の可能性を見いだす自由を開いてしまう（Luhmann 1984＝1993, 1995: 386）。つまり，教育活動自体が，生徒が逸脱する可能性を開いてしまうのであるが，学校は上述のような成員資格のパラドクスを内包しているのでそれを組織的に統制することはできない。

　確かに，学校においては学年や教科というカリキュラムと対応した組織によって一定の形式，秩序を形成することができる。しかし，「授業という相互行為が始まると，教師も生徒もその独自のダイナミズムに従う他はない」（Luhmann 2002: 160＝2004: 218）。すなわち，「組織が授業という相互行為を操縦できない」し，「閉じられた空間としての教室が他者による観察と評価を遮っている」といった点に，「教育システムの組織において相互行為がしめる，構造的に強力な立場が示されている」（ebd.164＝222）。授業におけるさまざまな行為は，教師と生徒がその場に居合わせて相互観察する結果として即興的に行なわれるのであり，学校における他の意思決定に一々接続することはできない。しかも他者の観察から遮られているので，授業における一々の行為を意思決定としてコミュニケーションし，さらなる意思決定を接続していくこともできない。

　学校におけるこのような組織の限界を補うのが，専門職化である。それによ

って「努力と善意と成功したり失敗したりの経験とを背負った実践は，理念によって敬意を払われ，支えられ，悪意の批判からも守られることを，要求しうる」(Luhmann 2002: 144-145＝2004: 200-201)。専門職の準備教育により，不確かさの下で仕事に取り組む心構えと，通常の範囲で努力すれば非難を受けずにすむという確信を得ることができる (ebd.152-153＝209)。

　ルーマンは専門職化について制度論的に理解していると考えられる。すなわち，専門職という制度によって必ずしも組織の効果が高まるというわけではなく，制度の同型性を通じて組織が正統化される (Scott 2008: 151-153)。教職が医師や法律家と同様の専門職とみなされることによって，職としての自律性を社会的に承認され，職務として行なったことの効果を一々確認されることなく社会的に信頼されるようになる。

　以上のように，学校は組織システムとしてみた場合，不完全で不安定なシステムである。言い換えれば，組織としては二重の偶有性問題を解決できず，複雑性を十分縮減しきれない。学校組織における個業性（堀内 1985: 109-110）やルースさ（Weick 1976）と呼ばれてきた性質は，このようなシステムとしての特性に由来するものと考えられる。こうした不安定性に対処するには，組織と専門職の協力関係（Luhmann 2002: 164＝2004: 222）が不可欠である。

### (3) 行政―学校関係理論の再検討

　先に紹介した行政組織と学校の関係についての諸理論は，これまで述べてきたように学校が不完全で不安定な組織であることに端を発している。吉本(1965)の議論は，組織的に統制され得ない相互行為としての教育という事実を学校が内包していることを指摘していたと解釈することができる。ルーマンの組織システム論の観点からすると，吉本(1965)の議論は，学校が組織的に統制できない授業という相互行為システムを内包しているという理由で，学校が行政的な官僚制組織に組み込まれない，独自の組織的性格をもつべきであるというそれ自体パラドクシカルな性格をもっていることになる。

　一方，近年の自律的学校経営論は，組織システムとしての学校のパラドクスとそれが生み出す複雑性への対処を学校の組織力に期待する。元々自律的学校経営論は教育事業体説共々，組織システム／相互行為システムという差異を，

行政機関と学校の間の権限配分という量的な問題ととらえているので，組織力という量によってそれに対処し得ると考えるのである。しかし，学校がいかに組織力を高めようと，また学校にどれだけの権限が委譲されようとも，授業という相互行為が組織的に統制できないという事情は変わらない。

　教育事業体説は，組織単位を個別学校から自治体へと拡大することによって，学校の組織としての不完全さと不安定さという問題を解消しようとする論理である。その意味で自治体こそが「教育組織体」であり，学校はその「事業部」であるとする堀・柳林の議論は妥当であるように思われる。少なくとも，それによって教職員の成員資格に関する問題の解決の可能性は開かれる。しかし，「公立学校が行政の一環である」（堀・柳林 2009: 203）としてみたところで，組織が授業という相互行為を統制できないという事情や児童生徒の成員資格に関するパラドクスが解消されるわけではない。教育行政は教育政策の実施プロセスとして組織的に展開されるが，それはいわば教室の入り口でとどまるほかない。あくまでも問題を組織的に解決しようとすると，組織的に解決し得ない複雑性を学校に閉じ込めて吸収するために，逆に学校の自律性を強調しなければならなくなる。その上で，学校における複雑性への対処を教育委員会が支援するという論理を構築するのである。

　最後に内外区分論は，学校における不確実性を専門職化によって解消し得ると考える。しかし，教職を専門職化することによって教育が失敗しなくなるわけではない。現実に授業の到達目標まで到達できない児童生徒は少なくない。電車の運転手が乗客を目的地まで運べなければ厳しく責任を問われるであろうが，授業ではそうはならない。それは教職が専門職ととらえられているために，通常の範囲で努力すれば認められると考えられているからである。前述のように，専門職という制度化によって，活動の成果ではなくいわば形（儀礼）が社会的に承認されるようになるのである。組織化を伴わないで，専門職化をとくに権利論として主張することは，制度化の背後で生じている現実を隠蔽することにつながり，結果的に教育官僚制の発達を促進することになる。だから，教育における法的な対立関係が教育行政対教師という「第一の教育法関係」から，教育行政・学校・教師対親・子どもという「第二の教育法関係」へと転換してきた（今橋 1983: 25-27）のである。

## 3　学校経営制度改革の課題

最後に，教育行政と学校との関係をめぐる近年の教育改革について検討しよう。1990年代から多くの国で自律的学校経営政策と呼ばれる教育改革が推進されてきた。行政機関から学校へ権限を委譲して学校の裁量を拡大するとともに，学校評価によって学校のアカウンタビリティを確保する制度へ向けての改革である。学校の経営的な意思決定のためのガバナンス機関として理事会が置かれる場合もある。日本も例外ではなく，1998年中教審答申「今後の地方教育行政の在り方について」をきっかけとして分権化が進められると同時に，学校評価，教員評価，学校運営協議会などが制度化されてきた。また，日本の学校組織は階層性の低い鍋ぶた型であったことが政策的に批判され，主幹教諭や指導教諭などの新たな職が設けられて学校組織が階層化された。自律的学校経営政策によって学校の組織化が推進されているのである。ここでは，具体的な施策として文部科学省によって推進されてきた学校評価の制度化と東京都教育委員会による職員会議改革を取り上げて検討する。

### (1) 学校評価の制度化

学校評価は，2002年施行の小学校設置基準と中学校設置基準により努力義務化され，2007年の学校教育法改正により義務化された。現在では，ほとんどの学校が何らかの形で学校評価を実施している。文部科学省（2008）に基づいて，学校評価制度について整理しよう。学校評価制度の下で学校は自己評価及び学校関係者評価を行ない，その結果を公表しなければならない。さらに，学校や教育委員会が必要であると認めた場合は，学校に直接かかわりをもたない専門家等による第三者評価を実施することになっている。

学校評価は教員評価と同様に「目標管理型の評価制度」である。自己評価は「具体的かつ明確な目標を設定し，実行し，自ら評価する」ものであり，学校関係者評価は保護者や地域住民が，「学校の教育活動の観察や意見交換等を通じて，自己評価結果を踏まえて評価する」ものである。学校は評価結果を改善方策と併せて広く公表するとともに，設置者（公立学校の場合は教育委員会）に

報告書を提出する。

　この学校評価システムにおける学校と教育委員会の関係は次の3側面から捉えられる。第一は学校評価の推進者ないし実施者としての教育委員会である。学校評価システムは文部科学省が開発し，都道府県教育委員会を通じて市町村教育委員会，学校へと周知し普及が図られてきた。具体的には，教育委員会は学校に指導助言を行なったり，学校評価が適切に行なわれたかどうかを検証したりすることになっている。また，第三者評価は，学校とその設置者が実施者であるとされており，教育委員会は学校評価の実施者でもある。

　第二は，評価結果に基づく学校改善の支援者としての教育委員会である。教育委員会は学校評価結果を踏まえて，「学校への予算配分や人事配置など学校に対する支援や条件整備等の改善を適切に行う」とともに，「学校の自主性・自律性を高めるようにする」こととされている。

　第三は，被評価者としての教育委員会である。教育委員会は学校評価結果を「自らのこれまでの学校の設置管理の取り組みに対する評価と受け止め，その改善を目指す」こととされている。

### (2) 東京都の職員会議改革

　日本の学校には，戦前より職員会議が置かれ，教職員間の話し合いや連絡，場合によっては意思決定が行われてきた。かつて職員会議については国の法規における定めはなく，ようやく2000年に学校教育法施行規則で「設置者の定めるところにより，校長の職務の円滑な執行に資するため，職員会議を置くことができる」，「職員会議は，校長が主宰する」と定められた。

　東京都教育委員会は，「学校経営の適正化について（通知）」（2006年4月13日）において，「職員会議において『挙手』，『採決』等の方法を用いて職員の意向を確認するような運営は不適切であり，行わないこと」など，学校の組織運営について細かな指示をした。これに対して都立三鷹高校の土肥信雄校長（当時）は挙手・採決禁止の撤回要求を行なった。「この通知は教員たちの言論の自由を奪うがゆえに，民主主義を教える学校現場になじまず，学校の活力をも奪ってしまうと考えたから」である（土肥信雄ほか 2009）。

　ここでは，職員会議に関する問題が二重構造になっている。第一は，校長と

教職員の間の関係である。この問題は，古くから職員会議の法的性格をめぐって補助機関説と議決機関説の対立として議論されてきた。先に示した学校教育法施行規則における規定はこの議論に決着をつけた格好になっている。この上に立って，東京都教育委員会は，この通知を通じて校内における校長と教職員（団体）との関係を適正化しようとしたのである。

　第二は，教育委員会の学校管理権と校長の校務掌理権の間の権限関係問題である。教育委員会は広範な学校管理権を有しているが（地方教育行政の組織および運営に関する法律第 23 条），校長も学校の管理責任者として「校務をつかさどり，所属職員を監督する」権限を有している（学校教育法第 37 条）。会議の運営方法まで細かく教育委員会に指示されて，校長は校務をつかさどるという校務掌理権の実質が保障されているといえるであろうか。

　現実にはこの 2 つの問題が連動している。学校内部における校長と教職員の関係を「適正化」する過程で，校長の校務掌理権の教育委員会による実質的収奪，あるいは校長の校務掌理権と教育委員会の学校管理権の対立，葛藤が生じている。

### (3) 組織化の限界

　以上のような政策は，企業経営における目標管理や成果主義の流れに乗るものであり，学校組織の「一般組織化」（佐古 2007）と呼ばれることもある。目標に準拠して学校内部の組織的統制を強化しようとする政策である。自律的学校経営政策はそのような一面をもっている。

　こうした方策について，ルーマンは「教育システムにおける組織については——いま製品指向，顧客志向が一世を風靡しているにもかかわらず——製品指向や，効果とか効率とかいった概念を以ってしては，ほとんど何も得られない」という（Luhmann 2002, 165＝2004, 223）。Röbken（2006）は，学校の普通の現実は非常に複雑であり，品質管理のような概念で標準化することはできないと警鐘を鳴らしている。Stacey（2006）は，そのような関係は行政と学校との間のゲームになってしまい，「教育機関の管理者は局所的な抵抗戦術と技術の変造を行っている」という（そのような局所的な抵抗戦術と技術の変造こそは，吉本（1965）のいう組織としての学校の独自性の表れなのかもしれない）。

自律的学校経営政策は学校に組織であることを強制し，目標管理的に学校組織が緻密に作動することを推進しようとするものであるが，それを教育行政が推進することからそれ自体がパラドクシカルな性格をもってしまう。学校評価システムでは教育委員会が学校による学校評価の推進者・実施者であると同時に，改善の支援者であり，さらに学校評価によって評価される立場にもあるとされてしまう。東京都の職員会議改革では，学校の組織としての自律性を確立する過程で，学校の自律性を否定する事態が生じているのである。
　このような事態が生じるのは，組織としては不完全であらざるを得ない教育システムとしての学校を，組織的に統制しつくそうとするからである。そのことが教職員に過度のストレスや意欲の低下をもたらしている可能性もある。

### (4) 専門職化の新たな段階

　学校教育の組織化のいっそうの進展によって教育が改善され得ないとするなら，何が必要なのだろうか。ルーマンに立ち返ってみよう。教育システムにとって重要なことは組織と専門職の協力関係（Luhmann 2002: 164＝2004: 222）であった。そうすると，これから必要なのは新たな専門職化である。学校の組織化の進展に伴って専門職化が進展しないと，学校経営の責任を負わされるスクールリーダー，とりわけ校長が極めて苦しい立場に置かれることになる。Thomson（2009: 7-8）の言うように「すべての子どもに〜します，学校は〜を保証します，校長は〜を提供しますというような戦略的計画が増殖し」，「現実の環境がどんなにリスクに富んでいても，リーダーや経営者が内心どんなに不確実性を感じていても，彼らは確実に物事を実行しえるように見えなければならない」という状況に置かれるのである。
　したがって，上述のような自律的学校経営政策がある程度不可避であるとするなら，学校組織の経営という仕事の専門職化が同時に進められねばならない。専門職化というのは，専門性を高めることではない。学校経営という仕事の専門性を高めるという意味では，文部科学省も「組織マネジメント研修」を開発し，全国的に展開している。それは，学校の自律的組織化を実質化しようとする試みである。そうではなく，必要とされるのは学校経営の仕事の専門職化である。専門職化というのは，その職の自律性を社会的に承認することであり，

だからこそ当事者としては通常の範囲で努力すれば非難を受けずにすむという確信を得ることができるのである。学校の自律的組織化の実質化を追求するのではなく，その限界を認識した上で，制度的な承認と信頼の調達を図る政策が必要である。いうまでもなく，組織化の進展なしに専門職化を図ろうとすると教育官僚制の弊害が生じる。組織化と専門職化が相互に影響し合いながら進展することが必要なのである。

　このような観点から見た場合，今日の教育改革において学校経営の専門職化はほとんど進展していない。だから，学校にとっては自律的学校経営政策が行政からの自律性の押しつけに映るのである。日本教育経営学会は「校長の専門職基準」（日本教育経営学会 2009）を公表した。こうした試みを通じて，学校経営が専門職として社会的に確立されることが望まれる。

**引用・参考文献**
市川昭午『学校管理運営の組織論』明治図書，1966.
――――『教育行政の理論と構造』教育開発研究所，1975.
――――『教育の私事化と公教育の解体』教育開発研究所，2006.
今橋盛勝『教育法と法社会学』三省堂，1983.
兼子　仁『教育権の理論』勁草書房，1976.
黒崎　勲「教育行政原理の転換と教育行政学の課題」『日本教育行政学会年報』31, 2005.
――――「教育行政理論についての反省」日本教育行政学会（編）『教育行政学の回顧と展望』，2006.
佐古秀一「民間的経営理念及び手法の導入・浸透と教育経営――教育経営研究の課題構築に向けて」『日本教育経営学会紀要』49, 2007.
高橋　哲「教育行政研究における教育法学説の位置」『日本教育行政学会年報』33, 2007.
土肥信雄・藤田英典・尾木直樹・西原博史・石坂啓編『学校から言論の自由がなくなる』岩波書店，2009.
日本教育経営学会『校長の専門職基準〔2009 年版〕』2009.
浜田博文『「学校の自律性」と校長の新たな役割』一藝社，2007.
広瀬裕子「公私二元論の批判的再考」日本教育行政学会（編）『教育行政学の回顧と展望』2006.
堀　和郎・柳林信彦『教育委員会制度再生の条件』筑波大学出版会，2009.

堀内　孜『学校経営の機能と構造』明治図書，1985.
宗像誠也『教育行政学序説』有斐閣，1954.
―――『教育行政学序説（増補版）』有斐閣，1969.
持田栄一『教育管理の基本問題』東京大学出版会，1965.
文部科学省『学校評価ガイドライン〔改訂〕』2008.
吉本二郎『学校経営学』国土社，1965.
Luhmann, N. (1975a) Interaktion, Organisation, Gesellschaft: Anwendungen der Systemtheorie in: ders. *Soziologiche Aufklärung 2*, Westdeutsche Verlag.
――― (1975b) Allgemaine Theorie organisierter Sozailsystem in: ders. *Soziologiche Aufklärung 2*, Westdeutsche Verlag.
――― (1984) *Soziale Systeme: Grundriss einer allgemeinen Theorie*（佐藤勉監訳『社会システム論（上・下）』恒星社厚生閣，1993/1995）
――― (1991) *Soziologie des Risikos*, Walter de Gruyter.
――― (1997) *Die Gesellschaft der Gesellschaft*, Suhrkamp.（馬場靖雄・赤堀三郎・菅原謙・高橋徹訳『社会の社会（1・2）』法政大学出版局，2009）
――― (2000) *Organisation und Entscheidung*, Westdeutcher Verlag.
――― (2002) *Erziehungssystem der Gesellschaft*, Suhkamp Verlag.（村上淳一訳『社会の教育システム』東京大学出版会，2004）
Röbken, H. (2006) Eine Modeerscheinung? Qualitätsmanagement in der Schule, *Schulmanagement*, 4.
Scott, W. R. (2008) *Institutions and Organizations 3rd ed*. Sage Publications.
Stacy, R. (2006) Ways of thinking about public sector governance, In: Stacy, R. /Griffin, D. (eds.) *Complexity and the Experience of Managing in Public Sector Organizations*, Routledge.
Thomson, P. (2009) *School Leadership: Heads on the Block?* Routledge.
Weick, K. E. (1976) Educational Organization as Loosely Coupled System, *Administrative Science Quarterly*, 21.

# 9章　組織としての学級

木村　浩則

### はじめに

　近年，いじめ，不登校に加えて，「学級崩壊」が教育問題として大きくクローズアップされている。これらの現象は，われわれに，これまで自明のこととみなされてきた「学級で学ぶ」ということの意味について再考をうながすものである。もはや「学級」は，子どもたちにとって必ずしも心地よい学びの場ではないように思われる。教師にとっても，従来の学級集団に依拠した教育実践が困難となり，学級経営や学級編制の在り方に関する新たな知見が求められている。さらに言えば，そもそも「学級」とは何か，何のために存在するのか，その根拠にまでさかのぼって議論する必要があるのではないか。
　本章では，「学級」とはどのような目的と機能をもって生まれたのか，その歴史的プロセスを紹介すると同時に，教育学における「学級」研究をいくつか取り上げ，それを批判的に吟味しつつ，ルーマンのシステム論の視座から「学級」というシステムの問い直しを試みる。そして部分的にではあるが，そこから「学級」再生のための方途を示唆したい。

## 1　学級とは何か

　「学級」とは何か，まずその定義を確認しておこう。『新教育学大事典』（細谷 1990）によれば，学級とは，学校における最も基本的な単位集団であって，教育の効果と能率とを主たる目的として組織される学習者の集団をさす。また学校教育ではほぼ同一年齢によって学年の集団を構成し，その数が多い場合に

分割して1教室に収容するものを学級と呼んでいる。

　だが，これまで学級での学びを経験したことのある人の多くは，この定義に違和感をおぼえるに違いない。学級は，たんに，少ない時間と費用で多くの子どもたちを同時に教えるという効率性の観点だけからとらえられてきたわけではない。子どもたちは学級での生活を通して集団を認識し，社会生活について学んでいく。それゆえ，集団における規範の形成，グループ活動等における役割分担と責任など，社会的な人間形成の場としても重視されている。つまり学級は，たんなる効率化のための制度的枠組みを越えて，教育的意義をもつ「集団」として機能しているのである。その集団としての学級は，「学習集団」と「生活集団」の2つの性格をあわせもつとされ，教師にはこの二つの観点から「学級経営」に取り組むことが期待されている。

　しかしながらこうした学級の性格はいくつかの矛盾をかかえざるをえない。たとえば，「学習集団」としての学級では，一斉教授を基本とするため，能力差を持つ子どもたちに対する個別対応が困難となる。ルーマンも，「授業を個々の生徒の能力と関心に合わせることが制限される」学年制による学級編成を「早くから気付かれていた教育上の短所」として指摘している（ルーマン 2004: 183）。その「短所」を克服しようとする試みとして，学級定数の削減や少人数学級，習熟度別学級編成などが挙げられるが，たとえば習熟度別学級編成についてはその効果を疑問視する声もある（佐藤 2001）。

　また「生活集団」として学級をみる場合，そこには「集団性」と「個性」との矛盾が存在する。集団生活には一定の規律や服従が求められ，教師からは全員が一致団結することが要求される。そのような学級観に対しては，個々の子どもの個性や主体性を抑圧し，学校不適応やいじめなどを招くものだとする批判がある。

　それでも，学級が「学習集団」の側面と「生活集団」の側面の二重性をもつものとしてとらえられてきたのは，教師たちが「集団の教育力」に大きな期待を寄せてきたからでもある。一対一の個別学習が教育の理想型なのではない。学力と人格の形成における集団の意義が重視され，集団を通じた教育は個別学習以上の教育力をもつと理解されてきたのである。たとえば「集団づくり」による生活指導実践のリーダーとして知られる大西忠治は，日本の学級の二重性

に，欧米にはない日本の教育の優位性をみている（大西 1990）。

　ところが，1980年代あたりから，学校の集団主義的体質や画一主義が批判されるようになり，また集団本位の授業は，より高い学力の子どもと低い子どもをともに放置するものだという指摘もなされようになった。そのような風潮の中で，臨時教育審議会が「個性重視の原則」を打ち出した。さらに，社会における「個人化」や「私化（プライバタイゼーション）」の流れが，「集団づくり」や教師の集団に対する指導を困難なものにしている。文部科学省は，その矛盾の解決を「教員の資質・能力の向上」に求めようとしているが，もはや個々の教師の個人的努力にのみ期待することはできないように思われる。

## 2　学級制度の起源

　こうした課題を持つ学級の在り方を再検討するために，まずは学級の起源とその変遷を確認しておこう。

　「学級」というシステムの原型は，19世紀前半に登場したモニトリアル・システムとギャラリー方式に求めることができる，とされる。19世紀初頭，イギリスのベル，そしてランカスターは，教師（マイスター）が直接生徒に教えるという旧来のやり方に代わって，モニターと呼ばれる優秀な生徒に3R's (reading 読み，writing 書き，arithmetic 計算）を教え，彼らが他の生徒たちに自分の学んだ3R'sを教えるという方法が開発された。これがいわゆる「モニトリアル・システム」である。これは，一人の教師がモニターを指揮することで，一度に多数の生徒に授業を行なうことのできる，きわめて効率的な仕組みであった。生徒は能力によって区分され，その分けられた生徒の集まりを「クラス」（学級）と呼んだ。生徒は，審査によって習得が十分になされたと判定されると，上位のクラスへと進級することができた。また個々のクラスは，教場という一つの空間に配置され，現代のような独立した空間を持たなかった。このモニトリアル・システムは，その後急速にイギリス国内に広まり，ヨーロッパやアメリカ大陸に拡大していった。

　ところが，モニトリアル・システムが全国に普及し始めた頃，そのシステムに対する批判者が現れた。それが，空想的社会主義者として知られるロバー

ト・オーエンである。幼児学校を設立したオーエンは，幼児をモニターとして活用するには無理があると考え，ストウら後継者たちによってあらたにギャラリー方式と呼ばれる教授法が開発された。それは，階段状に並べられた机に座った数十人の幼児たちが一人の教師と向かい合って授業を受けるというもので，いわゆる一斉教授方式である。

だが，このギャラリー方式の学校も，モニトリアル・システムと同様に，能力別のクラス編成を原則としていた。教育社会学者の柳治男によれば，これが学年制に取って代わった背景には，公教育の整備すなわち既存の学校に対する国家財政の投入があった。学校の規模が異なり，生徒数が違っていても，学年制とスタンダードによる「学級」という標準化された基礎的単位が確立されていれば，監督官による査定は円滑に進み，国家予算の効率的運営に資すると考えられたのである。こうして等級制に基づくクラスに代わって，学年制の「学級」が登場することとなった。モニトリアル・システムが作り上げた能力別分類を年齢別分類に変え，さらに幼児学校の一斉教授方式を採用することによって，今日の「学級」が完成したのである（柳 2005）。

ルーマンも次のように述べている。

　　学校には，いまや学年制が導入される。一学級の生徒たちの間に見られた大きな年齢の違いが教育上の理由で批判され，学校に通う人数の急速な増大が一つの学年だけで一学級を編成することを可能にした。ただし，その結果，一人ひとり異なる出来の善し悪しが事後的な調整を必要とするようになるという事態に，対処しなければならない（ルーマン 2004: 211）。

学年制にもとづく学級は，近代の学校が大勢の子どもたちを扱わねばならず，それを合理的，効率的に行なうための手段として成立した。その意味で社会の合理的進化の産物だといえる。しかしながら「等級制」から「学年制」への変化は，子どもの能力差に対処するための「事後的な調整」，たとえば留年などの措置が必要となる。ところが，欧米では自明の「留年」は，年齢主義の原則を優先する日本の義務制学校ではほとんど見られない。また学級が「学習」と「生活」の二重の機能をもつことも日本に固有の特徴だとされている。それで

は，日本における「学級制」はどのような経緯で成立したのだろうか。

日本の近代教育は，1872年の「学制」とともに始まる。このときの尋常小学校は，上等小学校と下等小学校に分けられ，それぞれ八級から一級まで分けられた等級制で組織され，試験による個人の成績によって等級が上がっていくシステムであった。学級も同年齢で分けるのではなく，個人の能力しだいで進級できた。つまりモニトリアル・システムのクラス制とほとんど変わらないものであった。

教育勅語発布の翌年の1891年に出された「学級編成等ニ関スル規則」で，「学級」は等級制ではなく，同じ年齢の子どもと担任からなる学級制とすることが示された。学級は，同一能力の子どもたちの集団から，同年齢の集団へと変えられ，一斉進級制度，すなわち学年制が生まれたのである。さらに大正時代に入ると，生活綴り方教師を中心に，学級のなかに「学級文庫」「学級新聞」「学級通信」「学級誕生会」などの活動を導入し，学級文化の向上をめざす学級文化活動が展開された。こうして，学級が学習活動以外の多くの活動を展開するという日本独特の性格が形づくられたのである。

そもそも西欧において効率化を目的に機能限定的な集団としてつくられた「学級」が，日本においてなぜ固有の展開を示すことになったのか。その理由にかかわって，柳は，「『学級』が，あらゆる生活機能を内包した村落共同体の論理によって解釈された」（柳 2005: 149）と指摘している。村落共同体が，生産機能，生活機能，政治機能，祭祀機能をすべて包含する重層的存在であるのとまったく同様に，「学級」も多様な活動が重層的に累積した集団となったのである。移動が頻繁に行なわれる西洋の学校と異なって，教室が定住の場になっている日本の学校では，教室は教育と学習の空間であるばかりではなく，生活の空間にもなる。そこでは，学習活動の促進のための一つの手段にすぎなかった「学級」の存在そのものが自己目的化していくことは避けられない，というのである。

## 3 「学級」問題解決の処方箋

「学級」とは大量の子どもの学習活動を効率的に促進するために形成された

機能集団であり，ルーマンも，教育システムの内部的分化は，子どもの年齢，成績，教科の違いなどさまざまな観点からなされうるが，その分化に役立つ単位として学級がある，と述べている。また「個々の教室が閉じられた空間であることは，子どもたちの注意を授業に集中させる。また，学年制は，生徒たち相互の，学年制をとらなければ出自や年齢のせいにされるような差異を，成績の差異として観察することを可能にする」と言い，学級を，授業という相互行為システムの円滑な作動を保証するための組織としてとらえる。（ルーマン 2004: 218）だが，日本の学校教育において，学級はたんに授業を機能的に進めるための組織ではない。よって，問題の根は，そもそも機能集団として子どもの生活の一部に過ぎない学級が，生活共同体化することで子どもの生活のすべてとなっていることにある，ということになる。

　問題の本質をそのようにとらえるならば，そこからどのような処方箋を導きだすことができるだろうか。柳は，第一に，児童・生徒をどれだけの期間「学級」という事前制御された空間世界に隔離すべきか，について議論すべきだと主張する。情報化が進展するなかで，どれだけのことを学級制にゆだね，また学校外のさまざまな場や手段に依存するのか，つまり公教育における学校の役割の縮減を訴えるのである。そして第二の処方箋としてあげるのが，学級制の弾力的運用である。能力別学級編成にとどまらず，たとえば必要に応じて合級や学年を超えた集団をつくる，教室を教科の教室に変える，など多様な試みが考えられる。

　心理学の立場から学級経営を研究する河村茂雄も，日本型学級集団制度の限界を指摘し，学級制の見直しを主張する（河村 2010）。河村は英米と比較した日本の学級経営の特徴を①固定されたメンバーで生活面やさまざまな活動を学級で取り組む日本型学級制度，②学習指導とガイダンス機能（＝生活指導や教育相談）を教師が統合して実施していくという指導体制，の二点に整理し，対処療法ではなく，それらの特徴に踏み込んだ改革の必要を訴える。

　その場合，まず上記の①と②の問題は，以下のように，それぞれ2つのパターンに分類できる。

　① A　共同体の特性をもった学級集団を形成する。
　　　B　学習の目的により適した機能体の学習集団を形成する。

② A 教師が学習指導とガイダンスの対応の両方を担う。
　B 学習指導のみを教師が担当し、ガイダンスは専門家チームがプログラムを展開する。

　ここから I：A-A，II：A-B，III：B-A，IV：B-B の4つのタイプが仮定でき、その場合、I は日本型、IV は英米型の学級の特徴をあらわしている。改革の方向として、I 型から IV 型への移行、あるいは折衷的な II 型、III 型への移行が考えられるが、河村自身はどれが最も望ましいかについては明言していない。それでも日本型学級集団の行き詰まりを指摘する以上、英米型への接近が処方箋として意識されていることは間違いないだろう。

　しかしながら、欧米的な学級観を志向する、柳、河村の改革提案に対しては、いくつかの疑問が浮かぶ。個人主義的で、学級を純粋に機能システムととらえる欧米の学校教育は、果たして見習うべきモデルとして普遍的な有効性を持ちえているのだろうか。学校でのいじめや暴力は、いまや先進国共通の教育課題だと言われている。学級制を見直し、学級担任の役割を他の専門家に委ねることで、いじめや「学級崩壊」といった教育問題を果たして防ぐことができるのだろうか。むしろ日本の教師たちは、学級集団づくりを通じて、子どもたちが抱える多様な問題の解決を行なってきたのではないか。学級集団を通じた子どもたちの学び合い、支え合いが、学力の保障や人格的成長を可能にしてきたのではないか。

　近年、教育学者の佐藤学が唱える「学びの共同体」論あるいはフィンランドにおける社会的構成主義の学習論のように、集団における学びの意義が改めて強調されている。むしろ求められているのは「集団」という概念のとらえ直しであり、個と集団（あるいは共同体）との関係認識に関するパラダイム転換ではないだろうか。

　そこで注目されるのが、ルーマンのシステム論である。なぜなら、まさに社会システム（集団）と人間（個人）の関係におけるパラダイムの転換を企図するのが、ルーマンのシステム論だからである。

　ルーマンは、従来のシステム理論には全体秩序の維持や制御の発想が潜んでいるとし、それを「全体／部分図式」と呼んだ。この旧来の図式において「人間は、社会的秩序の構成要素、つまり社会それ自体の要素とみなされ」てきた。

そのとき「人間は社会的秩序に依存するもの（このことに誰も異論を唱えられない）とみなされたにとどまらず，社会の中で形作られた生活様式に縛られているものと捉えられる」のである。(Luhmann 1968: 171)

ルーマンは，この「全体／部分図式」に代わりうる新たなパラダイムとして「システム／環境の差異」を導入する。人間は，社会システムの一部ではなく，その環境である。なぜなら人間（心理システム）も社会（社会システム）もそれぞれ自己準拠的に閉じたオートポイエーシス・システムだからである。どちらもそれ固有の要素を，それ固有の操作をともなった再帰的ネットワークにおいてのみ生み出し，再生産できる。その要素は社会システムにおいてはコミュニケーションであり，心理システムにおいては思考である。心理システムは，社会システムの一部ではなくて，社会とは異なる固有の要素の再生産を通じて形成・維持される。そのようにとらえるなら，心理システムとしての人間が直接，社会システムに支配され操作されるというようなことは考えられない。

これを，学級集団と個々の子どもの心理システムとの関係に置き換えてみることも可能である。その場合，学級という一つの社会システムの内実と特徴を，どのように描写することができるだろうか。そこで，ルーマンの教育システム論の議論を手掛かりにしながら，学級とは何か，それを学習集団と生活集団の2つの側面から検討してみたい。

## 4 授業システムとしての学級

学習集団としての学級に対しては，個々の子どもたちの学力差に対応できない，という指摘が繰り返しなされてきた。それは，われわれが，学習というものはほんらい個別的なものだという考えにとらわれ，教育の原型を教える者と教えられる者との一対一関係に求めてきたからである。それに対してルーマンは，教育行為を教育者と子どもとの一対一の関係としてとらえることはできない，と主張する。なぜなら「教育が学校の仕事とされる限り，それは授業Unterrichtという相互行為で行なわれる」（ルーマン 2004: 42）からである。さらにこの授業に関して，ルーマンは，「教師が生徒に教育する」のではなくて，「授業という相互行為システムが教育する」という。

教師も生徒もともに心理システムであり，自己準拠的に閉じたオートポイエーシス・システムである。それゆえ，教師の立場からすれば，生徒は，教師が正しくインプットすれば望んだ結果を出してくれるような〈平凡なマシーン〉ではない。教師にとって，生徒たちの意識（心理システム）は，予見不可能なブラックボックスだといえる。そのため教師という心理システムが，生徒という心理システムを教育するなどということはほとんど実現しそうにもないことである。にもかかわらず教育が成立するのはいかにしてか。その問いに対するルーマンの回答が「授業という相互行為システムが教育する」というテーゼなのである。それは，生徒や教師，複数の心理システムが，さまざまな強さや範囲，複雑さで，授業という相互行為システムに「相互浸透」（互いにシステム／環境関係にある二つのシステムがそれぞれのそのシステムのすでに構成された複合性を他方のシステムに提供しその複合性を豊かにすることが交互に行なわれることによって，そうした二つのシステムが交互に他方のシステムの成り立つ前提条件となっている状態）しており，この相互浸透のゆえに生徒は何事かを相互行為システムから学ぶことができるということである。そのとき多様な観点をもった子どもたちの参加が，授業を意味あるものにする。子どもたちの多様な理解が授業を豊かにし，それを通じて個々の子どもの自己準拠もより豊かに展開されるのである。

　「相互行為システムとしての授業」をこのように理解するならば，子どもたちの差異というものは，教育システムにとってけっしてネガティブなものではない。教育というものを，教師が知識の体系を子どもに一方的に伝達し，習得させる行為としてとらえれば，たしかにその伝達される知識レベルによって習得における子どもたちの差異は顕在化せざるをえない。しかしながら子どもは教師（心理システム）から学ぶのではなく，相互行為システムから学ぶのである。そしてその相互行為システムは，子どもたちと教師のコミュニケーションの継起を通じて維持される。いわば絶えざる教育的コミュニケーションを通じて「共同の知」が生み出されるのである。

　このような学習の在り方は，フィンランドの学校教育で採用されている「社会構成主義」と呼ばれる学習理論とも重なる。社会構成主義とは，1990 年代以降，構成主義に対する批判として起こってきた教育理論である。構成主義と

は，学習とは知識の受容ではなく，知識を探求し構成する主体的な活動であるとする考え方である。そのとき知識とは，与えられるものではなく，学ぶ者がみずから事実を分析・探求して，自分なりに作り上げていくものである。ところが，その「構成」という活動は，一人で行なうものではない。孤立した個人の活動ではなく，社会的な脈絡，すなわち人間関係や社会との関係で構成という活動が起きる。したがって，学習の質は「共同」という活動が大きく左右することになる。つまり，教え合い，学び合う中で，より充実した知識を作り上げていくということである。一人ではなく，学級の仲間とともに学ぶことで，よりよくわかり，不十分な知識をより充実したものに高めていくことができるのである（福田 2006）。

以上のように，学級における授業はけっして個人の差異を排除するものではない。むしろ授業は，学級における相互行為を通じて行なわれるからこそ，それぞれの差異が教育的意味をもちえるのである。

## 5 相互行為システムとしての学級

学級の生活集団としての性格に関しては，先にみてきたように，子どもたちの個性に対し統制的・抑圧的に働くという批判がある。この論点に関しても，システム論が有効な示唆を与えてくれる。さきほども紹介したように，システム論によれば，教育システムと個々の子ども（心理システム）とは，互いにシステム／環境関係を形成しているのであって，そこに支配・服従関係は存在しない。それは互いに不透明な自己準拠システムである教師と子どもの関係においても同様である。ただ，そのような説明だけでは，学級とはまったくコントロール不能な存在だということになってしまう。それでも学級に秩序が生じるのはいかにしてか，という問いに答えねばならない。

まずルーマンの「教育」に関する定義をあらためて確認しておこう。ルーマンは，教育という概念は，特定の教育目標を掲げることによっても，特定の教育テーマをとりあげることによっても，定義することはできないという。そこで，「相互行為において〈教育する意図〉を以て行なわれるコミュニケーションは，すべて教育とみなされる」（ルーマン 2004: 62-63）という定義がなされ

る。であるならば、「授業」場面にかかわらず、学級におけるどのような相互行為も、そこに〈教育する意図〉がこめられていれば、それは教育的コミュニケーションすなわち教育システムとして理解することができる。それゆえ、相互行為システムの範疇は必ずしも教科の授業に限定される必要はない。生活指導はもとより、学級で行なわれる様々な教育的活動、それらを含む「学級経営」もまた教育システムとして理解可能である。つまり、たとえルーマンが前提とするドイツの一般的な学級観とは異なろうとも、ルーマンの理論は、学習と生活の両面を学級における教育システムの範疇に含めることを排除しているわけではないのである。

　学級集団を学級における相互行為システムとしてとらえるとき、学級経営はどのような営みとして理解されるだろうか。学級で学ぶ生徒たち（心理システム）は、独自の自己準拠的システムであるがゆえに、生徒の意識（心理システム）の作動は、教師にとっても他の生徒にとっても不透明であり、さらに学級における相互行為にも固有のダイナミズムが存在する。そのため、教師にもあるいは子どもにもそれを合理的にコントロールすることは不可能である。それは、規則の適用としても、目的達成のための手段という因果的関係としても、予定された軌道としても、理解することができない。にもかかわらず、教師と生徒のいろいろな振舞いが間断なく誘発し合って繋がっていく、そのような振る舞いやコミュニケーションの連鎖として学級における秩序が形成されるのである（ルーマン　2004: 197）。

　また学級におけるコミュニケーションは、「同室者間の相互行為」であるがゆえに、言語的コミュニケーションだけに限られない。ルーマンによれば、同室者間の相互行為の特徴は、今まで単に心的システムの単純な作動であった知覚が自照的になったということに見られる。相互行為システムの参加者である教師も生徒も、自分が知覚されているということを知覚する。そして、「知覚されることの知覚」つまり他の生徒や教師から見られているという自覚から、ある種の規律が生じる。だが、それは教授目的にとっては必ずしも十分なものではない。むしろ「知覚されることの知覚」は、かえって悪さをしたり、その他の仕方で教師を挑発したりするきっかけを与えることもある（ルーマン　2004: 137）。

しかし他方で「知覚されることの知覚」は、さまざまな参加者の観察と振舞いの基本的な同時性を保証し、そこから、ある程度まで振舞いの（一致ではなく）同調が生じうる。そのようにして生じた同時性が、予想される未来に移され、その未来が、それぞれ固有の同時性を伴う新たな現在の継起とみなされる。すなわち、学級における、この「知覚されることの知覚」のおかげで、学級における「秩序」が維持されるというのである。

ルーマンのシステム論にしたがえば、教師が、学級経営における指導目標や指導計画をどんなに周到に準備したところで、それが達成されるかどうかは不透明である。しかしながら、それが学級における相互行為の無秩序を意味するわけではない。学級の相互行為システムはそれ独自の作動を通じて一定の秩序を形成するのであって、ただそれは教師の心理システムにとって見通し難いというだけなのだ。

## 6　学級集団のシステム論——学級崩壊をめぐって

最後に、補足的ではあるが、近年教育問題として大きくクローズアップされている「学級崩壊」問題について検討してみたい。その手掛かりとして、システム論の立場から「学級崩壊」を考察する今井重孝と蘭千壽（あららぎちとし）の議論を取り上げる。

今井重孝によれば（今井 2000）、「学級崩壊」をめぐる言説には二つの類型が存在するという。一つは、「学級崩壊」を、管理主義を批判する自由思想や人権思想のせいであるとし、その対策を管理強化に求める立場であり、それは「プロ教師の会」の河上亮一の主張に代表される。もう一つは、問題なのは生徒ではなく、従来の学級の在り方であり、消費社会の中で新しい個人が析出する現代にあって、古くなった学級こそ解体されなければならないという立場である。こちらには教育評論家の芹沢俊介、社会学者の宮台真司が挙げられているが、先の柳治男も、この立場につらなるものであろう。

今井は、前者の立場に批判的であるものの、かといって後者の立場にも与しない。「欲望充足を肥大化させられた個人」に新しい公共の確立は期待できず、社会性は集団内における社会的次元の経験によってしか育たない。それゆえ、

やはり学級のオートポイエーシスの回復が追求されなければならないのである。

　今井のいうように，今日求められるのは，学級の解体ではなく，回復あるいは再創造ではないだろうか。現代社会において，コミュニティあるいは人間の〈つながり〉の再生あるいは創造はきわめて重要な課題となっており，新たな公共の創造に向けた市民的教育に取り組む上で，学級の教育的役割はけっして軽視できない。また「学力世界一」のフィンランドでは，社会構成主義の立場から，学級における子どもたちの学び合い，支え合いの教育的意義を強調している。

　今井と同様に，システム理論の知見を活用しながら，学級の回復を目指し，学級経営論の再構築を試みるのが，蘭千壽である（蘭・高橋 2008）。

　蘭は，従来の「管理型集団指導論」に代わる，新たな学級経営の方法論としてシステム理論にもとづく「自立型・自己組織化型の集団指導」論を提起する。これまでは，日本の教師たちの多くは，生徒への管理強化によって，「荒れ」などの問題の鎮静化を図ってきた。そこでは集団の目標の達成のための管理の徹底が求められた。それが「管理型集団指導論」であるが，現代では，社会の複雑化，個人の価値観の多様化が進むなかで，集団の凝集性が弱まり，集団としての目標達成が困難になっている。

　そこで，蘭は，システム論の知見に学びながら，新たな集団指導論あるいは学級経営論を提案する。それが蘭のいう「自立型・自己組織化型集団指導論」である。「自己組織化」とは，ミクロの行動や言動がマクロな振る舞いに影響を与え，個人が自らを創出していき，それによって集団が新たなエネルギーやメカニズムを生成していく，というものである。それは「個の創出から集団は生まれる」という発想である。ここでは，個と集団は決して矛盾，対立するものとしては理解されない。集団とは，個性の発揮あるいは創出においてこそ豊かに展開されるものなのである。

　また学級における秩序のとらえ方においても，システム論の発想を取り入れる。これまでの集団指導は，管理による「静的秩序維持」が目指されてきたが，教室における日々の動きの中で学級の安定や生徒，教師の安心を獲得するにはどうしたらよいか，という「動的秩序形成」に注目しようというのである。

　だが，それは日本の教師たちにまったく新しい実践方法を提起しようとする

ものではない。むしろ，ベテラン教師やすぐれた実践家においては自明なものであり，それを従来の組織論が十分に理論的にとらえることができなかったにすぎない。蘭によれば，平衡状態にある学級の担任になったとき，ベテラン教師や力のある教師は学級に「何か」が起こるのを待っている，という。平衡状態の学級では，その居心地の悪さがトラブルの原因となることが多い。生徒同士のトラブルが起きたとき，それまでの学級集団の構造にゆらぎが生じる。熟達した教師が待っているのは，このゆらぎが起こる瞬間である。ゆらぎのもつエネルギーは，既存の価値を解体し，新たな秩序の構築へと向かわせるエネルギーである。そのゆらぎの瞬間をとらえ，学級を再構築しようというのだ。

　そのときの教師の役割は，学級集団としての営みや作動の機構が円滑にいくための環境を整備することにある。指導的な要求が強すぎたりすると作動は中止されてしまうことがある。教師には作動を継続するにはどうすればよいのかに腐心することが求められる。いったん作動し始めると，そこには作動を通じてシステムが形成され構造化されていく。作動の連続によって自己組織化していく学級システムの構成は固有の領域を形成する。学級集団づくりにおいてイベントや学校行事が活用されるのは，この作動の継続性が得やすい環境に生徒や学級，学校が置かれるからである。

　このような自己組織化の進行は，個々の子どもの心理システムにも影響を及ぼす。これまでの心理システムの環境と作動によって生じた新たな環境変化とが，それまでの自己の規範や価値体系との葛藤を生じさせることがある。心理システムは，こうした葛藤状況にありながらも，その場の力や構成を読み解きながら新たな自己を創出していくことができるのである。

　また蘭は，生徒に学級集団への適応を求める場合，「最適適合」よりも，「部分適合」を重視すべきだとする。現代のように，価値や状況が複雑さを増すなかでは，全体的な最適適合を求めるようなシステムの運営は困難である。部分解や局所解を手掛かりとした自己組織化のシステムが求められる。全体を管理するような中枢システムではなく，各個人やサブシステムがその代わりに自己創出を始める。そうした個々の自己創出が相互作用を始め，カップリング（結合）とデカップリング（分離）を繰り返しながら，混沌としたランダムな配置のなかにしだいにある種のパターンを形成していき，部分的な適合が次の過程

へとシステムを駆動させていく。教師は，このような集団のメカニズムをイメージして，学級集団づくりに取り組むべきだと蘭はいう。その際に求められる教師の主導性とは，システムの発動を呼ぶきっかけづくり，生徒の自己創出を生む環境・場の設定，作動への理解と支援などである。

　ただし，蘭の場合，ルーマンと違って，学級集団というものをそのまま学級システムとしてとらえており，そのため個々の生徒は学級システムの構成要素とみなされている。だが，前述のように，ルーマンのシステム論では，学級システム（正確にいえば学級における相互行為システム）の要素はコミュニケーションであり，（思考を要素とする）生徒の心理システムにとってそれは環境にすぎない。互いにシステム／環境の差異を構成しながら，オートポイエーシス・システムが維持されるがゆえに，システムの不透明性（不確定）が生じるわけだが，蘭のとらえ方では，どうしてもその不透明性に対する認識が弱くなる。そのため，蘭は，教師の集団管理には否定的な見方を示しつつも，教師による集団の操作をポジティブにとらえている。

　ルーマンの場合も，けっして操作や管理を否定的にとらえているわけではない。しかし教師にとって，子どもは操作可能な「平凡なマシーン」ではなく，授業という相互行為システムが，不確かさを生み出すシステムである以上，教師に許されるのは実践の見通しへのたんなる予期（期待）でしかない。

　ルーマンはいう。「どんなに注意深く準備しても，教授とは機会主義的な過程なのである。にもかかわらず，いやだからこそ，いろいろな機会をとらえて対応していけばいくほど〈良い教授〉になるのである」（ルーマン 2004: 139）。

　「にもかかわらず，いやだからこそ」。このパラドキシカルな接続詞の使用法にこそ，ルーマン理論の持ち味がある。学級経営における教師の力量の本質というものを仮定できるとすれば，それは計画性や合理性というよりも，むしろ即興性であろう。学級でのつねに予測不能な事態に対処していくこと。それは引き受けざるをえない困難さであると同時に教師という仕事の醍醐味でもある。

**引用・参考文献**
　蘭千壽・高橋知己『自己組織化する学級』誠信書房，2008.

今井重孝「オートポイエティック・システムとして学級を観察する」『近代教育フォーラム』No.9, 2000.
大西忠治『生活指導入門』青木書店，1990.
河村茂雄『日本の学級集団と学級経営』図書文化社，2010.
木村浩則「教育における新たな秩序原理の構成——ルーマンのシステム理論をてがかりに」『熊本大学教育学部紀要』第49号（人文科学），2000.
佐藤学『学力を問い直す―学びのカリキュラムへ』岩波書店，2001.
細谷俊夫ほか編『新教育学大事典 第1巻』第一法規出版，1990.
福田誠治『競争やめたら学力世界一 ——フィンランド教育の成功』朝日新聞社，2006.
ルーマン，N.（村上淳一訳）『社会の教育システム』東京大学出版会，2004.
柳治男『〈学級〉の歴史学』講談社，2005.
Luhmann, N.（1968）*Zweckbegriff und Systemrationalität*, Suhrkamp.

# 10章　教員組織

井本　佳宏

## 1　教育不信の焦点としての教員組織

### (1) 教師への不信と教師への期待

「昔の教師はもっと威厳があった。」

こうしたことばを耳にしたとき，どんな人物がどんな場面で語っている姿が想像されるであろうか。今日の教師の体たらくに憤慨している世人の姿であろうか，それとも教師を軽んじる世の風潮に愚痴をこぼしている教師の姿であろうか。誰から誰への嘆きであるかは想像する人しだいである。しかし少なくともこうしたセリフを口にしている誰かの姿を想像することは，それほど難しいことではないであろう。

テレビニュースや新聞に少し注意して目を通せば，学力低下や学級崩壊，果ては教師による飲酒運転やセクハラなどといった報道にいくらでも行き当たる。こうした報道に触れるにつけ，実際には個々の教師の力量や資質はさまざまであるにもかかわらず，全体として教師不信の風潮が生まれるのは無理からぬことのように思われる。冒頭のセリフがいかにもありがちなものに感じられる所以である。

しかし，そもそも教師不信とは何を意味しているのであろうか。冒頭に示したようなセリフは，今日の教師に対する不信をあらわしたものである。しかし，このセリフを裏返せばどうであろう。そこには教師にもっとしっかりしてもらいたいという期待が存在していることが浮かび上がってくる。また，教育批判の矛先がことさら教師に向かいがちなのは，教師の働きしだいで教育は良くな

るはずであるという期待のあらわれではないだろうか。一般に，理想と現実のギャップが失望を招くとすれば，今日における教師不信の拡がりは，むしろ世人から寄せられる教師への期待の高さの裏返しでもあるといえるのではないだろうか。

### (2) 教育の理念と実践

　先に，理想と現実のギャップが失望を招くと述べた。教師不信についていえば，理想としての教師の営みと，現実の教師の営みの齟齬が問題なわけである。ルーマンの表現によれば，この理想と現実はそれぞれ，コミュニケーションの理念レヴェル（die Ebene der Ideen）と実践レヴェル（die Ebene der Praxis）に当たる（ルーマン 2004: 200）。教師に関していえば，理念レヴェルにおいて，あるべき教師について語られるのに対し，実践レヴェルでは生徒のより良き変容を促すべく教師と生徒の間でコミュニケーションが行なわれる。教師不信という場合，教師の営みについての理念レヴェルでのコミュニケーションと，教師による営みとしての実践レヴェルでのコミュニケーションという2つのレヴェルのコミュニケーションの関係が問題となっているのである。

　理念レヴェルのコミュニケーションで語られるのが教育の理想についてであるとしても，それはあるべき教育について夢や希望を単に夢想的に語り合うだけに止まるものではない。ここで語られることは，教育の組織におけるさまざまな決定に実際に影響を及ぼすことになる。教育理念についての語りは，諸決定に影響を及ぼすことで組織を通じて，教育実践を現実に制御するのである（ルーマン 2004: 200-201）。

　これに対し，実践レヴェルでのコミュニケーションは，生徒という必ずしも教師の思惑どおりに反応するとは限らない他者を相手に，失敗の可能性を抱えながら行なわれる。失敗の可能性にさらされながら，なおも果敢に教師が実践を行なえるためには，教育理念からの実践への敬意や，悪意ある批判からの保護が要求される。ルーマンによれば，こうした要求は，実践の担い手である教師のプロフェッション化によって満たされるという（ルーマン 2004: 200-204）。

　教育についての理念レヴェルのコミュニケーションは組織を通じて教育実践を制御し，教育実践レヴェルのコミュニケーションは教師のプロフェッション

化によって教育理念からの敬意と保護を調達する。この関係が上手く保たれること，つまり一方で組織を通して教師の実践が人々の教育に対する理想にかなうようにコントロールされ，他方で教師が失敗を恐れず思い切って実践に取り組めるような組織的環境が整えられることが，教師への信頼ひいては教育への信頼の回復にとっては重要であるといえよう。そこで以下では，教師による教育実践と組織を通じたその制御とが焦点を結ぶ位置にある，教員組織に注目してこの関係について考えていきたい。

## 2　プロフェッションと組織

### (1) 教師のプロフェッション化

まず，教育実践のレヴェルの問題から考えていこう。

教育実践が教師のプロフェッション化を要求するのは，それがつねに失敗に終わるリスクを背負った営みであることによっている。このことを，以下，ルーマンにならって典型的なプロフェッションである医師や弁護士を例にとって考えてみよう（以下，ルーマン 2004: 203-210）。

医師や弁護士は，高度な専門知識・技術を駆使して患者の健康回復や被告人の無実の証明を目指すことを職務としている。しかし，その営みは必ずしも成功するとは限らない。治療が裏目に出て患者が死んでしまうこともあれば，法廷での戦略が狙いどおりにいかず被告人に有罪判決が下されることもある。そもそもプロフェッションに高度な専門知識や技術が求められるのは，一筋縄ではいかない場面において活躍することを期待されているからである。だからこそ，高度な専門知識・技術をもってしても失敗に終わるリスクは避けることができない。プロフェッションがプロフェッションとしての責務を果たすためには多かれ少なかれリスクを冒さなければならず，リスクを避けたければ匙を投げるほかないのである。

失敗のリスクを背負って仕事せざるをえない以上，プロフェッションはその仕事の領域を囲い込む必要がある。そして仕事が不首尾に終わったときには，プロフェッション集団の内部においてその同僚を守るのである。プロフェッションが活躍する場面というのは，こうすればこうなるというような単純な法則

によって対応できる場面ではない。文字どおり因果関係が一筋ではないために，仮に好ましからざる結果が生じたとしても，その原因について特定することは難しい。そのため，複雑な状況に一定の説明づけをなすにはプロフェッションが持つ高度な知識が必要となる。つまり失敗に対する検証作業はプロフェッション集団内部で行なわれることになる。そこでは，失敗の原因は当該プロフェッション集団の外に求め，成功のみを自分たちの手柄とすることができる。

　こうしてみると，伝統的にプロフェッションとしての要件とされてきた，高度な専門知識・技術，業務独占あるいは自律性といった項目は，プロフェッションが失敗のリスクを冒しながら仕事に取り組む上で求められる条件であることが分かる。

　生徒という他者を相手とする教師も，失敗のリスクを背負って仕事をするという点で，医師や弁護士といった典型的なプロフェッションと同様である。教師は生徒を意のままに成長させるための確実な技術を持ち合わせているわけではない。また，万が一にでも教師が思いどおりに生徒を教育することできたとしても，その時その教師は生徒を主体性ある一人前の人間へと成長させることに失敗していると言わざるを得ない。教育にとって成功と失敗は表裏一体であり，教育を放棄しない限り，教師は失敗の可能性から逃れることができないのである。教師が失敗のリスクを背負いながら，それでも生徒とのコミュニケーションを行なっていく上で，教師の営みに対する敬意や保護がその力となる。教育実践が教師のプロフェッション化を要求するとは，こういった意味においてである。

### (2) 組織を通じた教育実践の制御

　つづいて，教育理念レヴェルのコミュニケーションについて考えていこう。

　学校における教育実践は教師によって担われている。では，人々が教育に対して描く理想は，どのように教師に託されるのであろうか。言い換えるならば，教育理念レヴェルのコミュニケーションは，どのようにして教師による教育実践レヴェルのコミュニケーションを制御するのであろうか。それはすでに述べたように，組織での諸決定に影響を与えることを通してであった。ここで，理念レヴェルのコミュニケーションが組織を通じて実践レヴェルのコミュニケー

ションを制御するとはどういうことか見ておこう。

　そもそも，教育とはどうあるべきか，といったような理念レヴェルのコミュニケーションは，子どもたちに対する教育実践そのものではない。たとえば，「子どもの自発性が大事だ」，と理念的に教育について語ることは，子どもの自発性を育てる実践活動そのものではない。いくら理念を語っても，子どもへの働きかけがなければ，それだけでは子どもの自発性を育てることにはならない。

　しかし，理念レヴェルのコミュニケーションが無意味なものかというと，そうでもない。こうしたコミュニケーションは，カリキュラムをはじめとする組織的な諸決定に影響を与えることができる。たとえば，子どもの自発性が大事だという理念レヴェルのコミュニケーションから，児童中心主義カリキュラムの採用が決定されるかもしれない。そうすると教師は，新たに採用されたカリキュラムに基づいて教育実践を行なうことになる。教師という地位は組織における地位であるから，教師には組織的な決定に従うことが期待されている。また，教師と生徒の実践レヴェルのコミュニケーションが，単なる雑談ではなく授業という教育実践とされるのは，そのコミュニケーションが組織的に決定されたカリキュラムの枠組みの中に位置づけられるからである（ルーマン 2004: 217）。教師による教育実践は，組織と無関係には行なわれえない。理念レヴェルのコミュニケーションが組織を通じて教育実践を制御するというのは，こういった意味においてである。

### (3) プロフェッションと組織の関係

　ここまで見てきたように，教育実践が教師＝プロフェッションとしての組織環境を求め，教育理念は組織を通して教育実践を制御しようとするとして，では，両者の関係はどのように調整されうるのであろうか。

　伝統的には，学校の教員組織は単層構造である，といわれてきた。いわゆるナベブタ型の比喩である。ナベブタ型とは，「校長・教頭のみを管理職として基本的には権限・責任・職位の階層性をもたないフラットな構造をもっていることを表すメタファー」である（浜田 2007: 236）。学校における教育実践のコミュニケーションは，典型的には学級において授業として行なわれるが，それぞれの学級における授業は互いに対等である。ここには上下の差異はなく，し

たがって，授業を担うプロフェッションとしての教師どうしにも上下の差異はない。教員組織のフラットな構造は，こうしたプロフェッションとしての教師の在り方と整合するものである。

　また，学校で個々の教師が職務遂行において自律性を保持している点に着目し，学校を緩やかに結合された組織ととらえる見方も普及している。いわゆるルース・カップリング論である（佐古 1986）。個々の教師による教育実践は，カリキュラムや時間割をはじめとする組織的な環境の下で行なわれるものである。しかし，授業という教師と生徒の相互作用は，いったんはじまるとその流れに教師も生徒も従うほかないものである（以下，ルーマン 2004）。学級の中ではコミュニケーションが次々と連なって授業が進んでいくが，後続するコミュニケーションは先行するコミュニケーションがどのようなものであったとしてもそれを無かったことにすることはできず，常に先行のコミュニケーションを前提とせざるをえない。相互作用におけるコミュニケーションは，先行するコミュニケーションにのるか／そるかしかないのである。今ここで現に進行している授業という相互作用に，組織が直接介入することはできない。カリキュラムや学校の方針といった組織的決定を事前に整えておくことはできても，授業中のコミュニケーションがそれに合致しているのか，あるいは外れていて授業の進行方向に修正を要するのかといった判断は，その時その場で教育実践を行なっている教師にしかできない。その教師の判断が誤りであったと組織的に決定することもできるが，それはあくまで事後的になされるのであり，授業中の教師の教育実践をその場でリアルタイムに監督，指示することはほぼ不可能である。このように，個々の学級における授業にはその即興的性質に基づいた自律性があり，そうした授業という教育実践を担う教師どうしも，その職務遂行においては緩やかにしか組織化されえないのである。

　以上のようなフラットかつルースなカップリングという特徴を合わせて，教員組織はウェブ（クモの巣）型とも喩えられる（浜田 2007: 237）。しかし，ナベブタと喩えようと，ルース・カップリングと名づけようと，あるいはウェブと呼ぼうと，いずれにしても，これらの教員組織のモデルは，典型的なピラミッド型の官僚制組織とは異なる組織モデルとして提示されている。そして，フラットであったり，ルースであったり，あるいはその両方といった組織構造は，

授業という相互作用コミュニケーションを本質とする教育実践との関わりから説明されるものであり，教育実践を制御しようとする組織と，教育実践を行なう上での環境を確保しようとするプロフェッションとの，ひとつの落とし所になっているともいうことができる。

## 3 組織構造の階層化によるプロフェッション性の代替

### (1) ピラミッド型組織の指向

　従来，学校の教員組織は，フラットであったり，ルースであったりといった特徴から，ナベブタやウェブに喩えられてきた。こうした特徴は，それが教師というプロフェッションの組織であることから説明され，上意下達による組織的活動の効率的遂行を特徴とする典型的なピラミッド型の官僚制組織とは相容れないものと考えられてきた。ところが，近年の教育改革においては，教員組織に階層性を導入し，ピラミッド型の組織への再編を試みるかのような施策が見られる。

　具体的には，教育基本法改正を受けて行なわれた 2007 年の学校教育法改正により，学校に置くことのできる職として，副校長（副園長），主幹教諭，指導教諭が新たに設けられたことが挙げられる。これらの職は，幼稚園，小学校，中学校，高等学校，中等教育学校，特別支援学校に置くことができるとされており，それぞれの職務は，次のように定められている。

- 副校長：校長を助け，命を受けて校務をつかさどる。
- 主幹教諭：校長（副校長を置く小学校にあっては，校長及び副校長）及び教頭を助け，命を受けて校務の一部を整理し，並びに児童の教育をつかさどる。
- 指導教諭：児童の教育をつかさどり，並びに教諭その他の職員に対して，教育指導の改善及び充実のために必要な指導及び助言を行う。

　こうした新たな職の新設理由を，中央教育審議会初等中等教育分科会教育行財政部会の学校の組織運営に関する作業部会が 2004 年に出した「学校の組織運営の在り方について（審議のまとめ）」をもとに見てみよう。審議のまとめでは，「学校が真に自主的，自律的に運営されるためには，裁量権限の拡大と同

時に，これに見合った学校の運営体制を整えることが必要である」と述べられている。しかし現状の認識として，「とりわけ学校本来の目的である教育活動の実施は，教職員の個々具体の活動に収れんされる側面が強く」，そのことが「他の組織よりも組織的な運営を難しくしていると考えられる」と述べ，学校の説明責任との関係で，フラットな組織の在り方が「その場の対応に終始したり，責任の所在を不明確にするおそれもある」としている。そして，学校の責任者としての校長の役割を強調し，「組織的な学校運営においては，校長，教頭のもとでそれぞれのグループをまとめたり調整を行なう中間的な指導層の役割も大切である」として，主幹教諭や指導教諭，校長を助ける副校長などを設けて教員組織の階層化を図る必要性を説明している。

　説明の中では，「学校本来の目的である教育活動の実施は，教職員の個々具体の活動に収れんされる側面が強」いとして，教師という職が本来的にもつ個々の自律性が指摘されている。しかし，そうした教師という職のもつ特質が組織的な運営を困難にしているとして，改革されるべき課題と認識されているのである。先に述べた，理念レヴェルのコミュニケーションが組織を通じて教育実践を制御するものであり，実践レヴェルのコミュニケーションはプロフェッション化による組織からの敬意と保護を求めるという図式に照らせば，教員組織を階層化し，ピラミッド型の官僚制組織に近づけていくという組織レヴェルの改革の進展は，教師の非プロフェッション的な業務遂行が理念的に期待されるようになってきていることを意味している。

### (2) 教師不信とシステム信頼

　では，教育不信，教師不信という状況への対応として見た場合，こうした改革の進展は，どのようにとらえることができるであろうか。

　高度に複雑化した今日の社会において，ルーマンによれば，信頼は単なる個人どうしの人格的な信頼に止まらず，システム信頼へと変化している（ルーマン 1990: 37）。今日では通常，保護者も子どもも，教師の人となりが実際に信頼にたるかどうかを見極める前から，相手が教師であるということに基づいて，ある程度の信頼を寄せてその教育実践にわが子や自分自身を委ねている。一般的には担当の教師がどのような人物であるのかが分かるのは，その教師の教育

を受け始めた後のことである。この場合，教育を受け始める段階では，教師個人を信頼しているわけではなく，教育システムを信頼することで，教師をも信頼しているわけである。

　石戸教嗣によれば，システムへの信頼という点に関して「教育システムにおいては，一定の資質を保証する教員免許状，一定の学力を保証する卒業証明書によってその安定性が達成され」ているという（石戸 2007: 102）。逆にいえば，教員免許状が一定の資質を保証せず，卒業証明書が一定の学力を保証しなければ，教育システムはシステムとしての信頼が低下し，教育は個々の教師の人格的な信頼に頼るしかなくなる。しかしそれでは国家規模での公教育体制を維持していく上であまりにも心もとない。やはり教師個人への信頼に頼らなくても済むように，教育システムへの信頼を得ることが必要である。

　ところが，教員免許状に関していえば，大学の大衆化と教員免許状取得者の増加に伴い，その価値が低下しており，もはや一定の資質を保証するものとはみなされにくい状況となっている。つまり教師であるということだけでは，信頼を安定的に獲得することが難しくなっているのである。研修の充実や，教職大学院の設置，教員免許更新制などといった改革は，教員免許状を信頼にたるものにしようとする試みといえようが，逆にいえば，こうした付加的な措置なくしては教師の一定の資質が保証されないということを示しているともいえる。

　教員免許状を持った教師が教育実践を行なうというだけでは，教育システムは信頼を安定して獲得することが難しい。そうすると信頼を得る上で，教育システムを通じて付与される卒業証明書が重みを増すことになる。卒業証明書とは，どのような教育を受け，その結果どのような力が身についたのかを示すものである。つまり，教育システムが信頼を得ていくために，誰が教育をするのか，ではなく，どのような教育をするのかがいっそう問われることになるのである。

### (3) 教師へのプレッシャーの高まりとプロフェッション性の低下

　学校評価の導入や学校選択制の拡がりなども，どのような教育がなされるのかについての一定の保証が教育システムへの信頼の裏付けとして重要になってきていることに沿ったものと考えられる。ここでは，看板どおりの教育成果が

得られるであろうという期待の下で教育システムに信頼が寄せられるのであるから，こうした流れは，教師に対しては成功へのプレッシャーの高まりとして作用する。

　しかし，すでに見てきたように，プロフェッションがプロフェッションたる所以は，失敗のリスクを引き受けることにある。教師が担う教育実践という営みにも，常に失敗のリスクが付きまとっており，そのことから教師のプロフェッション化が求められるのであった。ところが成功へのプレッシャーが高まることで，教師には失敗が許されなくなってゆく。インフォーマルなレヴェルで根強く体罰容認論が語られ続けたり，ゼロトレランスな指導方針の採用が検討されたりする背景には，教育実践に取り組むからには避けることができないにもかかわらず，それでも失敗を避けなければならないという，非プロフェッション的な環境の下に教育実践が置かれている状況がある。こうした状況にあっては，暴力的威圧によってせめて外面的に教育の成功を取り繕うか，さもなければ失敗を教育の外へと排除せざるをえない。

　上手くできない生徒，言うことをきかない生徒など，教師の思いどおりに動いてくれない生徒がいる。こうした生徒の存在は，その時点においては教師による教育の失敗ということになるのかもしれない。しかし，そうした上手くいかない状態から，より良い状態へと変容を目指して生徒に働きかけていくのが教育である。初めからすべての生徒が教師の思いどおりになるならば，そもそも彼らに教育する必要などなかったということであろう。

　ルーマンによれば，期待は認知的期待と規範的期待に分けられる（ルーマン 1995: 593-617）。認知的期待とは，あてが外れた場合に，そこから学習して新たな期待に変更する用意があるような期待であり，規範的期待とは，あてが外れた場合でも，従来の期待を修正せずに維持し続けるような期待である。規範的期待は，期待に合致するものと反するものを区別し，反するものについてはあってはならないこととして排除することで期待を維持する。この区別は「合法／不法」という法システムのコードに通ずるものである。

　教師が，自らの期待どおりに反応しない生徒について，生徒としてふさわしくない存在として排除する場合，教師の期待は規範的である。そしてここでは，教育システムではなく法システムが作動していることになる。期待どおりに反

応しない生徒に対して、どうすれば上手くいくだろうかと指導の在り方について失敗からの学習がなされないならば、教師の営みは教育ではなくなってしまうのである。

### (4) 教員組織の階層化による信頼の獲得

　成功へのプレッシャーに対応するなかで、ゼロトレランスに代表されるような、教育を授ける側の規範的期待を押し通す指導が拡がっていく。それは、期待外れの結果を排除することで期待を維持し、信頼を回復しようという戦略である。この流れを踏まえて教員組織について考えると、個々の教師の自律性が高いフラットな組織が、現在では改革されなければならない対象とみなされている意味が見えてくる。学校が組織として学校単位でその教育の内容を保証しようとするならば、どのような教育をするのかを組織的に決定し、その決定内容が確実に実現されることを目指さなければならない。組織的決定は規範的期待として貫徹されなければならないのであり、そのことによって、学校としてどのような教育を行なうのか、という学校の教育方針への信頼が得られる。その際に、教員組織が、組織としての決定が効率的に徹底されるような組織構造をとっているか否かが、信頼にたるか否かの重要な目安となるのである。つまり、教師のプロフェッション性を低下させながらも、上意下達的に組織的決定を徹底しうる組織構造を構築することで教育システムへの信頼の裏付けが代替されるならば、それによって教師への信頼も、教育への信頼も回復されると見込まれているのである。

## 4　組織構造の階層化の副作用

### (1) 失敗の排除と再包摂

　しかし、教育という営みがまさに遂行されるメインの地平は、理念レヴェルではなく実践レヴェルにおいてであり、学校教育については、授業がその中心に位置するということを忘れてはならないだろう。授業という相互作用の進行においては、教師のその場その場での即興的な判断に委ねざるをえないことがあまりに多い。組織的に事前に決定しておけることは非常に限られており、教

育実践を組織が制御し尽くすことは不可能である。教師の自律性を殺ぐことは，授業という相互作用における教師の即興的な対処能力を減退させることになる。そのマイナスは，組織による事前決定を緻密化することによっては補いきれないものである。

　また，失敗の排除による規範的期待の維持という信頼回復の戦略は，もう一つ，大きな問題を生み出すことになる。不登校や中途退学などが問題化している現状を省みれば，教育の失敗を教育システムから排除して済む話ではないことが分かるであろう。今日では，教育システムから排除された子どもたちの再包摂が新たな課題となっている。さしあたり失敗の排除によって信頼を回復したとしても，別の不信の種がまかれることになる。結局のところ，教育システムは自身の失敗に向き合い，そこから学習し続けなければならないのである。

### （2）不合理な組織的決定の徹底

　結局，プロフェッションと組織は相補的関係にあるのであって，互いに代替的なのではない。ピラミッド型の組織構造を通じて組織的決定を上意下達的に徹底することでは，それによって低下してしまう教師のプロフェッション性を代替することはできないのである。一筋縄ではいかない業務に取り組むにあたって，組織とプロフェッションが相補的関係にあるという点にもう一度立ち返ってみると，教員組織を階層化することで教師のプロフェッションとしての自律性を損なうならば，そのことは組織にとっても不都合をもたらすことが分かる。

　ピラミッド型の官僚制組織は，組織としての統一的な意思決定を徹底するという点では機能的な組織である。しかし，それは「決定の合理性を前提とする」（ルーマン 2004: 213）ものである。

　ところが授業という実践レヴェルのコミュニケーションは，生徒という他者を相手とする相互作用であるから，どのように進行していくかを事前に見通すことは不可能である。見通せないなかで教師は過去の経験などを手掛かりに，授業を準備し，実施するのであるから，教育実践は出たとこ勝負の営みにならざるをえない。こうした合理性の欠如は，事前の予測をその場その場で修正し続ける柔軟性によって補完されることになる。階層的な組織構造によって組織

的決定の徹底を図ることは，合理性の欠如を補完するための教育実践上の柔軟性を損なうことになる。

　その結果，組織構造の階層化によって学校が説明責任を果たせるようにしようと目論んでいたはずが，結局は説明責任を果たすことをできなくしてしまう。合理性を欠いた意思決定をいくら徹底しても，その結果に責任を負えるはずがないからである。

　たとえば，学級崩壊やモンスター・ペアレントといった問題は，それぞれ，授業という生徒との相互作用の危機，クレームを寄せてきた保護者との相互作用の危機と言い換えることができる。こうした問題状況において，プロフェッション性に裏付けられた各教師の自律性を組織的決定の徹底によって代替するという方向をとるならば，生徒や保護者とのコミュニケーションが，「より良さ」を目指す教育実践レヴェルの文脈に再構成されるのではなく，組織としての決定に適合しているか，逸脱しているかという組織レヴェルの問題として再構成されることになる。あえて極論すれば，事前に学校として組織的に決定されたマニュアルにしたがって対応を行なうことが徹底されることになる。未来を見通すこと，ましてや相手のいるコミュニケーションの行方を見通すことは不可能であるから，事前に用意されたマニュアル通りに実際はいかないことが目に見えている。教育における問題状況を，教師のプロフェッション性を犠牲にした形での組織体制の強化によって乗り越えようとするならば，マニュアルのさらなる精緻化を招く。その結果，個々の教師に許される自主的判断の余地は狭まり，相互作用における対処能力の低下がさらに進むことになってしまう。

　結局，プロフェッション性を組織構造の階層化によって代替しようという方向は，極端な言い方をすれば，教師には「マニュアル通りにやりました」という逃げ口上を与え，組織には背負いきれない説明責任を背負わせることになってしまうのではないだろうか。


## 5　おわりに

　本章で述べてきたように，教師のプロフェッション性を損なう形での組織体制の強化によって教育への信頼回復を図れば，副作用によって別の問題を生じ

ることになろう。しかしそれは，新しい教員組織が，改正された学校教育法の文言通りに実現された場合の，ひとつのシミュレーションであることも最後に申し添えておきたい。本章の議論は教育への信頼回復に向けた努力を無駄なこととして冷笑しようとしているわけではないのである。実際，ナベブタ型と言われてきたこれまでの教員組織においても，主任クラスのミドルリーダーが官僚制的指揮命令関係とは異なる専門職的リーダーシップを発揮しながら，ルースな組織構造の中での調整役を担うといったことは多々見られたことである（榊原 2008: 103-109 を参照）。組織構造を階層化したとしても，新たに設けられる主幹教諭や指導教諭がこれまでのこうしたミドルリーダーの在り方を踏襲する形で機能するならば，必ずしも教師のプロフェッション性を損なうことにはならないだろう。プロフェッション性と両立する形での組織体制の強化は，教育へのシステム信頼を高め，ひいては教師への信頼の回復につながる可能性もある。

　ルーマンは次のようにも述べている。「決定は，失敗を避けたいと思えば，制御の対象となる領域に狙いを定めることになる」と（ルーマン 2004: 203）。そしてこの引用箇所に付された注は，「制御しようとする者は，制御される者に自己を委ねなければならない。『下部の』頑強な現実が，『上部の』はかない理念と変動する決定に逆作用を及ぼす」というものである（ルーマン 2004: 228）。

　副校長，主幹教諭，指導教諭の導入による教員組織の本格的なピラミッド化は，2008 年度の導入からまだ間もないことや，これらの職が必置ではなく任意配置とされていることもあり，まだその具体的な在り方は確定，定着しているわけではない。今後，教師による教育実践の現実は，階層化された後の教員組織に対して逆作用を及ぼしていくであろうし，それがどのようなものとなるかによって，今回の改革の副作用の出方にも大きく差が生じるであろう。未来はつねに開かれているのである。


### 引用・参考文献

石戸教嗣『リスクとしての教育――システム論的接近』世界思想社，2007.

榊原禎宏「学校組織構造のメタファー」『京都教育大学紀要』第113巻，2008.
佐古秀一「学校組織に関するルース・カップリング論についての一考察」『大阪大学人間科学部紀要』第12巻，1986.
中央教育審議会初等中等教育分科会教育行財政部会学校の組織運営に関する作業部会「学校の組織運営の在り方について（作業部会の審議のまとめ）」2004.
浜田博文「学校組織観の転換と校長のリーダーシップ再考」小島弘道編『時代の転換と学校経営改革――学校のガバナンスとマネジメント』学文社，2007.
ルーマン，N.（大庭健・正村俊之訳）『信頼――社会的な複雑性の縮減メカニズム』勁草書房，1990.
―――（佐藤勉監訳）『社会システム理論（下）』恒星社厚生閣，1995.
―――（村上淳一訳）『社会の教育システム』東京大学出版会，2004.

Ⅳ　社会の中の教育・学校

# 11章　家庭と学校


木村　浩則

**はじめに**

　本章では，家庭と学校，すなわち家族システムと教育システムの関係性をめぐって，教育行政と教育学（とりわけ教育社会学）において何が論じられてきたか，その論点を明らかにするとともに，システム論がそこにどのような新たな視座を提示しうるのかについて検討してみたい。

　その際に注目したいのは，「家庭教育」をめぐる言説である。近年の日本の教育政策において「家庭教育」の役割と意義が繰り返し強調されてきた。その一つの帰結が，2006年の教育基本法改定における「家庭教育」の明記である。その背景の一つには，「学校スリム化」（経済同友会提言「学校から『合校』へ」1995）という言葉に示されるように，「これまでの学校はサービス過剰であり，子どもの教育について本来家庭が担うべき役割まで背負わされてきた」という問題認識がある。つまり，学校とは区別された，家庭の担うべき教育役割を明確にすべきだというのである。改定教育基本法（以下「基本法」）第10条には次のように記されている。

　　父母その他の保護者は，子の教育について第一義的責任を有するものであって，生活のために必要な習慣を身に付けさせるとともに，自立心を育成し，心身の調和のとれた発達を図るよう努めるものとする。
2　国及び地方公共団体は，家庭教育の自主性を尊重しつつ，保護者に対する学習の機会及び情報の提供その他の家庭教育を支援するために必要な施策を講ずるよう努めなければならない。

この条項の第一の要点は，家族の「自己責任」の明確化である。子どもの「しつけ」は，第一に家庭が責任をもつべきものとみなし，それを保護者の「努力義務」として規定している。それは同時に，「しつけ」に関する学校の役割の縮減を暗に意図している。第二の要点は，「家庭教育の自主性」である。家庭教育はあくまで家族の自主的判断と責任において行なわれるべきものであり，行政や学校の役割は「機会及び情報の提供」あるいは「支援」に限られる，というのである。

　しかし，ここには現実に進行する教育施策との大きなギャップが存在する。自主性の尊重どころか，実際には「早寝・早起き・朝ごはん」点検運動にみられるように，学校や行政が，家庭教育の内容に関して一律的な規範を押し付け，コントロールしようとする場面は少なくない。「自己責任」や「自律性」は，目標管理型（成果主義）システムのもとでは，たんなる統制の手段にすぎず，学校はあいかわらず家族に介入する国家のエージェントであり続けようとしている。さらに「日本の伝統」を謳う基本法のもとで，学習指導要領を通じた，男女役割分担論に基づく「伝統的な」家族観の押しつけも危惧される。

　こうした国家による規範化に対抗しようとするのが「近代家族批判」論者である。彼らは，国家がプロトタイプとする「近代家族」（働く夫と専業主婦の妻，子どもから成る核家族）は，ある特定の時代に登場した歴史的な産物にすぎず，家族とは本来もっと多様な存在だ，という。この議論は，たしかに行政や学校の規範的な家族観に対して認識の転換をせまるものである。だが，それだけでは，実際に家族と向き合う教師に何らかの実践的示唆を与えるものにはならない。その問題点も含め現代家族に固有の特質が明らかにされなければならない。

　他方，基本法の「家庭教育」論との矛盾は，家族の側にも存在する。基本法において「家庭教育」の役割は，「しつけ」を中心とした教育に限定されているにもかかわらず，実際には，多くの家族にとって「家庭教育」は，何よりも学校教育を補完するもの，さらには学校での学力競争を生き残るための手段として機能している。

　「自己責任」意識をもつ親たち，いわゆる「教育する家族」は，「ゆとり教育」に対する危機感のゆえに，今日の学習塾ブームを作り出してきた。最近で

は小学校への英語教育の導入に刺激され,就学前の英語教育が盛んになってきている。家族の「自己責任」論は,学校と家庭の役割分担を明確にするという基本法の意図に反して,学校教育と強く結びつき,そこでの成功を勝ち取るための責任にすり替わってしまっている。いまや「社会化(しつけ)」と「選抜」はともに家庭教育の重要な関心事となっている(本田 2008)。基本法の理念とは裏腹に,現実の家庭教育と学校教育の境界はきわめてあいまいで錯綜しているのである。

　それでは,ルーマンのシステム論に依拠することによって,われわれはどのような分析枠組みを獲得し,それによってどのような新たな視座が開かれるのだろうか。ルーマンの議論にしたがえば,家族システムも教育システムも,ともにオートポイエティック(自己創出的)なコミュニケーション・システムである。両者は,互いにシステム/環境関係にあり,その意味で明確な境界をもつ。それらのシステムは,近代における社会の機能分化,すなわち成層分化社会から機能分化社会への進化の過程で形成されたものである。

　ところが日本の教育政策は,家族を国家の部分システムとみなす旧来の成層社会論を前提にしているように思われる。そのとき,学校とは,国家と家族を媒介するエージェントに位置づけられる。そして,家族を全体システムの一部としてとらえる点では,「近代家族」批判を展開する側もその理論前提を共有している。

　しかしルーマンによれば,どのようなシステムもそれだけでは社会をコントロールできないし,社会全体が一つの機能システムによってコントロールされることは不可能である。家族システム,教育システム,政治システムの間に中心も周辺もなく,互いは当のシステムにとっての環境とみなされているにすぎない。またそれぞれの社会システムは,人間ではなくコミュニケーションのみから成り立っている。コミュニケーションとはつねにシステム内部のコミュニケーションであって,社会と人間とのコミュニケーションはあり得ない。焦点化されなければならないのは,コミュニケーションそれ自体であって,個々の子どもや親ではない。それゆえ,問題はコミュニケーションの再生産を通じて発生するのであり,解決もまたその過程を通じてはかられるのである。

　このようなシステム論の立場からみたとき,家族と学校の関係性はどのよう

に再記述されるだろうか。その試みによって,「家庭教育」をめぐる錯綜した問題状況を解きほぐすことができるのではないか。

## 1　文科省における「家庭教育」政策

今日,日本の教育行政が進める「家庭教育」政策の特徴は何か。その変遷を簡単にふりかえってみよう。

1996年7月中央教育審議会答申(以下中教審)「21世紀を展望した我が国の教育の在り方について(第一次答申)」において,はじめて「家庭教育」にかかわる章が設けられた。そこでは「これからの家庭教育の在り方」に関して,「子供の教育や人格形成に対し最終的な責任を負うのは家庭であり,子供の教育に対する責任を自覚し,家庭が本来,果たすべき役割を見つめ直してみる必要がある」と指摘し,子どもの教育における家族の自己責任を打ち出した。さらに1998年6月の中教審答申「『新しい時代を拓く心を育てるために』——次世代を育てる心を失う危機」(以下「心の教育」答申)では,「子供の『生きる力』を伸ばす家庭の在り方」として,「一緒に食事をとる」,「子供に家事をさせる」など,具体的な家庭教育の中身にまで踏み込んだ提言が行なわれた。

2000年には,文部省(当時)ではなく内閣直属の諮問機関として「教育改革国民会議」が発足し,12月に報告「教育を変える17の提案」が公表された。そこには,「教育の原点は家庭であることを自覚する」,「親が人生最初の教師であることを自覚すべきである」といった文言が並び,家庭に向けて規範を説くような提言となっている。そして2003年3月,中教審は「新しい時代にふさわしい教育基本法と教育振興基本計画の在り方について」と題する答申によって教育基本法「改正」を提起し,そのなかで「家庭教育の現状を考えると,それぞれの家庭(保護者)が子供の教育に対する責任を自覚し,自らの役割について改めて認識を深めることがますます重要である」とし,「子供に基本的生活習慣を身につけさせることや,豊かな情操をはぐくむことなど,家庭の果たすべき役割や責任について新たに規定すること」を提案した。その結果,2006年,与党の単独可決で成立した基本法において,あらたに「家庭教育」の条項が盛り込まれることになった。

条文には「家庭教育の自主性の尊重」が謳われつつも，教育基本法に明記されることによって「家庭教育」の推進は，教育行政あるいは学校の教育課題として大きく位置づけられることになった。とくに安倍晋三内閣の私的諮問機関「教育再生会議」（以下「再生会議」）は，2007年6月の第二次報告で，「子供たちの規範意識や『早寝早起き朝ごはん』などの生活習慣については，学校と家庭，地域が協力して身につけさせる。また，挨拶やしつけ，礼儀作法についても，子供の年齢や発達段階に応じ，学校と家庭が連携して子供に身につけさせる」とし，「家庭教育」の主体に，「家族」だけでなく，「学校」，「地域」を加えた。

　以上のように，1990年代以降，教育行政における「家庭教育」重視の流れが強まり，その教育内容も具体的なものとなっていった。と同時に，その特定の内容を，個々の家族の「自主性」や「自己責任」に任せるのではなく，学校主導のもと，家庭，地域総ぐるみで画一的に推進しようというのがその政策的特徴である。

　こうした動きは，たとえば，2006年から山口県山陽小野田市で始まった学力向上プロジェクトにもみることができる（江澤 2008）。これは，市教育長の江澤正思氏が「再生会議」メンバーの陰山英男氏の助言を得ながら取り組んだもので，その内容は「再生会議」提言を実践する上でのモデル・ケースとも言える。江澤によれば，子どもの学力向上のためには，学校と家庭の役割と責任の明確化がなされなければならない。具体的には，学校では，「脳を鍛える」反復学習を行ない，家庭では「生活習慣の見直し」を行なう。そして学校は家庭に対して，どれだけ子どもの力を伸ばしたかを報告し，家庭は学校に対して，どれだけ子どもの生活習慣を改善したかを報告する。そのような相互点検の仕組みを，江澤は「学校と家庭が相互に高め合うシステム」と呼び，プロジェクトの結果，子どもたちの学力がわずか一年で向上したという。

　たしかに学力形成の土台には生活習慣があり，教師が子どもたちの日常生活に注意を払うべきことはいうまでもない。だが，このプロジェクトを本当に「相互に高め合うシステム」ということができるのかは疑問である。現実にプロジェクトを推進し，点検・評価の主体となるのは学校である以上，個々の家族はそれに従う客体の立場に置かれることになる。そこには対等な相互性より

も一方的な権力性を認めざるをえない。

　さらに看過できないのは，江澤が学力向上のための望ましい家庭像について言及している点である。江澤によれば，教育を受けるための土台は，家庭で作られなければならない。その「土台とは，母親との愛情あふれるふれあいによって与えられる心の安定，情緒の発達であり，父親によって与えられる対人協調・調整力，自制力，モラルの向上など」である。そして，この家庭教育における両親の役割分担は，「生物的な起源から来るもの」である，という。このように家族における性別役割を絶対化することは，別様な家族のかたち，家庭教育の在り方を，「逸脱」として切り捨てる危険性をはらんでいる。

## 2　「家庭教育」論に対する批判

　これら「家庭教育」重視の動きならびに特定の家族像の規範化に対しては，教育学や社会学研究者のあいだから批判的な議論が起こっている。その典型として，本田由紀と広田照幸ならびに落合恵美子らの諸研究をあげることができる（本田 2008，広田 1996，落合 1994）。

　本田によれば，上記の政策動向の焦点は子どもの規範やモラル面での「社会化（しつけ）」にある。ところが，一般の社会的関心は，むしろ子どもの「選抜」（における成功）に焦点が置かれ，家庭は，子どもに他よりもすぐれた諸能力を身につけさせる主体として想定されている。しかも，今日では，「選抜」が，関心，意欲，さらには対人能力など，「社会化」の領域に属していた諸特性をも幅広く含むものへと変化しつつある。つまり 90 年代後半以降，「社会化」と「選抜」という2つの関心が，融合しながら「家庭教育」への強い期待・圧力となっているというのである。

　本田は，様々な母親への聞き取り調査を行ない，その結果をもとに次のように述べる。「家庭教育」には，すでに十分に「格差」と「葛藤」が充満している。このようななかで，「家庭教育」の重要性をさらに喧伝し煽りたてるような政策的・社会的動向は，すでにある「格差」や「葛藤」をさらに助長する危険性をはらむ。それゆえ，求められるのは，「家庭教育」の無責任な奨励や，社会的な諸課題の家庭（とりわけ母親）への転嫁ではなく，家庭や母親の負担

を減らし,家庭外において子どもに対して多様な教育的経験を,無料ないし低廉な費用で均質に保障する政策である。

広田もまた同様の批判的スタンスに立って議論を展開する。彼が批判の対象とするのは近年の「家庭の教育力の衰退」という言説である。広田によれば,家庭の教育力が衰退したから,それを回復しなければならないという,行政あるいは世間の認識は,歴史的事実に照らして誤っている。近代以前の農村社会には,共同体から独立した「家庭教育」は存在せず,「子どものしつけは親の責任」という観念自体が希薄だった。家庭の教育意識とは,大正期になって新中間層の間にあらわれるようになった歴史的現象にすぎず,それが一般化していくのは戦後の高度経済成長期を通じてである。それまで,子どものしつけや人間形成の機能は,家庭や学校の枠を越えた社会的ネットワークのなかに埋め込まれていたため,子どもに対する親の影響力は必ずしも大きなものではなかった。ところが,現代にいたって,家族は子どものしつけや教育に対して全面的な責任をもつという事態に直面させられるようになった。歴史的に見れば,家族の教育機能が低下しているのではなく,子どもの教育に関する最終的な責任を家族が一身に引き受けざるをえない状況が生まれているのである。にもかかわらず,行政が「家族責任」を強調すれば,孤立化した家族や母親をよりいっそう窮地に追い込んでいくことにつながりかねない。よって広田は,本田と同様に,今日の社会において求められるのは,個々の家族に委ねられてきたものを,社会の役割・機能へと再び戻すことだと主張する。

落合も,家族史研究の教えるところでは,子どもの社会化がつねに家族により担われてきたなどということはできないと指摘する。近代以前の西欧の子どもたちは10歳くらいから家族を離れて奉公人になり,奉公先の大人たちとの人間関係の中で社会化された。ところが近代になって,「教育」という心性が人々の間に成立してはじめて,子どもたちは家族に引き戻され,囲い込まれるようになったのである。それゆえ,子どもの社会化は,近代家族の基本的機能としてけっして普遍化することはできない。また落合は,ジェンダーの視点から,男女の性別役割を普遍化する近代家族のイデオロギー性を批判する。子育てにおいてはつねに母子関係のみが強調され,「3歳までは母親のもとで」という「3歳神話」を信じている人は現在でも少なくない。ところが,その「母

子密着」は，母親の「育児不安」「育児ノイローゼ」「幼児虐待」の背景ともなっている。よって，いま子育て・教育に求められているのは，われわれが近代家族イデオロギーから脱却することであり，子育てのより広い社会的ネットワークを創り出していくことだという。

## 3　家族システムとは何か

　以上の三者の議論のように，われわれは近代家族の枠組みにとらわれることなく，家族の多様性を認め，それに対応した子育て・教育の社会的仕組みを構築すべきか，それとも教育行政サイドの議論にみられるように，男女の役割分担を前提とした近代家族を子育て・教育の理想型として維持・復活すべきなのか。この「家族のかたち」と「子育ての在り方」をめぐる議論に新たな視角を提起しうると考えられるのが，ルーマンの家族システム論である。
　アメリカの人類学者マードックは，共同に居住し，夫婦（一組の男女の対）とその間に生まれた子どもたちからなる核家族は，あらゆる社会構造の基礎単位であると主張した。だが，ルーマンによれば，家族はもはや全体社会システムの基礎単位ではない。なぜなら成層社会から機能分化社会への進化によって，家族（家政）が担っていた様々な機能すなわち経済的，政治的，宗教的役割などは，各機能システムへと分離し，家族もまた一つの機能システムに縮減されているからである。また家族システムは個々の人間から構成される具体的な集団構造を指すものではない。ルーマンにおいて家族は他の機能システムと同様に，コミュニケーションを要素とし，そのコミュニケーションを産出することを通じて不断に構成されるオートポイエーシス・システムである。その際に，家族システムを他の機能システムから分かつ条件とは，家族の成員に関する事柄は，それが家族外における行動であろうと，すべて家族内のコミュニケーションの主題となりうるということである。家族とは「個人のどんな性質でも重要になる社会関係」すなわち「親密な関係性」（ルーマン 2005: 12）を追求するコミュニケーション・システムなのである。
　ルーマンの議論は，落合恵美子の「家族意識が強く形成され，家族メンバーの間に深い情緒的絆がある」，「家族の社交性が衰退し，家族のプライバシーが

尊重され，親族以外の人が家族から排除される」といった「近代家族」の諸特徴（原 2001: 136）とも重なるところがある。それでも，家族のシステム論的な把握は，従来の近代家族論における家族理解とは一線を画する，あるいはそれに大きな変更をせまるものである。

　第一に，システム論では，家族の在り方に関して，特定の「家族のかたち」を理想化したり規範化したりするような議論は無効となる。ルーマンの場合，そもそも家族システムとは，実体としての人間集団ではなく，コミュニケーションそれ自体を指す。その場合，システムにとって意味をもつのは「親密な関係性」に限られる。また家族システムの在り方というものは，「規範的構造から把握することはできないし，規範的な基準を準備し，その実現をコントロールする社会的審級も存在しない」（Luhmann 1990: 214）。それゆえに，ルーマンの家族システム論から，われわれは「血縁関係にある人々が居住を共にし，かつ法的に認められた集団という狭い家族概念ではなく，愛し合っているという関係さえ存在するならばそこに家族が形成されるという広い家族概念」（石戸 1995: 251）を獲得することができる。つまり「血のつながり」や戸籍，ジェンダーは必ずしも家族の重要な構成要素ではない。法的な婚姻関係のない夫婦，同性愛カップル，血縁関係にない老人同士の集団など多様な関係性を家族とみなすことが許される。近代家族はけっして「終焉」あるいは「崩壊」したのではない。存在するのは無数の個々の家族であり，近代家族のプロトタイプとされる「核家族」はそのような多様な家族の一形態にすぎない。またその意味でシステム論は，従来の家族概念に，落合の指摘するようなジェンダー問題を乗り越える視点を提供するものだと言える。

　第二に，ルーマンの家族システム論は，「家族の崩壊」を嘆き，家族のきずなや愛情を称揚するような議論とも一線を画する。むしろ着目するのは，家族が親密な関係やきずなを求めるがゆえにシステムが抱え込まざるを得ない固有のリスクである。家族システムでは，家族構成員に関する事柄はすべて家族内のコミュニケーションの対象となりうる。つまり家族の成員である以上，どんな事柄であれ，互いに語られ，理解し合われなければならない。にもかかわらず家族は，その親密さを保つために，家族にとって不慣れな話題，家族関係を破壊しかねないような会話をさし控えなければならない。互いに相手を思いや

る家族は，相手がいやがることには触れようとしない。家族は，何でも話し合える親密な関係を求めれば求めるほど，成員の相互理解が促進されるどころか，むしろコミュニケーション不全を生み出さざるをえない。そして，このパラドックスは「家族病理」の根源ともなりうるのである。

また親密性を追求する家族システムは，他の家族システムや家族外の人々に対してどうしても閉鎖的になってしまう。自己準拠的に閉じたシステムとしての家族は，システムの外部で観察したことをもう一度内部で観察する。その内部観察は，その家族に固有のバイアスがかかったものになることは避けられない。だからこそ，そこから家族固有のものの考え方や物語が生まれる（石戸 1995: 254）。だが，その固有性は，他の家族やシステムからみれば，異質なもの，歪んだものとして認識される可能性がある。

このルーマンの家族理解は，近年の家庭内暴力や家族殺人の背景を考える上で有効な示唆を含んでいるように思われる。家族が，家族を傷つけ，殺すという事態は，必ずしも「家族の崩壊」という言説だけではとらえることができない。憎しみや暴力は，疎遠な人間関係よりもむしろ濃密な関係性において生起する。親密関係が心理システムに与える刺激は，通常のコミュニケーションに比してきわめて強いものとならざるをえない。濃密な家族関係に潜むパラドックスこそが，家族殺人の根源にあるのではないか。そして親を殺して家族を「リセット」したいという欲望は，親密な家族関係への過剰な期待の結果とも言いうるのである。

## 4 家族システムと教育システム

このような家族の理解，把握にもとづくならば，「家庭教育」はどのようにとらえることができるだろうか。ルーマンの議論（ルーマン 2004）に即しながら，ここではそれを教育システムとの関係からとらえ直してみよう。

子どもを教育しようとする努力は，どのような時代にも社会や家族のうちに存在した。近代社会への移行にともない，「子供の発見」すなわち大人世界とは区別された子どもの世界の独自性が認識されるようになり，同時に，経済，政治，宗教などの諸機能システムの分化に対処するための教育（とりわけ職業

教育）を遂行する機能システムの分化が要求されるようになった。こうして教育システムが分化されると，子どもの教育における家族の優越性は失われ，社会における家族の多機能的役割が解消されていった。

　社会の諸機能システムが分化する前近代社会において，社会化と教育は区別されていなかった。それらは一体のものとして家族とコミュニティによって担われてきた。同時に家族とコミュニティの区別も今日ほど明確ではなかった。社会移動がほとんどないために，社会化を通じた当該社会への子どもの組み入れを行なうことで十分であった。しかし社会が複雑になればなるほど，個人が多くの社会システムに参加すればするほど，個人を他の社会システムで人生を送るために準備させる「教育」が必要となった。その結果，高度に専門化した教育システムとしての学校の組織化が進んだのである。

　教育システムの分化すなわち学校教育が制度化されると，教育にかかわる家族の機能はせいぜい教育システムへの準備と協力にとどまるようになった。しかも家庭での準備と協力が十分であるかどうかは，結局のところ教育システムのコミュニケーションすなわち学校での成績によって判断されるほかない。教育システムにとって，家庭は単なる準備の場にすぎず，学校教育を補完するにしろ妨害するにしろ，その役割はあくまで周辺的なものである。その際，ある家族の「家庭教育」は，他の家族とは異なる固有のコミュニケーションによって維持される。それゆえ各家庭によって子どもたちの学校への準備の程度はそれぞれに異なることになる。それに対して機会の均等を維持しようとする学校は，等しくない子どもを等しく扱いながら，より〈良い教育〉という要請に応えなければならない。教育システムは，このパラドックスに対処するために，「入学時はみんな同じだ」というフィクションを用いる。それによって違いが生じた原因を教育システムそれ自体に求めることができる。そしてその違いを自らの選別手続きによって明示化するのである。

　他方，家族システムにおいて，「家庭教育」の成否は教育システムにおける「選別」機能によって判断される。個々の家族は，教育システムでの成功をめざして独自の努力を行なうことになる。「塾」とは，子どもを学校とは別の教育システムに組み入れることで，学校での成功を保障しようとするものである。それはまた，機能分化した家族システムでは教育的コミュニケーションを担え

ないことの証左でもある。

　家族は「親密な関係性」によって維持されるシステムであるが，同時にその親密さを追求しようとすればするほどシステムの危機を深めかねないというパラドックスを抱えている。前述のように，家族の担いうる機能は，教育システムへの準備・協力にすぎない。教育システムでの子どもの学力形成は，本来教育システムのコミュニケーションにおいて解決されるべき課題である。ところが，子どもの教育システムでの問題を，家族システムを通じて解決しようとするケースがある。それがいわゆる「教育する家族」である。「教育する家族」は，「愛情」すなわち親密性のコミュニケーションを通じて子どもの教育システムでの成功をめざす。親の子どもへの過剰な教育要求は，ときに子どもにとっての抑圧，支配ともなりうる。しかし，その「支配」は「愛情」であるがゆえに子どもの抗いを許さない。この「愛」と「支配」のダブルバインド（二重拘束）状態は，一種の家族病理を生み出すことにつながりかねない。

## 5　「家庭教育」をどうとらえるか？

　本章の第１節で指摘したように，改定教育基本法は家庭教育の自己責任を謳うにもかかわらず，現実には学校のイニシアチブと指導のもと，学校・家庭・地域一丸となった「家庭教育」が推進されている。「家庭の教育力低下」を嘆く行政と学校は，地域とともに家庭教育を指導することで，家族に子どもの社会化の責任主体（subject）にふさわしい教育力を身につけさせようというのである。法における「家庭の自己責任」というレトリックが，なぜ学校による家庭教育の統制という現実を導いてしまうのか。最後にその疑問を，システム理論の分析枠組みを用いることで解き明かしてみたい。

　家族システムと教育システムは，ともに自律的な機能システムであり，互いにシステム／環境関係を形成する。ルーマンは，互いに閉じた２つのシステム間関係を「構造的カップリング」という概念によって記述する。家族システムにおける子どもの「社会化（しつけ）」は，システム論的に言えば，心理システム（子ども）と社会システム（家庭）との「構造的カップリング」において実現する。この概念によって示されるのは，個人のうちに生じる社会化は，あ

くまで個人の心理システムの自己準拠的な営みを通じて行なわれるということである。社会システムすなわち外部環境が直接に心理システムに介入するわけではなく，その外部刺激を契機として心理システム内部に生じる自己準拠的なプロセスによって社会化は行なわれるのである。ルーマンにとって社会化はつねに自己社会化である。つまり「社会化の基本的過程は，心理システムの自己準拠的再生産なのであり，心理システムがそのシステム自体を拠り所として社会化を引き起こしたり，経験したりしている」のである（ルーマン 1993: 382）。

　「社会化」と違って，「教育」はコミュニケーションの自己準拠的再生産を通じて構成される社会システムである。社会化は心理システムの営みであるのに対して，教育は社会システムのコミュニケーション的営みである。それでは，「家庭教育」はどちらに属するのか？　それを「家庭でのしつけ（社会化）」と解するなら，それは家族という社会システムと子どもという心理システムの構造的カップリングを通じて行なわれる。つまり家族システムのコミュニケーションが子どもの心理システムを刺激し，それを契機に子どもは自らを社会化していくのである。ところが，これが，教育基本法に明記され，学校教育における課題として認識されることによって事情が変わる。その時点で，「家庭教育」は教育的コミュニケーションのテーマとなったのである。よって「家庭教育」は教育システムのコミュニケーションであり，家族システムにとって「家庭教育」はむしろ環境に属する。

　社会化という意味での「家庭教育」は，それが子どもの自己社会化を帰結するにすぎないにしろ，本来家族内のコミュニケーションを通じて行なわれるものである。ところがそれが教育的コミュニケーションのテーマとなると，教育システムの領域へと移行し，教育システム内部で処理されるようになる。このような移行の帰結が，冒頭に指摘した法の内容と現実の矛盾という事態を生み出すのである。

　「早寝・早起き，朝ごはん」といった生活習慣の形成は，ほんらい家族システム内部のコミュニケーションに依拠するはずだが，それが教育システムのコミュニケーションに組み込まれることによって，学校の教育目標として掲げられ，その達成度が点検される。それは客観的に見れば明らかに家族への干渉あるいは統制なのだが，その本質は「学力向上」と「健全育成」といった教育的

言説によって隠ぺいされる。さらに「家族の自己責任」言説によって，教育システムは，その干渉的側面を隠ぺいするだけでなく，家族の主体的な従属をも調達することができる。

しかし「家庭教育」が教育システムにおけるコミュニケーションであり，家族システムにとっての環境にすぎない以上，それが，教育システムの「教育意図」どおりに首尾よく進行することはありそうにもない。なぜなら，家族システムにとって「家庭教育」は環境からの刺激であり，それが，家族システム内部の自己準拠的なコミュニケーション過程を通じて別様に解釈され，「教育意図」とは異なる子どもの社会化を導いてしまう可能性があるからである。また学校の指導目標としての「家庭教育」の内容と個々の家族システムにおいて形成された固有のハビトゥスとの矛盾が，親の反発や苦悩につながることもあるだろう。他方，学校の側からすれば，個々の家族システムは，教育システムのかく乱要因であるため，教師の失望を生み出すだけでなく，「問題家庭」への対応が新たな教育的コミュニケーションの課題として浮上することになるかもしれない。

またシステム論的にみれば，学校と家庭の「連携」も2つのシステムの構造的カップリングとしてとらえられる。それゆえこの「連携」は必ずしも協調的に進められるとは限らない。個々の社会システムは互いにシステム／環境関係を形成するのであって，そこにはどのような審級も存在しない。当のシステムにとって他のシステムからの要請は妨害や錯乱要因とさえ映るかもしれない。「私の子どもだけ見てほしい」という理不尽な親の要求は，まさに家族システム固有のコミュニケーションを教育システムに強要しようとするものである。だが，学校による家族に対する「あるべき家庭教育」の押しつけにもまた同様の暴力性が存在するのである。

## おわりに

学校と家庭の「連携」（＝構造的カップリング）は，互いに閉じた社会システム間の差異や軋轢を当然の前提としつつ，それら2つのシステムの作動をたえず調整しながら進められなければならない。そのときに，少なくとも学校の側に求められるのは，「家庭教育」という教育システムによる刺激が，個々の家

族システムに及ぼす影響を十分に観察し，それを教育システムの反省に組み入れるという再帰的プロセスをつくりだすことである。すべての子どもの成長と発達を願う教師は，その再帰的プロセスを通じて，多様であると同時に変化せざるをえない家族の現実に向き合い，個々の家族が抱える固有の困難に寄り添っていくほかない。

**引用・参考文献**
石戸教嗣「家族システムと不登校問題」竹内洋・徳岡秀雄編『教育現象の社会学』世界思想社，1995.
江澤正思・陰山英男『学力は1年で伸びる！』朝日新聞出版，2008.
落合恵美子『21世紀家族へ』有斐閣，1994.
清水太郎「ルーマンは家族とセラピーをどう見るか」『現代思想』2002年3月号．
田中智志・山名淳編著『教育人間論のルーマン』勁草書房 2004.
原ひろ子編著『家族論』放送大学教育振興会，2001.
広田照幸「家族─学校関係の社会史」『岩波講座現代社会学　第12巻　こどもと教育の社会学』岩波書店，1996.
本田由紀『「家庭教育」の隘路──子育てに脅迫される母親たち』勁草書房，2008.
ルーマン，N.（佐藤勉監訳）『社会システム理論（上）』恒星社厚生閣，1993.
────（村中知子，佐藤勉訳）『情熱としての愛──親密さのコード化』木鐸社，2005.
────（村上淳一訳）『社会の教育システム』東京大学出版会，2004.
Luhmann, N.（1990）*Soziologishe Aufklärung 5*, Westdeutacher Verlag.

# 12章　地域と学校

小林　伸行

## 1　学校を通して「地域」を見る時代

　隣に住む人の顔さえ知らないことも珍しくない昨今，我々は「地域」のことをどれだけ知っているだろうか？

　地元の身近な商店街よりも，都会や外国，ネット上の有名店で買い物をすることの方が多くなったり，身近な市町村長よりも他の都道府県知事やアメリカ大統領の動向に興味が湧いたりするのも珍しくない時代である。自信を持って「地元のことはよく知っている」と公言できる人の方が少数派だろう。

　むしろ，学校を通して初めて「地域」が垣間見える人も少なくないかもしれない。たとえば，学年が近くて同時期に同じ学校にでも通っていないと，近所の子ども同士でも遊んだりしなくなってきているのは周知の事実であろうし，保護者同士でもPTA活動などを通じてくらいしか顔を合わせない（もしくは顔は合わせないまでも存在だけは知っている）場合は多く，そもそも地元に住む人々のことをお互いによく知らない現状がある。また進学や就職などを期に普段は遠く地元を離れていて，同窓会でもなければ懐かしい顔と廻り合う機会のない人も決して珍しくないであろう。かろうじて学校が取り結んでいる「地縁」も少なくないのだ。

　本章では，このような社会の変化の背景に近代社会の機能分化を見出すルーマンの社会システム論や教育システム論に依拠しつつ，地域と学校の関係について考察する。ルーマンは，全体社会から分化した機能システムがそれぞれ今

やグローバルな「世界社会」となり，当該の機能に応じて「国」や「地元」といった地域（間の差異）の構成／再構成に寄与していると見なすため，地域はもはや地理的な境界を有する確固たる存在を意味しない（当然，構成されなくなる地域もありうる）。それゆえ，従来は「地域を（家庭や学校と並ぶ）自明の単位とする〈地域ありき〉の発想で，地域（の教育力）を議論の端緒として」地域と学校の関係が語られがちであったのに対し，（教育システムにおいてはその中心たる）学校を介して地域が構成される事態の素描もいっそう容易になると期待できるのである。

　具体的には，環節分化から階層分化を経て機能分化に至る過程（における地域や学校）について，①包摂／排除，②メディア，③インフレ／デフレの各概念に注目しつつ検討してみたい。

## 2　多様化する個人と地域

　ルーマンによれば，社会システムへの参入や帰属の可否を意味する「包摂／排除」概念に関して，それまでと決定的に異なる事態が近代において現れた。部族など同質の集団に分かれる環節分化社会にせよ，同等でない身分階層に分かれる階層分化社会にせよ，かつては（婚姻や身分の剝奪などで）帰属先が変更されない限り，全体社会から分化したサブシステムの境界を越え出ることも複数のサブシステムに帰属することもなく，人々はそれぞれ一つのサブシステムにのみ帰属して凝集力のある共通性を内部に実現する「連帯性」を有していたし，逆に言えば他のサブシステムからは排除されていた。これに対して機能分化社会では，（政治・経済・学術・教育など）特定の機能を担って分出したサブシステムのいずれか一つにのみ帰属する人はなく，原則としてあらゆる人があらゆる機能システムに参入しうる「全包摂」（Vollinklusion）の原理が成立する。サブシステム間を自在に行き来しつつ，帰属のあり方をその都度各自で決定するようになった個人からなる近代のサブシステムは凝集力を失って，共通性よりは多様性をより多く帯び始めた訳である。

　サブシステム内のさらなる内部分化に当たっては，医師や弁護士，教師などの（専門職的な組織システムに帰属することの多い）遂行的役割（Leistungsrolle）

と患者や依頼人,生徒などの補完的役割(Komplementärrolle)の区分も重要で,特に病院や裁判所,学校などの各機能システムの中心に位置づく舞台では,こうした明確な役割区分などを前提とすることで,多様ながらも(周辺に比べて)円滑なコミュニケーションが進展していく。しかし,サブシステム間をまたぐ共通性や階層性のような旧来的秩序もなく,「包摂」面から見る限り近代社会に機能間を横断する統一性は見出しえないのである。

なお,サブシステムからの「排除」面においては,原則として(特に成員資格の厳格な組織システム以外では)排除されるはずのない「全包摂」という理想状態をよそに,機能間で横断的に結びつく「連鎖的排除」が見出せることをルーマンは指摘している。これは,たとえば住所がないと学校に通いにくかったり学歴がないと仕事に就きにくかったりというように,ある機能システムからの事実的な「排除」が他の機能システムにおける「包摂」の著しい制限に結びついてしまうことを指している。「包摂」面では,たとえば医師であると弁護士や教師にもなりやすいというような横断的関連性が見出しにくいのに比べると,近代社会ではむしろ「排除」面においてサブシステム間で結びつく関連性を見出しやすいという訳である。

地域のような単位においても事情は似たものになる。もはや一人の人がただ一つの地域に帰属して,地域内で凝集力のある共通文化や連帯性が保持され続けると一般に想定するのは困難で,地域への帰属の仕方も多様になった(たとえば朝型夜型の生活リズムが違えば同じ地域であっても事実上顔も合わせない)し,ヒト・モノ・カネの地域間移動も日常茶飯事であろう。地域内だけでなく地域間の多様性もますます拡大し,一般に各機能の中心(的施設)に近接する地域ほど人口の流入が多くなっているのに対して,逆にどの機能においても周辺的な地域ほど「過疎化」の危機や「連鎖的排除」(ルーマンは大都市のゲットーやスラムなどを例に挙げている)に近づくといえるのではなかろうか。

実際日本でも,たとえば経済的には(生産・流通・販売・消費など)国内外の「市場」が既に狭い地域に止まらなくなっているし,他方では「地域社会の崩壊」(1960年代頃)が叫ばれるなか,人口の流出や産業の空洞化にともなって行政サービスが維持できなくなったり,教育の面でも後進の育成ができなくなったりする「過疎化」をはじめとして,地域内の問題や地域間格差の問題が多

く生じてきているのは周知の事実であろう。

## 3 身近な地域や家庭から遊離する「学校知」

　そうした機能分化の過程においては，そもそも「地元」レベルの比較的小規模な地域に限定しなければ，これまでも明らかに学校は「地域の構成」に関与してきたはずである。それは「自国」や「外国」，「全世界」のように，いわゆる「学校知」に基づいて観察されたり構成されたりする必要のあった広域的地域である。ルーマンによれば，社会の進展にともなってコミュニケーションの理解／伝達／受容をそれぞれ促進する言語メディア／伝播メディア／成果メディアが発達するが，複数の人々が「居合わせる」際に不可避的に生じる相互作用システムの限界を越え出るコミュニケーションとなると，伝達を確実にするには（判読の不確実な手書きや伝聞ではなく）伝播メディアが，受容を確実にするためには（〈貨幣〉や〈真理〉のように動機づけにもなる）成果メディアが重要になる。「学校知」とは，何よりもまず言語メディアを介して具体的な経験を超えて抽象的に理解される知識であり，印刷教材や視聴覚機器などの伝播メディアを介して伝達される情報であった。

　たとえば，社会科が 47 都道府県をはじめ国内外の地理・歴史・政治・経済を広範に扱うのはもちろん，国語や英語では地域をまたぐ標準語や公用語を扱うことになるし，部活動や修学旅行，ホームステイなどを通じて国内外の人々と交流したりすることにも学校が（少なくとも端緒としては）関わってきていよう。直接的「提示」の範疇での「社会化」だけでは広域的地域の知識／情報に広く確実に到達するのは困難で，特に IT やマスメディアが未発達であった当初は（現在のようなネットを介した「社会化」の機会も乏しく），学校における「代表的提示」（K. モレンハウアー）としての意図的な教育が不可欠だったのである。

　それゆえ，かつて学校が成立し始めると，家庭や身近な地域から「子ども」や「社会化／教育の機会」を奪っていくようになった（これ自体は従来の議論でも P. アリエスや I. イリイチ等を絡めて何度も指摘されてきていよう）が，学校は多くの場合「遠くの地域」や「広域的地域」への窓口として機能した。学校

が主に普遍的知識や近代的行為を扱った訳であるが，それらが本質的に家庭や身近な地域から遊離していたというよりは，当初はまだ（ITやマスメディアの未発達もあって）家庭に「近代」が浸透してきておらず，また「近代化」の進展が遅い地域ほど学校で扱う内容は「縁遠い世界のこと」だったのである[1]。

ただし，供給者たる学校の数が高等教育に近づくにつれて著しく限られていった（いわゆる「エリート型」段階の）当初は，受験に失敗したり進学の意欲がなかったりすれば，地元にとどまるか（学歴上）不利な条件のまま地元を離れることになったため，それほど顕著に学校が「外部の地域」への窓口として立ち現れていた訳ではない[2]。しかし，やがて中・高等教育レベルの学校や大学が増えてくると，（いわゆる「マス型」段階の「冷却と再加熱」構造として）「外部志向」を強める条件も整って「受験戦争」が激しくなる。進学や就職に際して「外部の地域」を志向する傾向が（過剰に）強まるにつれ，それはやがて「インフレ」とも言える様相を呈し始め，ついには「学校における学校知」そのものに飽き足らなくなってくるのである。

## 4  "脱学校化"する「学校知」──教育システムの「インフレ」

ルーマンによれば各機能システムは（経済なら〈貨幣〉，学術なら〈真理〉のように）それぞれ固有の成果メディアを発達させ，それに基づいてコミュニケーションが受容される蓋然性を高めていくことになるのだが，この成果メディアがコミュニケーションの動機づけに過大に成功してしまう場合を「インフレーション」，逆に過小にしか成功しない場合を「デフレーション」と呼んでいる。

前者では成果メディアの流通に関する信頼が過剰に引き出され，結果として安易に流通しやすくなりすぎるために，成果メディアは過剰な流通の機会を制限する方向で反応し，流通の条件を強化して負担を増大させたり拡張させたりする（経済では物価が上昇する）。逆に後者では流通に関する信頼を得る可能性が利用されないままに放置され，結果として流通しにくくなりすぎるために，成果メディアは少ない流通の機会を逃さない方向で反応し，流通の条件を緩和して負担を軽減したり絞り込もうとしたりする（経済では物価が下落する）。たとえば経済的な〈貨幣〉のインフレでは，通貨供給量の増大によって物価上昇

が現れると利上げによって信用創造を縮小させるなどの反応も招くし、デフレでは逆に利下げによって信用創造を拡大させようとしたりもする訳である[3]。

　では教育システムにおけるインフレ／デフレとは何を意味するのであろうか。これは教育システムが、知識の供給源として学術システムに多くを依存したり、学区／校区の設定や学校の設置・運営をはじめとして政治システムに依存したりするなど構造的にカップリングしていることも踏まえれば、ルーマンが挙げている学術や政治の事例と関連させることで理解しやすくなると思われる。

　ルーマンによれば、（経済では例外的な事態だが）一般的にはインフレとデフレは並存も可能であり、デフレはインフレの修正局面として生じてくることが多い。たとえば学術的な〈真理〉のインフレは、理論が抽象化を強めた結果として具体的な事例から乖離してしまっても、理論からは直接説明しにくい事例にまで理論が当てはまると過剰に期待され、理論の妥当性や「実現できる以上の適用可能性が見込まれる」ような状態を指すことになる。これに対し、たとえば「アメリカ社会学において《誇大理論》に対抗しつつ経験的知識への固執が生じた」ように、（フィールドワークでいえば「フィールド」自体をより小規模に制限したり、得られた知見の一般性を少なく見積もったりするなど）理論の適用事例や適用範囲が絞り込まれることがデフレを意味するのである。また、政治的な〈権力〉のインフレは「政治が実行できないことまでもが約束されてしまう」事態であり、これとは逆に、たとえば（国政に期待しながら実現されなかったことを国政に期待しなくなり、より身近な政治の中で解決しようとする）「地方分権運動」のように、自らの意向が及びやすいように政治の適用事例や適用範囲が絞り込まれることがデフレを意味している。

　要するに、適用可能な事例や範囲の一般性が高まって、何でもかんでも当該の機能システム（の成果メディア）に結びつけられてしまうのがインフレ状態であり、逆に適用可能な事例や範囲の一般性を低下させるような修正局面としてデフレ状態は生じやすい訳である。

　したがって、教育におけるインフレは、たとえば「学校知」をより多く扱う場が今や学校を離れて塾や予備校へと移り変わるほど、人が教育を通じて過剰に「遠くの地域」や「広域的地域」と結びつこうとしたり、学校が成人にも対象を拡大して生涯学習の場として開放されるなど、より多くの人々がより長い

12章　地域と学校 | 209

時間を教育に費やそうとしたりする事態に現れているといえよう。また逆にデフレについては，たとえば抽象的な知見の扱いを絞り込んで身近な地域の事例を重視する（最近では「ゆとり教育」などの）経験主義の隆盛や，学校とその周辺地域への教育的分権化の流れなどに現れてきていると考えられる訳である[4]。

つまり，近代化以降「学校を通して地域を見る」時代となったのは確かであり，これまでは「身近でない地域」や「広域的地域」の方がより学校と密接に（時にインフレと呼べるほど過剰に）関わっていた。しかし現在では，必ずしも学校（ばかり）がそうした地域への窓口になっているという実感は強くないのではなかろうか。

それは一つには，教育システムの外の事情も影響していよう。ITやマスメディアの発達により（伝播メディアを介したコミュニケーションによる豊富で新鮮な情報伝達に基づく）広域的な社会化の機会が増大して，そもそも「身近でない地域」や「広域的地域」に関する意図的な教育の必要性が相対的に低下してきたのである。機能分化の進展と親和的なため恒常的に生じやすいとされる（ここではマスメディア・システムの）インフレが，時には他の機能システムにおけるデフレにも間接的に影響を及ぼす様が見て取れよう。

また，当然ながら教育システム内の情勢の変化も背景にある。既に見たように「学校知」が学校の手から（少なくとも独占から）逃れつつあり，学校だけで考えればデフレへの転換とも言える事態が進行しつつあるのだが，それはたとえば，「受験」に特化した塾・予備校や家庭教師，（学区の制約からも自由な）私立の進学校や海外留学などを選好する受験生や保護者の存在にも現れているように，インフレに特化する格好では対応しえない（特に公立の）学校に飽き足らない教育需要が学校の外へと流出していったようなものなのであり，むしろその結果として学校の外ではインフレが先鋭化しているとすらいえるのである。教育システム全体としてみれば，学校におけるデフレ化と学校外におけるさらなるインフレ化という並存状態といえよう[5]。

## 5　"学校化"する地域・家庭——教育システムの「デフレ」

ただもう一つ，学校におけるデフレ化について今一度確認しておくべきこと

があろう。それは単に加速するインフレの負担から逃れて「手隙になった」だけというよりも，機能分化社会の進展を背景に身近な地域において「地域の教育力」とも呼ばれる社会化の機会が失われてきた点を補完するように，より身近な地域も「学校を通して見る」対象にいっそう含めるように（広域的な社会化以外も企図化の対象とするように）なってきた事態を意味しているからである。

たとえば，「生活科／社会科（見学）」の授業で地元を取り上げたり，「総合的な学習の時間」で地元の施設や環境を調べたりでもしないかぎり身近な地域についてよく知らないまま暮らしている生徒が少なくない（ある意味で「身近な」地域ほど身近でなく，「身近でない」地域ほど身近に感じやすくなっている）からこそ，そのような学習が意味をもつ。無意図的な社会化に待つだけではもはや足りないほど，身近な地域の伝統／習俗に触れたり慣習を身につけたりする機会自体も失われつつあるのであり，今や抽象的な知識よりも具体的な経験の領域でこそ"学校化"が進行しつつあるともいえる訳である。たとえ，家庭において進行する"学校化"がインフレの傾向にある場合でも，地域内における家庭間の交流などを通じた具体的な経験はむしろそれゆえに乏しくなっていく傾向にあり，この面でもインフレがデフレに影響を与えているといえよう。

またこうした身近な地域の"学校化"は，生徒以外の地域住民が広く学校に関与するようになってきた事態ともいえる。たとえば，一方では地域住民が教育者の側として，一般に通用する資格（教員免許など）を持たなくても学校運営協議会（コミュニティ・スクール）等を通じて参画できるようになってきたし，学習者の側としては，広く開放された学校施設も利用しながら学習機会を広げてきている（コミュニティ教育など）のである。

## 6 「インフレ／デフレ」を通じて多様な地域に関わる学校

現在に至る地域と学校の関係をこのように素描してくると，従来のような「地域ありき」の議論とは一線を画し，同時に「特定の地域内」の議論に終始するのを回避しやすいことも容易に見て取れよう。機能分化社会においてはもはや地域は確固たる存在ではないことを前提にしつつも，学校がインフレ局面においては「より広域的な地域」と関係する一方で，デフレ局面においては

「より身近な地域」と関係するように，様々な規模の地域と重層的に関係していることを垣間見せてくれるのである。

これに対して従来の議論は，言わばインフレ／デフレのいずれかに偏りがちで両者を架橋する視点に乏しかったため，たとえばコミュニティ・スクールの議論でも，当該地域の内部に（インフレ志向の家庭／デフレ志向の家庭のような）多様性がありうることは余り想定されてこなかった。したがって，主にデフレへの修正の問題としてのみとらえられると「当該地域の問題」に終始して，「外部から部外者を」参画者として迎えたり「外部へ部外者として」参加しようとしたりする発想にも乏しくなるか，逆に加速するインフレに対応させるべく学校を補強する問題としてのみとらえられると，（塾・予備校の講師を学校に招くなど）「身近な地域の問題」として語る必然性を欠いたままになることが多かったように思われる。従来の議論では，「地域の問題」というと何か「特定の地域内の事象」と見なされることが多かった訳であるが，実際には（転校や編入学，外国人労働者の子女／保護者の異文化間の越境など）「地域間をまたぐ事象」も重要になってこよう[6]。

しかしながら実際は，インフレ志向を通じて広域的地域に目を向けることは「外部地域との交流」など地域間を結びつける基盤にもなり得るのであって，たとえば「Uターン」のように最終的にはデフレ志向でも「インフレ志向を経る」場合や，「Iターン」のように「インフレ志向を介して外部とつながっておく」ことが外部からの流入を促す場合も生じてくる訳である。特定の地域の問題であっても当該地域にとらわれず，いわばミクロとマクロを往復しながら様々な地域を比較検討できるルーマン理論に依拠することで，そうした考察も容易になるといえるのではなかろうか[7]。

また実際，インフレへの「特化」という面では塾・予備校などに及ばないとしても，デフレにも同時に対応できる点では学校に一日の長があろう。むしろ学校が失われたらインフレの修正に至るデフレとの接点が完全に失われてしまい，インフレ志向が加速するばかりになる者も出てくる虞すらある。ある意味ではそうした事態を回避するためにも，学校はインフレだけでなくデフレにも対応できることをいっそう明確に示すべく，より身近な地域や家庭との協働を今まさに始めた段階ともいえるのかもしれない。

注
1) 逆にいえば身近な地域や家庭に「近代」が浸透してくるとともに，学校が「身近な地域」への窓口としても機能しやすい条件が整っていったのである。実際，地域社会や家庭の崩壊／空洞化が叫ばれる側面に対して，学校側から働きかけたり交流の場を提供したりすることも今や珍しくないであろう。
2) 地域にとどまる場合，青年団などの「団体」を通じて社会教育が受け皿になったりもした。また，「トップダウン」型の「中央集権」的な教育の近代化とは別に，草の根レベルの教育活動も「学校」に通うことのない成人や青少年を中心に浸透した。
3) ただしルーマンは教育システムに成果メディアを認めていないので，教育システムのインフレ／デフレを直接論じてはいない。よって本章では，ひとまず成果メディアとは無関係に，教育的コミュニケーションに対する期待や信頼が過剰に高まる場合がインフレに相当し，期待が過小評価される場合がデフレに相当すると「機能的等価物」を仮定して議論していることになる。
4) たとえばインフレでは，学歴（の影響力）が広範に流通すると期待されたり実力以上の目標が際限なく目指される「受験競争」の激化と同時に，背景では「受験に関係ない」身近な伝統文化との関わりや学校‐塾‐家庭以外を地元で過ごす時間などが失われていくし，日本を脱出して海外の学校や大学を志向する場合もやはり地元や故郷との関わりが希薄化していくことになる。デフレはインフレが招くこのような事態を修正する方向性を持つ。
5) ただし小中一貫校や中高一貫校などの連携や，進学に向けたカリキュラムの高度化などを行なう学校もあり，全ての学校が一律にデフレ化しつつある訳でもない。また，学習指導要領の変更や学力テストの実施などを通じて再び全体としてインフレ化していく可能性もあろう。
6) これらの事象は往々にして「教育外の事象」とも密接に関連しており，機能システム間の関係も当然重要になってくる。
7) さらにいえば，従来は「学校と地域」の問題は教育的視点でのみ語られがちであったのに対し，むしろ「教育以外の」インフレ／デフレも併せて考慮できるなど，教育の問題でも教育にとらわれずに済む点もルーマンに依拠する意義といえるかもしれない。

引用・参考文献
Luhmann, N.（1997）*Die Gesellschaft der Gesellschaft*, Suhrkamp.（馬場靖雄・赤堀三郎・菅原謙・高橋徹訳『社会の社会（1・2）』法政大学出版局，2009）
――――（2002）*Das Erziehungssystem der Gesellschaft*, Suhrkamp.（村上淳

一訳『社会の教育システム』東京大学出版会，2004）

# 13章　政治システムと教育

鈴木　弘輝

## 1　「ポスト福祉国家時代」としての現代

　本章のテーマは,「政治システムと教育」の関係について, ルーマンの教育システム論を用いて論ずることである。しかし,「政治システムに関するルーマンの議論」と「教育システムに関するルーマンの議論」をそれぞれ参照し, その比較をしただけでは, ルーマンの議論がもつ「現状への批判力」を明らかにすることは難しい。ルーマンの手によって展開された様々な機能システム論は,「システム」にまつわる諸概念をもとに現状を忠実にトレースするところよりも, むしろ「システム」という概念を用いて議論を展開することを通じて, 様々な社会の現状を批判するためのポイントを明確にするところに, その真骨頂があると考えられる。だから,「政治システムと教育」というテーマでルーマンの議論を参照するのであれば, それがもつ「現状への批判力」がいくらかでも明らかになるような議論をする方がよいだろう。

　では, どのような議論からスタートすると, ルーマンの批判力を明らかにできるだろうか。「政治システムと教育」の関係を論ずる本章では,「ポスト福祉国家時代」として日本の現代をとらえる議論からスタートするのが適切だと考える。例えば, 政治学者の宮本太郎によれば, 現代の日本では「自由」の名の下にむしろその基本条件である生活の基盤が掘り崩されてきている。今は「福祉国家」という制度の前提である「コミュニティ」が瓦解していく過程の中にあり, その中で喫緊の課題として浮上しているのが「連帯」や「デモクラシー」のあり方であるという（斉藤・宮本　2009: 2-3）。

そして，このような日本の現状を批判し，「連帯」や「デモクラシー」について考えていく際に，ルーマンが晩年に展開した教育システム論を参照するのが有効であると本章は考える。ただ単に「政治と教育」の関係を論ずるだけなのであれば，第二次世界大戦後における日本の教育界には，「国家の教育権論 vs 国民の教育権論」という図式がすでに存在している。しかし，これからの議論で取り上げるように，「政治から教育への影響」を対象とする議論は，もはや「国家 vs 国民」という図式に収まるものではなくなっている。そして，晩年の教育システム論では，この二項対立図式を超える可能性をもった議論が試みられていたと考えられる。本章では，その点に注目することによって，「ルーマンの議論が持つ視座」を生かすことにつなげたいのである。

## 2　「新自由主義」的な教育政策と学校現場との関係

### (1)「新自由主義」の中での「臨床教育学」

　まずは，「ポスト福祉国家時代」としての現代で日本の学校教育がどのような状況にあるか，その例を2つ紹介しよう。まずここで参照するのは，長きにわたって「臨床教育学」という学問分野に携わってきた田中孝彦の議論である（田中 2009: 1-6）。

　「臨床教育学」とは，「子どもの声を聴くこと」を基本に，困難・問題に直面する子どもたちと相談的関係を結び，医療・福祉・心理臨床の専門家たちと協働しながら，子どもたちへの援助の課題を考え，教育のあり方を問い直していくといった学問的営為を指す。では，なぜ田中はどのような「時代認識」をもって，「臨床教育学」という学問を始動しようと考えたのだろうか。

　それによれば，この四半世紀ほどの間，日本の社会と人々の生活を大きく動かしてきたのは，「新自由主義」の諸施策である。それらは，資本の利潤蓄積の「自由」を第一義的に追求し，「競争」が社会と人間の活力であり，「競争」に参加して勝つか負けるかは参加者の「自己責任」であるということを強調してきたという。そして，日本政府・文部科学省による教育政策も，「地球規模の大競争時代」に対応するものとして，「新自由主義」のながれに沿うものが採用されてきた。

田中は人々の生活に目を向け，この四半世紀の間で，その基盤が急激に不安定化していると捉える。それは「勝ち組」「負け組」という言葉で表わされるものであり，その言葉に象徴される生活・文化の格差が顕在化したという。そして，日常の人間関係にも孤立・敵対の様相が色濃くなり，その影響が学校にも表れるようになったと考えている。たとえば，学校現場では，1990年代に入って，全国の小学校で低学年から「学級崩壊」現象が広がってきた。また，最近の文部科学省の調査では，学校内での子どもたちによる「暴力」事件の発生件数（ものの破壊，子ども同士の暴力，対教師暴力）は，小学校・中学校・高校のすべての学校種で，過去最高にのぼっている。

　田中はこのような状況から，現在の日本の多くの子どもたちが，かえって生育の過程で様々な「傷」を負い，「いらだち」「むかつき」「不安」「恐れ」といった生活感情を溜めているとみる。最近の教育政策の根底にあるのは，「強い力で秩序を守るよう要求し，規範意識を持たせる厳しい教育が必要である」といった偏向的な教育観だからである。それは，「学力は競争のなかでこそ伸びるものであるから，子どもを厳しい競争的な環境において鍛え上げねばならない」といった学力観に代表されるものである。

　田中はここに，「臨床心理学」の土壌があるという。田中は自らの「臨床教育学」の実践を踏まえながら，現在の教育現場で必要とされるのは，単純な厳しさや競争の強調ではなく，子どもたちの抱いている「いらだち」「むかつき」「不安」「恐れ」を受けとめ，その奥にある「生き方への問い」を察知し，それを一緒に考えていくような対応であるという。それは言い換えれば，「子どもたちの声を聴くこと」である。

## (2)「グローバル化」の中での学校教育

　このように，「一貫した新自由主義的な政策が子どもたちを『いらだち』や『不安』に陥れている」というのが，田中の議論の主旨である。そして，この「『地球規模の大競争時代』に沿おうとする教育政策が生徒の感情を荒廃させる」というような思考図式は，「政治システムと教育」を考えるのに十分な刺激を与えてくれる。そこで，このような図式で議論を展開している岡崎勝の議論を，次に取り上げることとする。

岡崎は現役の小学校教諭であり，その立場から，学校教育に関する様々な提言を行なっている（岡崎 2007: 89-92）。それによれば，平成19年に提出された「教育再生会議」の報告書が「『グローバルな知識基盤の社会の到来』に備えた教育の必要性」を唱えているが，教育現場の「現実」は，そのようなものが出るかなり前から（別の意味で）「グローバル化」を意識したものに変質しているという。

　確かに，教育政策の担当者は「イノベーションを生み出す高度な専門人材や国際的に活躍できるリーダー」を育成するために，「学力を向上させる」「すべての子どもに規範を教え，社会人の基本を徹底する」「あらゆる手立てを総動員し，魅力的で尊敬できる先生を育てる」「保護者や地域の信頼に真に応える学校にする」といったことの重要性を述べている。しかし，そのようなことを今さら政府に指示されなくとも，生徒の親はそのような人材に我が子を育て上げるべく，「学『歴』や資『格』，経験『値』（知ではない）や業績としての成績を勝ち取るための競争に，我が子を参入させている」というのである。

　岡崎が自分の経験を踏まえながらいうには，親たちは有名私立中学や有名大学を単に目指しているのではなく，「世間（グローバル化した世界）のどこでも通用する価値ある子ども」を求めている。したがって，子どもたちが学校や塾で展開している入試競争は，実は「世界の市場原理の一部」への参加を志向するものであり，その意味で教育現場は「小文字としてのグローバルな場」になっているというのである。

## (3) 競争のグローバル化

　田中と岡崎の議論を並べてみると，両者が表裏の関係になっていることが分かるだろう。すなわち，「受験競争」には「狭い世界に没入したきりで広い世界に目が向いていない」というイメージがつきものだが，最近の「競争」はむしろ「グローバル化」に直結したものになっているというのである。最近の生徒とその親は，「『地球規模の大競争時代』に乗り遅れないようにしたい」，「『イノベーションを生み出す高度な専門人材や国際的に活躍できるリーダー』になれるようにしたい」と考えて「受験競争」に励む。

　しかし，その「競争」はいまや「グローバル化」と直結しているがゆえに，

いわば「終わりがない」。たとえば，非常に下世話な言い方であるが，もしこの「受験競争」が日本国内で収まるものであれば，「東京大学（などの一部有名大学）」に入学すれば「不安」はかなり解消されたはずである。それが，今や「競争のグローバル化」が進んでおり，しかももともと「競争」と「不安」はセットになっているがゆえに，「不安」はさらに続く。生徒とその親は「不安」だからこそ「競争」に没入しようとするのだが，「競争のグローバル化」に基づく「不安のグローバル化」はいつまでも続くのである。

## 3 「平等化」をめぐる政治状況の世界的な変化

### (1) 従来の世界秩序を崩すダイナミズム

　ここまで紹介した 2 つの議論は，あくまでも現代日本の教育で起こっている例であるにすぎない。だから，学校教育の現状を「グローバル化」という大きな問題につなげるのは安易だと思われるかもしれない。しかし，この「競争のグローバル化」が「（人々の）不安のグローバル化」につながるというような政治状況について，すでに政治学者の宇野重規によって論じられている（宇野 2010: 2-18）。つまり，「日本の教育現場におけるコミュニケーションの変化」を「グローバル化」につなげて論ずることは，決して論理の飛躍ではないのである。

　それによれば，現代を特徴づけるのは，従来の世界秩序を覆す新たな勢力の台頭である。サミットに象徴される「先進国クラブ」による世界運営は，すでに過去のものとなった。次々に台頭する勢力は，自らの存在を強く主張し始めている。新たな平等を求める声に耳をふさぐことはもはや不可能になったとされる。その中で，世界の各地で，さまざまな個人，集団，民族の平等意識が鋭敏になり，現存する不平等への異議申し立てが加速化しているという。つまり，現代においては，「平等意識」がグローバルなレベルで高まってきており，このような時代は政治の独特なダイナミズムを生み出すと同時に，つねに分裂と無秩序の危険性にさらされているというのである。

　宇野はこのような状況を本質的に理解するために，トクヴィルの「平等化」という概念を参照している。それは，「これまで別々の世界に暮らし，互いに

自分とまったく異なった存在とみなしていた人々が，接触を通じて，互いを同じ人類とみなすようになる」という過程である。しかし，トクヴィルによれば，このことは直ちに「平等化」した人々の平和な共存を意味しないという。なぜなら，「自分と同じ人間である」とみなすならば，自分とその同胞との間になぜ不平等があるのか，どうしてそれが正当化されるのかが疑問の対象となっていくからである。自分と他人を隔てる想像力の壁があまりに自明で，壁の存在すらとくに意識されなかった時代と違い，基本的に平等であるからこそさらに自他の違いに敏感にならざるを得ない。宇野によれば，トクヴィルはそれを「デモクラシーの時代」の特徴とみなすというのである。

### (2)「平等化」のグローバルな展開

　宇野はこのように議論を進めたうえで，現在の世界で起こっていることを，「『平等化』のグローバルな展開」としてとらえる。それは，新たな平等意識に目覚めた非先進国の人々が，これまで自分たちの従属してきた既成の権威の構造に異議申し立てを行ない，より平等な秩序のあり方を模索するようになるということである。

　そして，この展開は各国内部にも波及するという。各国の労働者は，お互いに見ず知らずの人々と「平等」であるがゆえに，潜在的には競争状態におかれることになる。他の労働条件が「平等」であるならば，より安い賃金で実現する他国の労働者に仕事を奪われてしまう。さらに，これまでは国民としての一体感によって相対化されてきた一国内の「不平等」も，より眼に見えやすくなる。国民国家が国内における一定程度の「平等」を実施しようとしても，「『平等化』のグローバルな展開」の時代は逆に，そのような「平等」が失われる時代となってしまう。だから，各国内における「平等・不平等」をめぐる対立や紛争が，ますます激化すると考えられるのである。

　「競争のグローバル化」は，単に「競争相手が世界中に増えていく」ということを意味するのではなく，「基本的に平等であるからこそさらに自他の違いに敏感にならざるを得ない」という意識へと人々を追いこんでいくことを指す。それまでは意識しなくてもよかった「自他の比較」へと開かれるがゆえに，人々の不安は簡単に治まらない。

このように，日本の学校教育で起こっている「不安のグローバル化」の背景には，「『平等化』のグローバルな展開」という政治状況の変化があると考えられる。この変化は，「世界的な政治状況におけるコミュニケーション上の変化」ということになる。ということは，確かに「新自由主義」を前提とした特定の教育政策が「不安のグローバル化」を促進したとはいえるが，その政策だけによってそのような状況が切り開かれていったとみなすのは問題だということになる。それは言い換えれば，個々の政策に還元されることのない「政治的なコミュニケーションの変化」が「不安のグローバル化」を促し，その両方の変化が「教育的なコミュニケーション」に影響を与えているということである。

## 4　ルーマンの政治システム論

### (1) 人々にもたらされる「孤立」や「不安」

　このように，日本の教育現場でみられる「不安のグローバル化」には，「『平等化』のグローバルな展開」という背景があることが明らかになった。では，「政治システムと教育」という本章のテーマと照らし合わせた場合，先の二例からどのような論点を引き出すことができるだろうか。それは，【新自由主義という「政治的なコミュニケーション」とは別のコミュニケーションを，「教育的なコミュニケーション」において構築する必要がある】というものである。岡崎の議論が示すように，現代の教育現場には「（新自由主義という）政治的なコミュニケーション」があまりにも浸透しているがゆえに，「自らの現状を俯瞰する視点」だけが獲得されてしまい，その結果として個々人が孤立してしまうといった事態を招いている。また，田中の議論が示すような「いらだち」「むかつき」「不安」「恐れ」といった生活感情も，個々人の孤立からくるものだと考えられるのである。

　もっとも，人々が自らの現状に埋没することなくそれを俯瞰する視点をもつことは，本来ならば大いに奨励されるべきことである。しかし，新自由主義的な政策が行なわれる「ポスト福祉国家時代」である現代において，「自らの現状を俯瞰する視点」は人々に「孤立」や「不安」を現にもたらしている。だからこそ，田中は自らの「臨床教育学」という「教育的なコミュニケーション」

を通じて，新自由主義という「政治的なコミュニケーション」とは別の原理に基づくコミュニケーションを構築しようとしているのである。

では，そのような「孤立」や「不安」に正面から立ち向かうべく，【新自由主義という「政治的なコミュニケーション」とは別のコミュニケーションを，「教育的なコミュニケーション」において構築する】には，どのような思考が必要なのだろうか。それを考えるためにここで取り上げるのは，ルーマンの政治システム論が展開されている『福祉国家における政治理論』である（Luhmann1981＝2007: 23-28 および 167-169）。これは，第二次世界大戦後の西側先進国で採用された「福祉国家」という「政治（的なコミュニケーション）のあり方」を，自らの機能システム論で検討したものである。

### (2)「福祉国家」のシステム論

まず，ルーマンの社会システム理論における「大前提」を確認しておこう。それは，「現在の社会は（政治・経済・科学・法・教育といった）個々の機能システムに分化している」というものである。だから，「政治（的なコミュニケーション）」を構築・維持するのは「政治システム」だということになる。

その一方で，ルーマンによれば，ヨーロッパにおける「福祉国家」の成立は「議会制民主主義」の発達と大いに関係がある。すなわち，人々を議会制民主主義へと能動的に参加させるために，国民の様々な欲求や利益が「政治的テーマ」として幅広く取り上げられるようになった。したがって，ルーマンの想定する「福祉国家」とは，単なる「万人にとっての社会的安寧の最低水準を保障する国家」ではない。それは，ある人にとってはあまり関係のない「特殊な問題」を「（国家全体の）公的な問題」として，次々に政治的テーマに繰りこんでいくような国家を指す。しかし，「福祉国家」にこのような方針があるからこそ，「不平等」に関する人々の意識が政治上の問題として浮上するとルーマンはいう。なぜなら，「不平等」に関する人々の意識はそれぞれの機能システムによって産出されるにもかかわらず，「福祉国家」においてはそれらを全て「政治システム」が「（国家全体の）公的な問題」として扱うようになっているからである。

もっとも，この「福祉国家」は内在的限界に突き当たるとルーマンはいう。

そして，政治をまさに「政治の機能」＝「集合的な拘束力のある決定」に還元する必要があるという。すなわち，「不平等」という人々の意識を収めることは，政治システムには解決できないというのである。ルーマンは，「政治の機能」を限定的にとらえることを「限定的な政治理解」と呼んでいる。そのような考え方に沿うならば，政治は社会生活に対する独自の貢献をすべきであり，それもできるだけ効果的にすべきだということになる。それと同時に，政治は自己の限界もわきまえなければならず，この限界を受け入れることにも責任を負わなければならないということになる。そして，そのように考えることではじめて，教育，経済，科学，家族生活などが，どのような点でちゃんと機能する政治を必要としているのか，厳密に規定することができるという。しかし，その場合には，個人をつねに役割遂行者として特定の機能的関係のなかでのみ参加させるような社会秩序においても，また心配な時や困った時にはいつでも頼ることのできる相手，不作の時には払いを割り増しし，豊作の時には余剰を引き取ってくれる相手がもはやいない社会秩序においても，人間的に満足のいく人生，「良き人生」はなお可能である，ということから出発しなければならないとも，ルーマンは論じている。

## 5　「不安のグローバル化」に対応するための「教育政治」

### (1) ルーマンの政治システム論を超えて

　ルーマンの政治システム論で注目すべき点は，政治システムにとって人々の「平等意識」は外部にあるものとされているところにある。だから，「現実の機会の不平等」を克服しようとすることは，本来の機能分化の範囲を超えたコミュニケーションを政治システムに強要することになるとされる。つまり，ルーマンの議論を参照するならば，「『政治システム』でしかない『政治』」に，人々の「不安のグローバル化」の解決を求めてはいけないということになる。そして，ルーマンは，その解決方法を「人々の意識の変化」に求めている。すなわち，「福祉国家」に人々が求めているのとは別の生き方を提示しており，それは「自分の意識を政治に反映させようとしない」ということである。ここから，ルーマンの政治システム論が「国家に頼る者／頼らない者」という区別，

すなわち「国家 vs 国民」という区別を前提としていることが分かる。

　ルーマンの政治システム論の利点は，「国家に頼らない者」という概念で「政治システムの外部」を明示していることである。しかし，この政治システム論の枠内では，「自分のことは自分でやるようにする」「他人にはなるべく口出ししないようにする」といった結論しか出てこない。ここに，この議論の問題点がある。なぜなら，それだけでは「新自由主義の『自己責任』と変わらない」と反論されてしまうからである。人々に対して，国家と個人の関係について「自分の現状を俯瞰する視点」を獲得することばかりを強調することは，かえって現状を助長することになると考えられる。なぜなら，そのような視点にこだわるからこそ，「『地球規模の大競争時代』に乗り遅れないようにしたい」「『イノベーションを生み出す高度な専門人材や国際的に活躍できるリーダー』になれるようにしたい」とばかりに，現に受験競争に参入しているからである。つまり，この当時のルーマンのように「政治システムの外部」を語るだけでは，【新自由主義という「政治的なコミュニケーション」とは別のコミュニケーションを，「教育的なコミュニケーション」において構築する】に不十分なのである。

　そのために，本章はここから，「1981年におけるルーマンの政治システム論」を乗り越えるための考察を行なう。しかし，それはルーマンの議論から外れるということでは全くなく，これから参照するのはルーマンが晩年に展開した「教育システム論」である。冒頭に記したように，この議論はそれまでルーマンが前提としていた図式を越える可能性をもったものである。そして，これからの議論を通じて導き出される結論とは，【「不安のグローバル化」に正面から対応しようとするために，政治システムにおける「政治的なコミュニケーション」ではなく，教育システムを前提とする「（別の）政治的なコミュニケーション」を構築・維持する】というものである。

### （2）「国家 vs 国民」という二項対立を超えて

　もっとも，現代の日本においてでさえ，実は「国家か国民か」という対立図式は批判されてきている。「政治と教育」という二項対立は，もはや「国家 vs 国民」という二項対立では論じることができないという議論が，すでに提示さ

れてきている。そこで，最近の日本の教育界で，「政治と教育の関係」がどのように論じられてきているのかを取り上げてみることとする。

これから取り上げるのは，教育学者の小玉重夫による「教育における法と政治」に関する議論である（小玉 2009: 191-195）。小玉はこの議論の中で，2007年に実施された「全国学力・学習状況調査」を取り上げながら，「政治と教育の関係」について論じ始めている。それによれば，この「全国学力調査」の実施主体は文部科学省であるが，文部科学省には学力調査への参加を学校に強制する法的権限はなく，あくまでも各教育委員会や学校の「協力を得て」実施するというかたちをとる。すなわち，文部科学省が強制する権限は憲法をはじめとする諸法に規定されておらず，いかなる公的教育機関であっても法に規定されてある以外のことを行なう権限は存在しないということになる。小玉はこの点を強調しながら，日本の教育が「立憲主義」や「法治主義」の原則に則って運営されていることを改めて確認している。

本章の冒頭でも紹介したとおり，日本国憲法制定後の日本では，これらの原則をどのように運用するかをめぐって「国家の教育権論 vs 国民の教育権論」が対立してきた。「国家の教育権論」では，教育を受ける権利を保障するための国の果たすべき責任の一環に，教育内容の規定も含まれると考えられる。これに対して「国民の教育権論」では，教育を受ける権利の中心を「子どもの学習権」にあるととらえ，それを保障する義務履行の優先的権限が親などの保護者にあると解する。そして，その保護者が自らだけでは果たしえない権限の一部を共同して教師に委託し，その結果創設されるのが，公教育としての学校であるととらえる（親義務の共同化としての公教育）。

### (3)「教育政治」という考え方

しかし，小玉はここで，この対立図式に当てはまらない今日的な例を提示する。それは，「学力調査に参加しなかった自治体で一部の保護者や教師がそれを不服として，『私たち（の子ども）にも学力調査を受けさせて欲しい』と訴える」というものである。なぜ当てはまらないのか。それは，その人たちが訴えるのは教育委員会と自治体であり，国ではないからである。したがって，こういった人たちの立場は，「国家の教育権論 vs 国民の教育権論」では十分に

説明できないというのである。

　小玉はさらに，これまでの図式で解けない「いじめ，不登校，校則といった学校運営の方針をめぐる争点」が，教育現場では噴出していることを指摘する。そして，それらを踏まえた上で，法に先立つ「教育政治」の重要性を主張するのである。つまり，現在の学校教育の現場に必要なのは，「立憲主義」や「法治主義」のように既存の法を遵守するような活動だけでなく，そのような法の元になるような活動を行なう「教育政治」だという。法に基づく「教育行政」は，その法を構成するような「教育政治」の後に位置づけられるものだというのである。

　その議論によれば，地方議会・一般行政・市民活動団体など，従来であれば「教育行政」の外に位置するものとされてきた諸セクターが，「教育政治」には参加することになるだろう。それは「政治主導による新たな教育現場の構築」ともいえるものであり，これこそが「教育政治」なのである。たとえば，アメリカではチャータースクール法によって，有志が新しい公立学校を創設し運営できるようになったが，これも「教育政治」の一環としてみることができるのである。

## 6　「ルーマンの教育システム論」の可能性

### (1)「教育政治」と「シティズンシップ」

　先の「学力調査に参加しなかった自治体で一部の保護者や教師がそれを不服として，『私たち（の子ども）にも学力調査を受けさせて欲しい』と訴える」という例は，「『地球規模の大競争時代』に乗り遅れないようにしたい」「『イノベーションを生み出す高度な専門人材や国際的に活躍できるリーダー』になれるようにしたい」とばかりに，現に受験競争に参入する生徒とその親と通ずるものがあるだろう。しかし，このようなコミュニケーションへの参入は，決して「不安のグローバル化」から逃れられるものではない。だからこそ，現代日本の学校教育には「教育政治」が必要になると考えられるのである。

　そして，その「教育政治」の方向性については，予め「あるべき姿」を主張しておいた方がよいと考えられる。例えば，「教育政治」の重要性を指摘した

小玉は，これまでの政治的なコミュニケーションとは別のコミュニケーションの可能性を示す概念として，「シティズンシップ」に注目している（小玉 2009: 255-261）。その議論によれば，シティズンシップを構成するのは，「社会的道徳的責任」「共同体への参加」「政治的リテラシー」といった3つの要素である。そして，国家や共同体に都合のよい「使い捨ての要員」を育てるのではなく，「政治文化の変革を担う積極的な市民」を育てるために，特に「政治的リテラシー」を涵養するための「政治教育」が必要だとする。それが目指すのは，同質的な関係ではなく，異なるアイデンティティを有する異質な他者どうしの関係を視野に入れた，シティズンシップの構築である。

　そして，このような議論の中から「教育政治」という考え方が出てくる。それは，「（従来通りの）政治的なコミュニケーション」とは別の政治的コミュニケーションを志向するものである。しかし，もしかすると『『教育政治』は多くのセクターが参加する（のが望ましい）」とされていることに対して，「多くの人が参加すると一貫した教育行政が実施できないのではないか」といった反論が出されることが予想される。しかし，「政治主導による新たな教育現場の構築」には「多数の参加者」が不可欠であり，しかも教育現場には必ずしも一貫性が必要ではないとすら考えられる。このことについて考えるために，先ほどから指摘している「ルーマンの教育システム論」を取り上げるのである。

### (2)「教育システム」の自律性

　ルーマンはその生涯に渡り，全体社会の中にある諸機能システムに関する議論を展開したが，「機能」の位置づけについては，年月を重ねるにしたがって表面的に大きく変わったようである（本章ではそのようにルーマンの議論を解釈する）。すなわち，全体社会における「機能システムの自律性」が，彼の議論の中で強調されるようになったのである。例えば，最晩年の著作である『社会の教育システム』によれば，現代の教育システム内では「教師と生徒との相互行為」が自律的な動きを見せており，教育行政当局による働きかけが及びにくくなっていることを指摘している。しかし，ルーマンは決してそのことをマイナスに評価しているのではない。むしろ，「行政の届かないコミュニケーション領域が存在している」という点に，「人々が様々な価値観を抱きながら共存

できるような社会の構築」の可能性を見出していると解釈できるのである。

　では，その『社会の教育システム』の議論を参照してみよう（Luhmann 2002＝2004: 88-91, 162-223）。ルーマンによれば，教育システムはあくまでも自律的に作動するのみであり，その点では「高い効率を示す」のであるが，それが「他のシステムとの関係」においてそうであるかは，当のシステムのあずかり知らぬことである。そして，特に教育システム論においてルーマンが強調するのが，「教師─生徒間での相互行為（＝コミュニケーション）」の自律性である。それによれば，学級における相互行為システムである授業は，規則の適用としても，目的達成のための手段という因果的関係としても，予定された軌道としても，理解することができない。したがって，政治の側から教室で実際に起こっていることを捉えるのは，不可能に近いのである。

　では，その教育システムにおいては，どのようなコミュニケーションが展開されていると考えられるだろうか。まずルーマンが指摘するのは，「生徒の将来にとってどのような教育は必要とされるか」という問題一つとってみても，二種類の原理が並在するということである。それによれば，そのような問題は政治システムに仲立ちしてもらっても，共通の計画など考えようがない。その代わりに，問題は，対立方向の2つの原理──〈専門知識が役立つだろう〉，または，〈広い知識が役立つだろう〉──に分解され，教育システムは両者の間を振動(オッシレート)することになる。

　そして，教育システムはこの二刀流によって，どんな歴史的状況にも対応して改革と取り組むというのである。すなわち，教育システムにとって職業教育があまりにも一般的，理論的，非実務的に行なわれており，個々の職業ごとの特殊な要請を満たしていないと思われることがある。こうした問題に対処するために授業計画が改革されると，こんどは，それに反対する論拠がすぐ思い浮かぶ。職業教育は，未知の未来と，起こりうる雇用状況の変化に向けて備えるものでなければならない，とされる。したがって，教育システムは，内容的に異なる2つの実施路線を敷設するか，それとも，2つの案の間を時間的に振動するかのどちらかを採用する。なぜなら，原理的に理性的だと認められる解決を見出すことはできないが，雇用市場における卒業生のチャンスを広げるかもしれない諸要請を敏感に受け止め，その感度を再生産していくことはできるか

らである。

### (3)「教育システム」のなかでの「絶えざる振動」

　ここでルーマンが提唱しているのは、「専門知識（あるいは一般知識）だけが絶対に大切だ」という「一方的な決めつけ」を排除することの重要性である。ルーマンによれば、「原理的に理性的だと認められる解決」を目指すことは、「一方的な決めつけ」につながるのである。だから、「専門知識／一般知識」の区別の間での「絶えざる振動」を通じて教育システムがひたすらに作動することを、それへの代替案として提示している。それは、そのように教育システムが作動し続けるように実践することを、教育システムにコミットする者たちに提唱していると考えられる。

　では、なぜそのような「絶えざる振動」が必要なのか。それは、先にルーマンが述べているように、「人々のチャンスを広げるかもしれない諸要請を敏感に受け止め、その感度を再生産していく」ことこそが、最も重要だからである。このような考え方が明確に出ている件を、『社会の教育システム』から取り上げよう。それは、教育システムにおける「教育」と「選別」の区別に関するものである。

　それによれば、「教育」と「選別」の区別は、相互行為のあり方をも特徴づけている。「教育」は、自己の与える刺激が自由に受け取られることを欲しながら効果を挙げようと努力する場合には、〈生徒の自尊心を大切にせよ〉という定めの下で作動する。それに対して、「選別」で重視されるのは、予め定められたルールに基づく「成績」の配分である。そして、教育システムにおけるコミュニケーションは、一方における〈思いやり〉や〈社会的配慮〉や〈後押ししてやりたい気持ち〉が取る形式と、他方における成績符号の配分との、両極の間を振動（オッシレート）する。成績は思いやりによって左右されてはならないし、そんなことは期待されてもいない。そんなことをすれば、「評価基準を正しく扱うべし」というルールに違反するからである。

　ルーマンによれば、ここでも教育システムは2つのレールの上を進むとされる。そして両者の矛盾があるために、成功や合理性は全く保証されない。しかし、この矛盾こそ、システムの作動を一方のコミュニケーションモードから他

方のコミュニケーションモードに切り替えること，たとえば試験の不合格や悪い成績について話し合い説明することを，可能にするものだとされる。

そして，この議論を見ることによって，先の「諸要請を敏感に受け止め，その感度を再生産していく」というくだりの持つ意味が，より鮮明になるだろう。すなわち，ルーマンにとって，「〈思いやり〉・〈社会的配慮〉・〈後押ししてやりたい気持ち〉／合理性」という区別は，先の「専門知識／一般知識」という区別と同様に，教育システムの作動にとって必要なものである。つまり，教育システムの持続に必要なこととして考えられるのは，2つの間で「絶えざる振動」が続くことによって，〈思いやり〉・〈社会的配慮〉・〈後押ししてやりたい気持ち〉に関する感度を再生産していくことなのである。

## 7 ルーマンの教育システム論が明示する「教育政治」のイメージ

ルーマンによれば，教育システムには「様々な立脚点」があり，その立脚点に基づいた様々なコミュニケーションが展開されている。そして，そのような「コミュニケーションの並在」の中で，「人々のチャンスを広げるかもしれない諸要請を敏感に受け止め，その感度を再生産していく」ことや，〈思いやり〉・〈社会的配慮〉・〈後押ししてやりたい気持ち〉に関する感度を再生産していくことが可能になるということになる。

ここに，「多くの人が参加すると一貫した教育行政が実施できないのではないか」といった反論に対する再反論の土台があると考えられる。「教育政治」への多数のセクターが参加することによってもたらされる「非一貫性」は，むしろ「不安のグローバル化」に対する感度を高めるものとして，むしろプラスに評価されるべきものとなる。つまり，「『地球規模の大競争時代』に乗り遅れないようにしたい」「『イノベーションを生み出す高度な専門人材や国際的に活躍できるリーダー』になれるようにしたい」とばかりに，生徒とその親が受験競争に参入するような現状においては，「自分の現状を俯瞰する視点を獲得すること」は，むしろ「孤立」や「不安」へとつながってしまうということである。だから，そのような状況から脱却するためには，具体的に存在する様々な立脚点を自分の中に構築し，それらに立った様々なコミュニケーションを，お

互いに積極的に仕掛けていくべきだということになる。そして，それこそが，最晩年のルーマンが目指した「社会学的啓蒙」の姿なのではないかと考えられるのである。


**引用・参考文献**
宇野重規『〈私〉時代のデモクラシー』岩波書店，2010.
岡崎勝「眠れない夜と教育改革の日には，忘れかけていた『愛国心』がよみがえる」『現代思想』4月号，青土社，2007.
小玉重夫「教育における法と政治」木村元・小玉重夫・船橋一男『教育学をつかむ』有斐閣，2009.
─────「シティズンシップ」木村元・小玉重夫・船橋一男『教育学をつかむ』有斐閣，2009.
齋藤純一・宮本太郎「対論　自由の相互承認に向けて」齋藤純一責任編集『自由への問い1　社会統合　自由の相互承認に向けて』岩波書店，2009.
田中孝彦『子ども理解　臨床教育学の試み』岩波書店，2009.
Luhmann, N. (1981) *Politische Theorie im Wohlfahrtsstaat*, Olzog.（徳安彰訳『福祉国家における政治理論』勁草書房，2007）
───── (2002) *Das Erziehungssystem der Gesellschaft*, Suhrkamp.（村上淳一訳『社会の教育システム』東京大学出版会，2004）

# 14章 〈学校から仕事へ〉の移行と教育システム

児島　功和

## 1　はじめに

　本章では，教育システムと経済システムとのシステム間関係について明らかにしていきたい。具体的には，学校から仕事への職業的移行をめぐる現状や歴史的・社会的背景，それをめぐる議論を整理・検討しながら，現代の日本社会において移行をどのように考えればいいのかという視点を提示する。

　1990年代半ば以降，「フリーター（若年非正規労働者）」や「ニート（若年無業者）」と称される若者が学問領域だけでなく一般的にも注目を集めている。当初，そうした若者は主に「勤労意欲の低下」ゆえにそうした状態をみずから選択していると，マスメディアを中心に取り上げられていた。だが，近年になって複数の調査・研究の蓄積もあり（小杉編 2005 など），「バブル景気」の崩壊に伴う長期的かつ大幅な景気後退が背景にあること，正規雇用比率の低下に非正規雇用比率の上昇といった就業構造ならびに産業構造の転換がその主たる理由であると考えられるようになった[1]。

　図14-1は厚生労働省による新規高卒者を対象とした求人・求職・就職内定状況等の調査結果であるが，求人数の激減に象徴されるように新規高卒労働市場が急速に縮小していることがわかる。また新規高卒者ほどではないものの，新規大卒者もまた移行に困難を抱えている（居神ほか 2005）。近年は若干の回復基調にあったものの，2010年3月卒の新規学卒者の就職率は再び急速に低下し，前年比では過去最大の下げ幅を記録した。

　もっとも，仕事の世界に入っていく上で，また就労生活においてどの層の若

**図 14-1　高校新卒者の求人・求職・就職内定率の推移（1月末）**

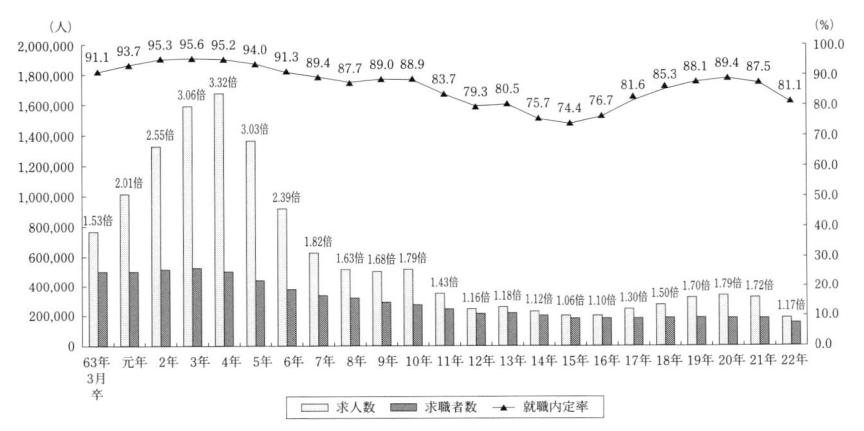

（注）棒グラフの上の値は求人倍率
資料出所：厚生労働省『高校・中学新卒者の就職内定状況等』

者も同じように困難に晒されているわけではない。特にそうした困難は，「低階層」（相対的に親の所得が低く，親学歴が低いなど）出身者で，非高等教育進学者に偏在していることも明らかになっている。しかしながら，若者の学校から仕事への移行をめぐる状況は，総じてかつてよりも不安定化・流動化したといえるだろう。学校卒業とともに正規就職でき，ある程度安定した就労生活，結婚・離家・家族形成など一定の「大人」への将来見通しをもつことができるという戦後社会で標準化・規範化されたルートは，大きく変容したのである[2]。

それでは，こうした事態をどのように考えればよいのだろうか。様々な視角がありうるが，本章ではルーマンの社会システム理論を主たる分析視角として採用し，諸機能システムの中でも教育システムに準拠しながら，議論を進めていきたい。言い換えるならばそれは，近代になって教育システムと経済システムのシステム間関係に必然的に生じるようになったズレ＝「軋み」を，教育システムがどのように自己調整する（しうる）のかを主にルーマンの社会システム理論から観察することであるといえる。

## 2　近代教育システムと「移行」の成立

　本節では，学校から仕事への移行について本格的に論じる前に，その前提となる歴史的・社会的背景を確認しておきたい。

　決定的に重要なのは，学校から仕事への移行という場合，「学校という場」と「仕事をする場」の分離が前提になるということである。「学校という場」と「仕事をする場」が分離しているからこそ，移行（一方からもう一方へと渡ること）が可能となるのである。また，分離しているからこそ，それをどのような形で結べばいいのか，結び方をいかに考えることができるのかという問題設定を立てることが可能となる。

### (1) 前近代における徒弟制的学習

　私たちが実際に通った経験を持ち，それゆえ空気のように昔から当たり前のようにあると感じている学校は，近代社会の産物である（森 1993）。前近代とは「士農工商」といった身分制をメルクマールとする社会であり，農民の子は農民となり，商人の子は商人となり，武士の子は武士となるという原則を有していた。前近代社会の場合，子どもは「小さな大人」として見なされ，まずもって欠かすことのできない労働力とされていた（アリエス 1980）。たとえば農民の家に生まれると，子どもは幼い頃から農業を行なう自分の家族および集落の「生活共同体」へと組み込まれ，そこで大人たちとともに生活をしながら，大人たちが「一人前」の農民としてどのように働き，生きているのかという「生活の技法」を徒弟制的に学んでいた。すなわち前近代では，労働をすること，生活をすること，そして学習することが緊密に結びついていたのである[3]。学習することは，自身の属する身分の内部において，そして身分内部における「生活共同体」の中で働き・生活することそのものであったのだ。

　このような歴史的・社会的状況では，〈学習／労働〉という明確な区別は浮上することなく，またそれゆえに，職業的移行が今日のような形で社会的問題となることもなかった。子どもが将来的にどのような仕事につくのか，そしてそのために周囲が何を行なうべきなのかは，子どもがどの身分に生まれるのかによってあらかじめ決定されていたからである。

図 14-2　移行の成立

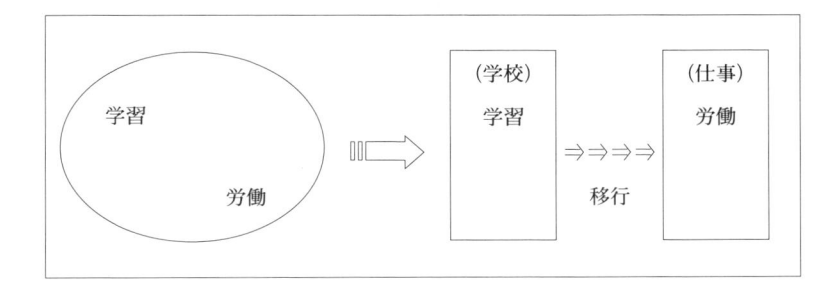

```
学習         （学校）      （仕事）
   労働  ⇒   学習   ⇒⇒⇒⇒   労働
                    移行
```

## (2)「移行」の成立

　近代になって,〈学習／労働〉という区別が明確なものとなる。このことは近代学校の誕生と結びついており,ようやく学校から仕事への移行という問題構成が可能となる（図 14-2）。子どもは自身の属する身分などの「生まれ」によってあらかじめ将来の仕事や社会的地位が規定されるのではなく,理念的には本人の能力や努力の結果としてそうしたものを得ることができるようになったのである[4]。そして,学校での学習・学業達成状況が個人の能力の代理指標として機能することで,学校は「能力主義（あるいは業績主義）」を主導的理念に掲げる近代社会を構成する,中心的な機能システムの装置となったのである。明治 5 年（1872 年）の「学事奨励に関する仰せ出され書」内の「学問は身を立つるの財本」という言葉は,近代教育システムが立身出世の手段であり,「能力主義（業績主義）」に基づく人材配分装置であることを端的に表している。

　以上,前近代から近代への社会進化により,機能システムとしての教育システムならびに移行が成立したわけだが,こうした教育システムをめぐる社会変動についてルーマンは,次のように述べている。「どの子どもからもあらゆる可能性が引き出せることになった。そして,いかにしてこの開かれた可能性の領域に再び秩序を見いだすかという問いが緊急のものとなった。教育は過去から未来へと立場を変えたが,過去を将来の基礎とするという準拠点を失うこととなった。現代の教育論は,青年は社会生活に向けて準備されなければならな

いこと，しかも自分で身につけられたり家庭で身につけられたりするものでもなく学校でしか得られない知識と能力でもって準備されねばならないことを目指している」（ルーマン 1995: 205）。

## 3 教育システムと移行問題

本節では，機能分化した教育システムが移行問題に取り組むためにどのように自己調整を行なってきたのか（行ないうるのか）を明らかにする。

### (1)「学習能力」形成としての教育

経済システムとの関係に限定すると，教育システムは，子ども・若者が仕事の世界に入っていくために必要とされる能力を形成する場として規定できる。しかしながら，「生まれ」という確固とした足場を失った近代教育システムにとって，将来の職業生活にとっていかなる教育をすればよいのかは根本的な問題となる。子ども・若者の未来は未規定なものとして「開かれている」（として理念化された）。だが，「開かれている」ゆえに，例えばある子どもを将来的に工場での仕事につくことを前提として教育することは，近代教育システムの存立構造を根本から揺さぶることになる。しかし，それでも将来に備えて教育を行なわなければならないというジレンマを，教育システムは抱えている。

それでは，どうすればよいのだろうか。ルーマンの観察によれば，将来的にどのような仕事についてもそれなりに適応することができ，そこでの企業内教育についていくことができるような一般的能力（学習能力）を形成すること——これこそが教育システムが模索の末に選択した方途であった（石戸 2000: 30）。言い換えるならばそれは，多くの子ども・若者が将来の就労生活に特に問題なく入っていくことができるように，特定の仕事の世界との結びつきを弱めるということである。このような事態を招いたのは，学習と労働の分離による機能分化した教育システムの自律化ゆえである。

### (2)〈普通教育〉と〈職業教育〉

学校教育が特定の仕事の世界との結びつきが弱い，抽象的ともいえる一般的

能力を形成する場合，それは通常〈普通教育〉と呼ばれるであろう。したがって，教育システムの「近代性」という視点から見たとき，その「本流」は，「能力主義（業績主義）」を背景的理念とする〈普通教育〉ということもできる。だが，特定の仕事との結びつきが強い個別具体的な専門的能力を形成する〈職業教育〉も重要な役割を担っている。社会には様々な産業・業種の企業があるように，一般的能力というよりもむしろ特定の仕事に関する専門的能力へのニーズも必ず存在している。企業の職種別での採用が制度化・慣例化している場合にも，特定の仕事に求められる能力を形成する〈職業教育〉は必要なものとなろう。

いずれにせよ，教育システムは，移行問題に際して一般的能力を形成する〈普通教育〉と特定の仕事の世界と結びついた専門的能力を形成する〈職業教育〉の「二刀流」（ルーマン 2004: 169）を用いることで取り組むことになるのである。「二刀流」と表現されているように，どちらか一方ということではなく，〈普通教育〉と〈職業教育〉をどのような形で編成するのかが中心的な課題となるのだ。たとえばそれは，当該社会における教育システムの学校階梯やカリキュラム編成に反映される。次節では，こうした議論を踏まえて，戦後日本における移行問題の構造を検討したい。

## 4　高度経済成長期以降の移行の特徴

本節では，日本の戦後（特に高度経済成長期以降）の学校から仕事への移行をめぐる構造について明らかにする。特に高校から仕事への移行に着目したい。高度経済成長期以降1990年代半ばまで長く，新規学卒就職者の中で高卒が最大割合（それ以前は中卒，1990年代半ば以降は大卒）を占めていたこと，そして高校からの職業的移行にこそ日本独特の仕組みを見いだせるからである。

### (1)「新規学卒就職」の定着と移行意識

若者が学校を最終学年時の3月末に卒業し，新年度となる翌4月から正規社員として働き始めることは，日本社会に住む多くの者にとって「当たり前」と感じるのではないだろうか。こうした仕組みが定着したのは，1960年代前半

のことである。

　乾彰夫（2010）の推計値によれば，1950年代前半に中学校を卒業した世代の「新規学卒就職」の割合は，第一次産業就業を除く男子50％台後半，女子ではわずか30％台後半に過ぎない。たとえば，大企業ブルーカラーの基幹労働力では，それまで主に新規学卒者に限定しない現場レベルでの欠員補充であったが，急激な経済成長などで労働需要が増加し，本社人事部による新規学卒者を対象とする計画的採用へと切り替えが進んだことがその背景にある。

　以降，私たちの学校から仕事への移行をめぐる常識感覚は，「新規学卒就職」に強く規定されることになる。すなわち，若者が学校卒業時に正規就職を決めているのは「当たり前である」という意識である。転じてこのような意識が，マスメディアなどで学卒非正規として働く若者や無業の若者を「自己責任」「就労意識の低下」とバッシングする素地にもなった。しかし，実のところ，欧米諸国における若者の移行状況を見ると，学校卒業後に求職活動を開始する者も少なくない。

### (2)「学校経由の就職」定着過程の要因

　最終学校の最終学年時の卒業とともに新卒として「隙間」なく正規就職するには，在学時に求職活動を行なっている必要がある。高校に関していえば，高校生が自分の足で公共職業安定所にて仕事を探す→応募→就職という形式は，一般的ではなかった。長く高校側が生徒に就職を斡旋し，生徒は教員の薦めに従う形で就職していったのである。

　本田由紀は，こうした職業的移行をめぐる仕組みを「学校経由の就職」と名づけ，1960年代までの定着過程で重要な役割を果たした5つの要因をあげている（本田 2005: 39）。①戦前から徐々に進行した学校側の就職斡旋機能の整備，②高度経済成長期の旺盛な新規労働力需要，③「団塊」世代の離学期と経済成長の時期的一致，④高度成長開始期における第一次産業の規模の大きさ，⑤高校進学率の急上昇である。

　全ての要因が相互にそれも同時的に影響を与える中で，1960年代に「学校経由の就職」が定着していったのだが，ここでは，①学校の就職斡旋機能の整備に限定して説明する。戦後まもなく成立した職業安定法の影響が，この機能

図 14-3　高等学校学科別生徒数の推移

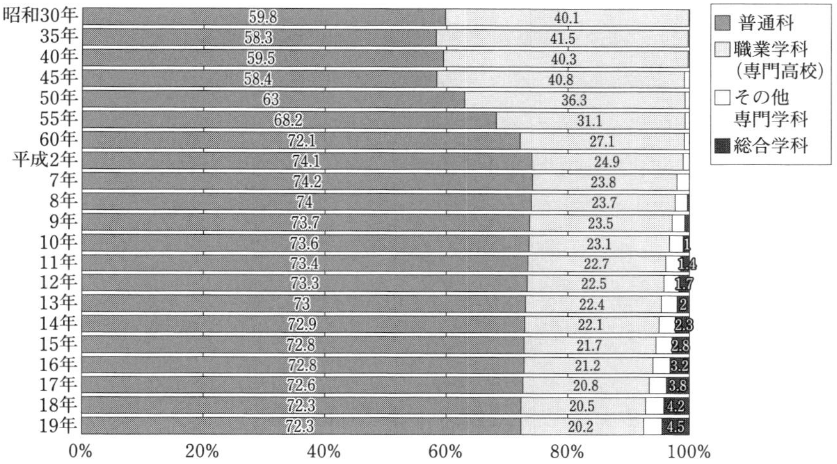

| 年 | 普通科 | 職業学科（専門高校） | その他専門学科 | 総合学科 |
|---|---|---|---|---|
| 昭和30年 | 59.8 | 40.1 | | |
| 35年 | 58.3 | 41.5 | | |
| 40年 | 59.5 | 40.3 | | |
| 45年 | 58.4 | 40.8 | | |
| 50年 | 63 | 36.3 | | |
| 55年 | 68.2 | 31.1 | | |
| 60年 | 72.1 | 27.1 | | |
| 平成2年 | 74.1 | 24.9 | | |
| 7年 | 74.2 | 23.8 | | |
| 8年 | 74 | 23.7 | | |
| 9年 | 73.7 | 23.5 | | |
| 10年 | 73.6 | 23.1 | | 1 |
| 11年 | 73.4 | 22.7 | | 1.4 |
| 12年 | 73.3 | 22.5 | | 1.7 |
| 13年 | 73 | 22.4 | | 2 |
| 14年 | 72.9 | 22.1 | | 2.3 |
| 15年 | 72.8 | 21.7 | | 2.8 |
| 16年 | 72.8 | 21.2 | | 3.2 |
| 17年 | 72.6 | 20.8 | | 3.8 |
| 18年 | 72.3 | 20.5 | | 4.2 |
| 19年 | 72.3 | 20.2 | | 4.5 |

出所：文部科学省「専門高校の現状」

の整備がされる上で決定的に重要である。職業安定法には新規学卒者に仕事を紹介・斡旋する役割を，学校と企業の仲介機関としての地域の職業安定所に担わせると同時に，その業務の一部を学校に委託することが明記されている。これにより法的にも学校が職業斡旋という機能を担うことが可能となり，先述の他の要因も重なったことで，「新規学卒就職」が定着したのである。この学校から仕事への移行をめぐる仕組みは，1990年代半ばまで大きな破綻なく，若者を仕事の世界に安定的に送り出していたのである。

(3)「日本的雇用」と〈普通教育〉

「学校経由の就職」ならびに「新規学卒就職」の定着にともない，高校における〈普通教育〉は量的拡大を続ける。1960年代までは約4割が職業学科だったものの，徐々に同割合は低下していき，現在では約2割を占めるだけである。普通科は現在約7割強を占めている（図14-3）。OECD（経済協力開発機構）の報告書でも，他の先進諸国と比べた時，後期中等教育段階における日本の〈職業教育〉の相対的希少性が指摘されている（OECD編 2010: 63）。

こうした〈職業教育〉の弱さは，学科構成に見られるだけではなく，その反映としての若者の意識にも見ることができる。総務庁青少年対策本部が1998年に実施した「第6回世界青年意識調査」にて18〜24歳の若者に学校教育（後期中等教育，中等後教育）の意義を尋ねた質問では，日本は「職業的技能の習得」と回答した者の割合が対象11カ国中もっとも低い結果となっている。「友情をはぐくむ」「自由な時間を楽しむ」といった項目の肯定率については，対象国の中でも相対的に上位に位置している。このような結果に対して，先に参照した本田は，「日本の若者たちが学校の公式のカリキュラム内容には総じて『意義』を感じておらず，むしろ同年齢集団と日常的に顔を合わせ時間を過ごす『場』としてのみ学校教育を評価している事実である」（本田 2005: 157）とまとめている。

　こうした状況を招いた規定要因は複数あるが，経済システムにおいて「日本的雇用」が定着したことのインパクトはきわめて大きい。「日本的雇用」の特徴とされるのは，①職種別採用ではなく一般的能力を基準に新規学卒者を採用する，②企業内にて労働者の能力開発を行なう（企業内教育訓練），③終身雇用，④年功序列制，⑤企業別労働組合である（乾 1990）。注目すべきは①と②である。日本企業は新規学卒者に対して，明確な職務分担にもとづく特定の仕事に応じて採用を行なっているのではなく，一般的能力の有無という（ある意味で）非常に曖昧な規準をもとに採用を行なう。そして，入職後に企業内で働いていく上で必要な知識習得のための教育訓練を受けるのだ。「一般的能力」の代理指標として重要とされるのは，在籍校の入試偏差値ランクであり，学内での学業成績である。

　結果として，〈職業教育〉を行なう学校や学科を選択するよりも，上級学校（その中でも入試偏差値ランクの高い学校）の〈普通教育〉に進学したほうがよいという選択が促されることとなる。以上，「学校経由の就職」ならびに「新規学卒就職」が定着し安定的に運用されるなか，企業規模や業種によって違いはあるものの，企業は概ね入職後になって若者に必要な仕事の知識や技能を教育訓練することになっていたため，学校教育としての〈職業教育〉は抑制されることになったのである。

## 5 教育システムと〈職業教育〉の再定位

　本節では，前節での議論と近年の日本の若者をめぐる雇用・労働状況を踏まえて，教育システムと〈職業教育〉の関係について踏み込んで論じたい。最初に，なぜ今〈職業教育〉の再定位が必要であるのかを明らかにし，次に，その中身について制度的枠組を含めて具体的に検討する。

### (1)〈職業教育〉の役割

　本項では，「〈職業教育〉がとりわけ誰にとって必要であるのか」という視点から考えていきたい[5]。1990年代半ば以降の学校から仕事への移行状況において，どの層が相対的にリスクを被っているのかということである。端的に述べるならば，非正規雇用や無業の状態に「滞留」し，正規労働者ではないゆえに「企業内教育」にて職業的知識や技能を蓄積できずにいる若年層である。そして，そのかなりの割合が高等教育機関に進学するための経済的資源を有していない「低階層」の若者だといえる（堀編 2007 など）。すなわち，様々な困難を抱える社会的に不利な若者にとって，とりわけ必要と考えられるのだ。

　筆者は，2003年3月に東京の2つの公立普通科高校（一つは入試偏差値ランクで「中位」のA高校，もう一つは「底辺」のB高校）を卒業した若者数十人を対象とする経年的インタビュー調査に参加している（乾編 2006 など）。まず，B高校は，卒業直前の時点で進路未定者（フリーター含む）が6割弱に達していた。加えて，高卒後働いている若者の少なくない割合が非正規雇用として離職・転職を繰り返し，不安定な軌道を描きながら就労生活を送っているということである。家庭に進学させるための経済的資源がなく，学費を貯めるためにフリーターになったものの，高額の学費を貯めることは難しく，そのまま働き続けている者もいる。こうした状況は，A高校出身で中等後教育機関に進学した若者の卒業後の就労生活とは大きく異なっている。〈職業教育〉は，前者のような不安定化する労働環境に「翻弄」されている若者にこそ必要といえるのではないだろうか。

## (2) 〈職業教育〉の2つの側面

本田由紀は,〈職業教育〉の重要性を実証研究に基づいて積極的に主張する一人であるが,〈職業教育〉は「抵抗」と「適応」の2つの側面を備える必要があるという。本田は次のように述べる。「仕事の世界への準備として欠かせないのが, 第一に, 働く者すべてが身につけておくべき, 労働に関する基本的な知識であり, 第二に, ここの職業分野に即した知識やスキルである。総じて, 前者は, 働かせる側の圧倒的に大きな力, しばしば理不尽なまでの要求を突きつけてくる力に対して, 働く側がただ翻弄されるのでなく法律や交渉などの適切な手段を通じて〈抵抗〉するための手段であり, 後者は働く側が仕事の世界からの要請に〈適応〉するための手段であるともいえる」(本田 2009: 11)。

〈職業教育〉の2つの側面を同時に強調する意義は大きい。なぜなら, 若者の移行問題をどのような性質のものとして認識するのかということと関わるからである。近年, 政策的にも「キャリア教育」の重要性が主張されることも多いが, その基調となっているのは, 若年者雇用政策の一環として認識されていることである(児美川 2007)。すなわち, 若者の「エンプロイアビリティ(雇用される能力)」を開発することがその主眼になっている。ここには若者が職業的移行において抱えている困難を, 長引く経済不況, および産業構造・就業構造の変動と深く関わるものとしてではなく, 若者自身の「エンプロイアビリティ」の有無に帰責させるという議論のすり替えが見られる。

もちろん, 仕事の世界を若者が安定的に渡っていくために,「エンプロイアビリティ」を形成する「適応」の〈職業教育〉は必要である。だが, 同時に「抵抗」の〈職業教育〉も保障される必要があるのだ。前項で取り上げた筆者が参加する調査でも, 若者の働かされ方において違法状況が見られたが, そうした状況を問題として捉え, どのように対応することが適切かを判断できる知識が必要と思われるからである。

大阪の高校教師による教育実践が, この点で大変示唆に富む(井沼 2009)。経済的理由によりアルバイトをする生徒が多く, 進路未定のまま卒業した後はフリーターとして働く生徒も多い高校である。その授業では生徒にとって身近なアルバイト体験を扱う。まず, 生徒にアルバイト先から労働契約書をもらってこさせる。そうすることによって, 自分がいかなる条件で働いていたのかを

明確な形で意識させる。次に，実際にもらってきた労働契約書をグループで検討することで，雇用―労働関係が実際にどうなっているのかを知っていくことを通じて労働法規についても学んでいくのである。もっとも井沼の教育実践は，特定の仕事と結びつく専門的知識や技能を形成する〈職業教育〉ではなく，〈普通教育〉として括ることもできるようなものであるが，若者が仕事の世界に出て行く上で重要であろう。

## （3）〈職業教育〉の制度的枠組

　次に，〈職業教育〉を制度的枠組という文脈において考えてみたい。高校の専門学科や公共職業訓練機関の増設・拡張が必須といえるだろう。その前提を踏まえた上で，〈職業教育〉を従来の学校教育の場を中心とする「完結型」の制度設計を行なうのか，学校教育における〈職業教育〉と企業におけるOJT（オン・ザ・ジョブ・トレーニング）を中心とする「企業内教育」との連携による「連結型」を取るのか，という大きくは2つの方向性が考えられる[6]。

　学校教育を中心とする「完結型」の場合，卒業時までに相当程度の知識や技能を身につけさせる必要があり，学校にはかなりの負荷がかかる。先行研究において指摘されているように（寺田 2009），専門知識・技能の拡大と高度化という状況が進んでおり，実際的に学校という教育機関に限定する形での〈職業教育〉がどの程度可能なのかという問題を精査する必要があろう。他方，学校教育と企業との「連結型」では，在学中に企業にて長期間働くことを通じて職業訓練を受けるなど「学びながら働き，働きながら学ぶ」という〈職業教育〉を行なうことも考えられる。実際，こうした取り組みを伝統的に行なってきたドイツのデュアル・システムをモデルとする「日本版デュアル・システム」が専門学科の一部に導入されている。ルーマンは直接言及していないが，ドイツという歴史的・社会的文脈を背景にしている以上，デュアル・システムについて議論の前提としていたと推測できる。ルーマンは，〈職業教育〉を教育システムと経済システムの「交差領域」という概念を用いて議論することがあるが，それはこうした「連結型」の制度的枠組が念頭にあるのであろう。

## 6　まとめ

　本章では，身分制秩序をメルクマールとする前近代社会から近代社会への転換が，機能システムとしての教育システムおよび「移行」（という問題）を成立させたことを明らかにした。結果，「生まれ」という確固とした足場を失った教育システムは，外部「環境」たる特に経済システムの状況を観察しながら，「教育システムの役割とは何か」とたえざる自己規定を行ない，システム間関係の調整を行なうことになった。ルーマンによれば，移行をめぐる教育システムと経済システムとのシステム間関係をめぐる調整では，通常〈普通教育〉と〈職業教育〉という「二刀流」を組み合わせ，その時々の状況に合わせて編成することで，教育システムは対処する。だが，高度経済成長期以降の日本では「日本的雇用」に規定された「学校経由の就職」など独特の仕組みが形成されることで移行問題に対処してきた。関連して，〈普通教育〉のみが教育システムにおいて普及・拡張することになる。しかし，1990年代半ば以降，安定していた仕組みは機能不全を起こし，若者の学校から仕事への移行は大きく不安定化・流動化したのである。そしてその不安定さは，とりわけ社会的に不利な階層出身の若者にとってのリスクとなった。

　現在求められているのは，〈職業教育〉をその内容や制度的枠組を精査した上で教育システムを再編成することであろう。だが，注意しなければならないのは，教育システムが移行問題全般を解決できるわけではないということだ。当然のことながら，経済システムならびに政治システム自身による自己調整が不可欠となる。それぞれ機能分化したシステムには教育システムと同様に独自の役割と反省理論があり，様々な利害関係者がいる以上，必然的にシステム間関係においてその差異による「軋み」が生じる。確かに教育システムにできることは構造的に限定されている。だが，これまでの議論で明らかにしてきたように，若者が厳しい社会・労働状況に「翻弄」されないよう教育システムにできることは大いにあるといえる。

注
1) 「ニート」バッシングについては，一時期ほどではないが現在もなお続いているように思われる。バッシングの言説構造や社会背景の検証については，本田・内藤・後藤（2006）を参照されたい。
2) 当然のことながら，戦後も一様ではなく，全ての若者が一律に学校卒業後にこうした移行過程をたどったわけではない。地域，家庭階層，学歴，企業規模や職種などで異なる。本章では，戦後のなかでも高度経済成長期以降に標準化・規範化された移行過程を理念型として記述している。
3) ここでの記述は，モレンハウアー（1987）を参考にした。なおモレンハウアーの著作は，教育という営みの歴史性や課題を説得的かつ魅力的に浮き上がらせる事例を多く取り上げている。
4) もっともこれは近代社会のあくまで理念であり，「生まれ」が現実的に強い影響を及ぼすことは，教育社会学においてそのメカニズム研究とともに繰り返し指摘されている。日本における代表的研究としては，苅谷（1995）を参照されたい。しかし，現実が理念を裏切っているからといって直ちに理念を破棄するべきという結論にはなるまい。「生まれ」に規定されないこと，あるいは「平等」という理念は，教育現実を修正し続けるための重要な反省的概念といえるからである。この点については，Luhmann（1979）の3部「平等と社会的選抜」が参考になる。
5) こうした分析視角については，佐々木輝雄（1987），熊沢誠（1993）の議論を参考にした。両者の議論は，〈普通教育〉を軸とした戦後教育システムならびにその反省理論である戦後教育学が，どのような視野を欠落させてきたのかを考える上で大変示唆に富むものである。
6) 寺田盛紀（2009）の第11章，ならびにバジル・バーンスティンに依拠して教育システムと経済システムの接続関係について明快な整理を行なっている松田（2008）を参考とした。

**引用・参考文献**
アリエス，P.（杉山光信・杉山恵美子訳）『〈子供〉の誕生——アンシァン・レジーム期
　の子供と家族生活』みすず書房，1980.
居神浩・三宅義和・遠藤竜馬・松本恵美・中山一郎・畑秀和『大卒フリーター問題を考える』ミネルヴァ書房，2005.
石戸教嗣『ルーマンの教育システム論』恒星社厚生閣，2000.
乾彰夫『日本の教育と企業社会——一元的能力主義と現代の教育＝社会構造』1990，大月書店.
乾彰夫編・東京都立大学「高卒者の進路動向に関する調査」グループ著『18歳の今を生きぬく——高卒1年目の選択』青木書店，2006.

乾彰夫『〈学校から仕事へ〉の変容と若者たち——個人化・アイデンティティ・コミュニティ』2010，青木書店．
井沼淳一郎「ひとりで『溜め』こむのか？共同の『溜め』をつくるのか？」『高校生活指導』182, 2009．
OECD 編『日本の若者と雇用——OECD 若年者雇用レビュー：日本』明石書店，2010．
苅谷剛彦『大衆教育社会のゆくえ——学歴社会と平等神話の戦後史』中公新書，1995．
熊沢誠『働き者たち泣き笑顔——現代日本の労働・教育・経済社会システム』有斐閣，1993．
小杉礼子編『フリーターとニート』勁草書房，2005．
児美川孝一郎『権利としてのキャリア教育』明石書店，2007．
佐々木輝雄『佐々木輝雄職業教育論集 第3巻』多摩出版，1987．
寺田盛紀『日本の職業教育——比較と移行の視点に基づく職業教育学』晃洋書房，2009．
堀有喜衣編『フリーターに滞留する若者たち』勁草書房，2007．
本田由紀『若者と仕事——「学校経由の就職」を超えて』東京大学出版会，2005．
本田由紀・内藤朝雄・後藤和智『「ニート」って言うな！』光文社新書，2006．
本田由紀『教育の職業的意義——若者，学校，社会をつなぐ』ちくま新書，2009．
ルーマン，N.（今井重孝訳）「教育メディアとしての子ども」『教育学年報』4，1995．
────（村上淳一訳）『社会の教育システム』東京大学出版会，2004．
松田洋介「〈移行〉の教育社会学——教育システムの機能と様態」『教育社会学』学文社，2008．
森重雄『モダンのアンスタンス——教育のアルケオロジー』ハーベスト社，1993．
モレンハウアー，K.（今井康雄訳）『忘れられた連関：〈教える－学ぶ〉とは何か』みすず書房，1987．
Luhmann, N. (1979) *Reflexionsplobleme im Erziehungssystem*, Suhrkamp.

# 15章　福祉と教育
―― 子どもの幸せをめぐって ――

石戸　教嗣

## 1　教育と福祉の関係の変化

　「福祉」(welfare) は，字義的には「安寧」あるいは「幸福」とも置き換えられる。しかし，スウェーデンで，福祉を指す言葉として「オムソーリ (om-sorg)」という「悲しみの分かち合い」という意味の語が用いられるように，「福祉」は単に個人の幸福な状態ではなく，社会の構成員が互いに負担を分かち合うことによってそれを実現しようとする方向性を示している（神野 2010）。
　もっと言うならば，「幸福」は個人の主観的感情であるのに対し，「福祉」はある社会における客観的な「生活の質」を指す（セン 1992＝1999）。
　「福祉」は，これまでは，恵まれない層に対する社会的支援という意味で用いられてきた。また，その制度を指して「社会保障」という語も用いられてきた。たとえば，障害者に対する福祉的な支援として，障害年金や医療保障が用意されてきた。ところが，近年においては，「福祉」はもっと広く，社会のすべての構成員に適用されるようになってきている。これは，たとえば，障害者にとって優しいことは，すべての市民にとっても優しいものであるはずという「ユニバーサル化」の発想に見られる。
　この変化は社会システムのあり方としては，つぎのようなものとなる。すなわち，「福祉」はかつては，社会のシステムから「排除」された人を救済し，「再組み入れ」を行なう装置であったのが，今日では，すべての市民を対象にして，「排除」がなされないように，事前に配慮する装置となる。

これは，システム論的には，福祉が，これまでは教育や医療の不足を補う副次的なシステムであったのが，機能システムとして自律化したことを意味する。つまり，以前は，教育や医療のサービスを十分に受けられない市民に対して，教育システムや医療システムへの参加を保障するのが福祉システムの役割であった。そこでは，福祉システム独自の役割は限定的なものであった。これに対して，自律化した福祉システムでは，これまでの福祉サービスに加えて，すべての市民が，教育や医療のサービスとは別に，一定の福祉サービスを受けることになる。たとえば，低所得層向けの児童手当あるいは母子家庭向けの児童扶養手当が拡充され，すべての子どもを対象として導入された「子ども手当」もその一つである。あるいは，職業訓練の機会が，失業者だけに用意されるのではなく，恒常的なサービスとして用意されるようになるだろう。
　このように大きな変化を遂げている福祉システムは，教育システムとの関係においても大きく変化することになる。これをもっと詳しく見るために，日本において，これまでの「福祉」と「教育」の関わりがどのようなものであったか，大きく3つの段階に分けてとらえることから始めよう。

### (1) 古典的貧困

　日本社会は，戦後復興期，高度経済成長期を通じて，物質的価値の追求を優先してきた。そこでは，教育は経済的豊かさを実現するための手段としてとらえられた。教育を受けることは，幸せを手に入れる一番の近道であった。そういう時代において，学校に行けることは無条件に幸せなことであった。たとえば，以下の文は『やまびこ学校』(初版1951年)の子どもの作文である。

---

　「すみ山」　　石井敏雄

　私はまいにち学校にもゆかず，すみ山にゆきました「私はみんなのように学校にゆけたらな」とおもっているときがたびたびあるのです。
　・・・・
　夏は夕方五時まで山にいます。かえりはすみをせおってきます。大しひ（地名）のあたりまでくるとあせが（を）だらだらかきます。そこまででまだ半分

> ぐらいしか来ません。家にかえると六時半ぐらいになっています。支度をほごして（ほどいて），ごはんをたべて，わらをぶちはじめます。
> 　おっつぁんが，
> 「今日学校さいっていい。」
> といったので，私はよろこんで学校にきました。そのかわり帰りに塩とさとうをかってこいといいました。学校からかえると，どいがまに，しばせおいにゆかなければいけません。

　この時期では，教育システムにおいて「福祉」が語られるのも，主に貧困層の子どもへの就学援助という形においてであった。これは，「児童手当」といった，金銭による援助という形をとる場合もあれば，あるいは，ある一定の地域に対する教育費の配分額の増額という形をとる場合もある。また，アメリカにおける「ヘッド・スタート」計画のように，就学前の子どもに対する早期教育という形もありうる。「恵まれない層」に対するこのような特別な教育プログラムは，「補償教育」とも呼ばれる。

　「補償教育」が成果を挙げているかどうかの論議は，それが導入されてからずっと行なわれてきているが，それは少なからず効果を挙げているように思われる。しかし，それをどこまで拡充するかは，そのときどきの財政事情や政治的関係によって違ってくる。

### (2)「豊かな」社会における福祉

　ところが，社会全体として経済成長が続いて，人々の物質的な充足感が高まってくると，今度は心理的な問題が多発するようになる。それは，1980年代から不登校やいじめの問題が深刻化することに示される。

　この段階において，日本の子どもの「幸福感」は長期的に低下していく（『モノグラフ・小学生ナウ vol. 19-3』によれば，1980年と1999年を比較して，自分が幸せだと思う小学生の割合は，58%から44%へと，14%低下している）。

　一般的に，経済的豊かさの増大と心理的幸福感の高まりは比例しないということはよく知られていることである。しかし，この時期の日本の子どもの感覚は，それを超えて，物質至上主義・競争主義が支配する社会に対する怨嗟の声，あるいは声にならない声として表出された。

たとえば，つぎに示す中学3年女子の詩はその状況を端的に表現している（渡辺 1982 18-19）。

> だいっきらいな世界のこと
>
> か弱い自分自身
>
> 生徒の意見を　聞かない先生
> すれちがいの　クラス
> あらそい　無神経
> （略）
> 道徳　規則
> みんなを　樽の中に　押しこんで
> 色をつけて
> 染まらないと
> また　染め直そうとする学校
>
> 体育　試験
> 試験勉強しなくちゃいけない高校
> 考えるひまのない生活
> 満員電車にみんなおなじ顔の人たち

　学校生活を中心にして子どもの不幸感が高まるこのような事態に対して，日本の学校は，教師が子どもを受容する姿勢をもつことを強調し，それと合わせて，1995年からカウンセラーの配置を進めた。このとき，教育にとって「福祉」とは，子どもの心理的な幸福感の回復を目指すものとなる。
　ここまで，日本における教育と福祉の関係を2つの段階に分けてみたが，「格差社会」とも呼ばれる今日の時点において，その関係はまた大きく変わってきている。

### (3) 格差社会における「排除」問題
　2000年代に入ってから日本社会は階層間の格差が大きく開き，「格差社会」と呼ばれる状況が進行した。

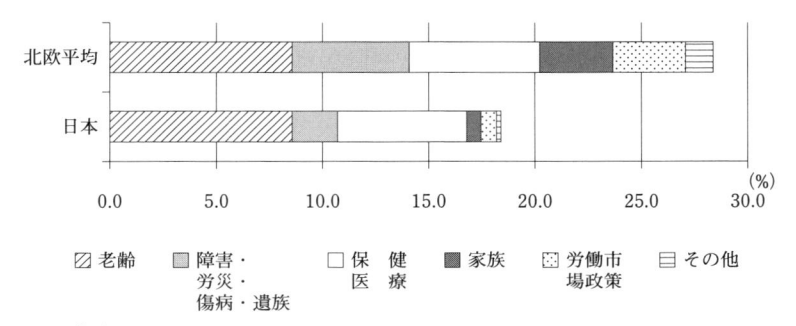

図 15-1 社会保障支出（対 GDP 比）の構成比

凡例：☑ 老齢　■ 障害・労災・傷病・遺族　□ 保健医療　■ 家族　▨ 労働市場政策　☰ その他

データ出所：OECD, Social Expenditure 2007ed. ; UN, World Population Prospects : the 2006 revision.
日本は国立社会保障・人口問題研究所「日本の将来推計人口　平成18年12月推計」
（「北欧平均」は，スェーデン，フィンランド，デンマークの3ヶ国の平均）

そこでは，つぎに示すように，「貧困」が新たな形で社会的な問題となる。

これまでの日本は，終身雇用・年功序列を基本とする企業中心型の社会であった。すなわち，企業に属することが，生活のもっとも中心をなす社会であった。そこでは，企業は従業員に忠誠心を求める代わりに，従業員の生活全般に配慮するという関係があった。

すなわち，日本型企業社会は，福祉社会としての未発達さを企業が肩代わりしていた。また，公共事業への予算配分の比重を高くすることによって，企業の雇用を確保してきた。

これと対応して，日本社会の福祉政策も，欧米の福祉国家とは異なる方向をたどってきた。欧米のそれが，「ゆりかごから墓場まで」といわれるように，生涯にわたるバランスのとれた福祉政策を採用してきたのに対し，日本の福祉予算の支出は主として高齢者向けであって，子ども・若者への福祉的支援が貧弱であった。また，年金・医療支出の比重が高く，教育・職業能力開発への支出の比重が低いという特徴がある（図15-1）。学校もまた，生徒を企業に就職させることが最大の目的となる。これによって子どもの将来が大きく左右されるからである。

ところが，経済のグローバル化とともに，こういった日本型企業社会の特質

は急速に失われた。また，雇用形態も正規雇用の比率が低下し，アルバイト・パート・派遣労働などの非正規雇用者が増えてきた。

このような中で，教育においても，「格差社会」の影響が強く現れた。それは，学力面での階層間の差が拡大すること，あるいは，学費が払えない高校生の増大といった階層間の問題にまず見られる。

だが，これらは，単に「貧困」状態への後戻りということではない。その多くは，家庭の不安定な状態とセットになっている。リストラされる不安，また経済的に不安定であるがゆえに起こる家庭不和，離婚という家庭崩壊を伴っている。

「格差社会」とは，単に「貧困階層」が問題を抱える社会なのではなく，社会全体において，いつ誰もが不安定な生活に陥るかもしれないというリスクにさらされている社会である。

かつての貧困が，固定された下層階層にとっての経済的問題であったのに対し，今日の貧困は，すべての階層にとっての，生活全般にわたる「排除」問題ということもできる。

このとき，「格差社会」における教育システムと関わる福祉は，これまでの福祉的支援としてなされてきたものの延長上にあるが，過去のそれとまったく同じではない。なぜなら，上に述べたように，格差社会における物質的な困難と心理的困難は互いに絡み合っているからである。学校においてスクールソーシャルワーカーが配置される流れも，子どもの心理的不安と家庭の生活不安が一体になっていることが背景にある。

格差社会では，中流的生活を営んでいる層もリスクにさらされ，それによる不安が高まる。その場合，「排除」されないための積極的な支援は教育的支援と重なってくる。すなわち，これからの社会は教育と福祉が一体となることが予想される。内容面において教育は福祉的なケアと重なり，福祉は教育的な働きかけともなる。

それでは，このような教育と福祉が一体となる社会とはどのような社会なのであろうか？　また，その場合，どこまでが教育システムが関わり，どこからが福祉システムが関わるのだろうか？　さらには，福祉システムと教育システムは互いにどのような関係になるのだろうか？

## 2　教育システムと福祉システムの関係の再編

　福祉は経済的側面から見れば,「富の再配分」機能を担うものである。そして,これまではその再配分は,主に富裕層から貧困層への富の移転という形でなされてきた。

　しかし,「豊かな社会」において,福祉は単に貧困層の救済という消極的な機能を担うだけではない。そもそも,「格差社会」は社会全体の生産性の向上によって出現したものである。すなわち,技術の発展によって社会が物質的に豊かになるほど,人間に求められる労働は少なくなり,残された労働の機会をめぐる競争が激しくなり,低賃金化が進むという問題がその根底にある。これは,「楽園のパラドックス」とも呼ばれている(広井 2009)。

　この問題は,パイの配分比率を変えるという量的な問題ではなく,パイの製造の仕方そのものの変更を迫るものである。

　豊かな社会における社会的排除とは,労働力の供給過剰によって,多くの労働者の社会的参加が阻害され,能動的市民として存在しえなくなる状況のことである。有給労働からはじかれる人は,無能な市民として扱われる。

　こうした状況において,福祉はこれまでの生産主義を前提とするものから脱却する必要がある。あるいは,その脱却の手段として機能する必要があるという指摘もある(広井 2009)。そこでは,物質的生産労働への参加を「分かち合う」,あるいは労働時間そのもの縮減が目指される。そうして生み出された新たな時間を非市場的活動として行われる社会貢献的活動に振り向けることが求められる。

　こうしたとき,「福祉」は,医療や教育の不足,あるいは生活費の不足を補うといった副次的・補完的なものではなく,独自な機能領域として存在するようになる。社会にとって必須の役割を果たす福祉システムは,それ独自の価値をもち,それに沿った活動を行なうようになる。それは,市民が「排除」されないように配慮し,排除された場合には「組み入れ」の支援を行なう。そこでは,専門的な知識と技能をもった人と組織が「支援」の要・不要を判断し,支援に関与することになる。

福祉システムが機能システムとして独立するとき，社会は，福祉サービスが国家，すなわち政治システムによって担われる福祉国家から，すべての市民がそこに関与し，すべての市民に開かれる福祉社会へと移行する。福祉は国家が担うものではなく，市民が社会全体として相互に支え合うものとなる。
　このような変化において，福祉の担い手も多様化する。これまでは，国家が財政的に福祉予算を配分しながら，「恵まれない」層を「統制」してきた。これに対して，新たな段階の福祉では，専門家と専門的組織が活動するだけでなく，自分を励ますことができる個人が，同時に他者を励ますという関係が生まれる。つまり，自己をエンパワーメントし，また互いにエンパワーメントし合うという関係である。そこでは，福祉の担い手は，ボランタリーな個人，あるいはボランタリー集団としてのNPOなどの多様な担い手となる。
　福祉国家においては，福祉は，「貧困」あるいは「心理的困難」といった一定のイメージに沿って，「恵まれない」人を「救済」するという関係が想定されていた。そこでは，専門家が国家の後ろ盾において一種の保護者として，クライエントを支援してきた。
　ところが，福祉社会における福祉は，それらの困難をクライエント自身が乗り越えるように働きかけるものとなる。その際，クライエントが抱える困難は，そのクライエントだけが語れるものである。それは，階層だけではなく，性，人種，年齢，生育歴といった要因の複雑な組み合わせで説明される。
　このとき，福祉の内容も，これまでのような「救貧」的なものから「励まし」へと変化する。あるいは，各個人は自分を励ます主体として，あるいは互いに励まし合う主体として存在することが求められてくる。すなわち，個人は，自分の生き方や生活について振り返り，自ら律していく「再帰的主体」として存在するようになる。このとき，福祉は限りなく教育に近づくことになる。ギデンズは「ポジティブ・ウェルフェア」という語によって，福祉と教育がともに人々の可能性を再配分する役割に注目している。（ギデンズ 2009）
　福祉システムは，ある人物が支援を必要とするかどうかをまず判断しなければならない。「排除」された人は，単に経済的支援を必要とするのではなく，生活全般にわたって支援を必要とする場合が多い。「恵まれない」層が置かれている状態は，単に物質的に貧困なのではなく，同時に心理的にも意欲を喪失

していることが多い。これは，社会的「排除」が単に経済的活動からの排除ではなく，他のシステム活動からも「排除」されることが多いからである（Luhmann 1995）。

　もし福祉的支援が必要と判断された場合，つぎにその支援内容が判断される。その一つに教育的支援が含まれるとき，教育システムとの関わりが生じることになる。

　たとえば，母子家庭の子どもがいて，家庭内で放任状態が続いている場合，単に母子手当てを支給するだけではなく，その子どもへの心理的カウンセリングが用意される。あるいは，場合によっては朝食サービスをする学校もあるかもしれない。

　このとき，どこまでが教育で，どこまでが福祉なのか，境界が不明確になる。子どもの発達を最優先するならば，福祉と教育の統一的な視点で学校組織を構想すべきなのかもしれない。こういった観点から，学校が教育だけでなく，健康・福祉・安全・家庭支援を含め，子どもの生活全般について活動するフルサービス・コミュニティ・スクールを提唱する動きもある（Dryfoos, J.G.／Maguire, S. 2002）。

　また，学校が福祉と乗り入れるとき，多様な「対人サービス」の専門家の集団を作り出す必要がある。この点において日本の学校は教師に生活指導の役割を過剰に背負わせてきた。

　他方で，福祉社会は，人々に自律的行動とリスクある事柄に挑戦することが奨励されるリスク社会でもある。リスク社会においては，個人が積極的にリスクをとりにいくことができる能力，またそのチャレンジ精神を養うという，より積極的な機能が学校教育に求められる。

　このような能力は，「人間力」「コンピタンス」といった言葉で呼ばれている。以前は，何か共通に目標となる価値があって，それが「動機づけ」となって競争・共同がなされてきた。これに対して，これからの社会では，何かのための学習ではなく，学習それ自体を仲間と楽しみ，その結果として，学習成果が出るという形へと学習が変化する。これは，学習それ自体がインセンティブを備えていることによって可能となる。

## 3　子どもに対する教師の関わり方

　教育と福祉の関係が密接となり，両方の活動が重なり合うとき，子どもと関わる教師の立場は逆に微妙になる。すなわち，教育的な関わり方と福祉的な関わり方のバランスをどのようにとるのかという問題が生じる。

　学校にスクールソーシャルワーカーやカウンセラーを配置することはこの問題を解決する一つの方向である。しかし，その場合でも，福祉的支援を必要とする子どもを前にしたとき，教師は単に教育的指導に専念すればよいということにはならない。そういった子どもには，教師にも福祉的な観点からの配慮をもって接することが望まれる。

　すでに述べたように，教育には，自立した市民を形成するために子どもをエンパワーする働きが求められる。しかし，虐待・いじめ・家庭崩壊などの傷を負った子どもに対しては，まず，その子どもが安定したパーソナリティを回復することを優先させなければならない。このときの教師には，その子どもが言葉や身体を通じて発する様々なメッセージに対して感受的になることが求められる。それは子どもに「寄り添う」という姿勢でもある。

　子どもに「寄り添う」ことについて，長らく小学校教師を勤めた山崎隆夫は自身の実践をふまえてつぎのように述べている。

　　「子どもは，存在が受け止められて初めて，生きることへの要求や変革の力が湧いてくるのです。傷つき壊れてしまいそうな子どもたちが，いま確実に存在するのです。心を閉ざそうとする哲は，人間としての根源のところが傷ついていて，自己を支えるにはそうしないわけにはいかないのです。しかし，一方で事物に働きかけ他者とともに生きようとする道も，自らの意思で選び取ろうとしています。それを支え励ましているのが，わたしと結び合う小さな信頼と，安心できる教室や仲間たちの存在なのです。哲は，いまその危機の真っ只中にいるのです。

　　　このとき，彼の生きる姿を『わがまま』や『甘え』という一面でとらえ『厳しい』対応をするなら，彼は激しく反発し攻撃的になるか，心を固く閉ざし危機をいっそう深化させてしまうでしょう。『いのちの火を，安心して

もっと強く燃やし続けていい』という，子どもたちへのメッセージを送り続ける必要があるのです。それが，いま"寄り添う"ことの深い意味ではないかと考えます。」(山崎 2009)

## 4 福祉社会における個別のニーズとセーフティネット

すでに述べたように，福祉国家から福祉社会への移行がなされるのは，福祉的支援の対象が，単なる貧困ではなく，社会がリスク社会に移行することによってもたらされる様々なリスクへと関わるからである。このとき，福祉は，かつてのように，特定の階層，特定の地域に財政的な支出をするだけでは対応できない。リスク社会における福祉は，個別のニーズに応じて，もっと機動的に運用されなければならなくなる。ここでは，それをつぎの2つの方向でとらえておこう。

### (1) 特別なニーズ教育

伝統的な福祉観においては，福祉は「恵まれない」層への社会的恩恵としてなされてきた。その場合，福祉的支援の主要な対象となったのは，目に見えやすい「心身の障害」であった。また，教育においては，彼らを通常の教育を受けられない者として，分離教育がなされてきた。

しかし，障害児も健常児と同じ教育を受ける権利があるという考えに基づき，「分離教育」から「統合教育」への移行がしだいになされてきた。さらに，1990年代には，その流れは「組み入れ」(インクルージョン)教育へと発展した。これは，一人ひとりの子どもがすでに特別な存在であって，特定の障害を理由に分離・排除すべきではないという発想に立つものである。それはまた，福祉と教育が融合する過程でもある。

このとき，特別なニーズを持ち，「組み入れ」るべき子どもの範囲は，「障害児」だけでなく，多様に広がってくる。たとえば，「特別なニーズ教育」の原点ともなったサラマンカ会議宣言 (1994年) では特別なニーズを持つ例としてつぎのような子どもたちが挙げられている。

- 地域の学校へ通えないインペアメントやディスアビリティをもつ子ども
- 一時的もしくは恒久的に学校で困難を経験している子ども
- 学習に興味やモチベーションを欠いている子ども
- 留年を繰り返し，1〜2年の初等教育しか完了できない子ども
- 働かなければならない子ども
- ストリート・チルドレン
- 学校からあまりにも遠いところで生活している子ども
- 厳しい貧困状態で生活していたり，慢性的な栄養失調にさらされている子ども
- 戦争や武力紛争の犠牲者である子ども
- 持続的な身体的・情緒的・性的な虐待を受けている子ども
- 理由のいかんを問わず，たんに学校へ行かない子ども

「特別なニーズ」は特定のカテゴリーに該当する子どもだけが持つのではない。「自閉症」という子どもがいるのでなく，その子どもが示す言動のパターンが自閉症的なのである。支援の要・不要を判断し，一定のサービスを提供するのが福祉なのではない。前節で述べたように，子どもの視点に立ち，子どもに寄り添うことが福祉と教育に問われる。

### (2) セーフティネット

　伝統的な福祉国家は，生存権の保障という観点から，貧困層への最低限の生活保障を目指してきた。また，年金や社会保険の制度が整備されてきた。これらは，社会的なインフラストラクチャーとして，人々が安心して生活するための重要な役割を果たしている。

　知識社会への移行につれて，基礎的な学校教育制度は社会的なインフラストラクチャーとしての性格を強めてきている。また，学校に通うための各種奨学金の充実が求められる。

　これに加えて，リスク社会では，市民個々人の自律性が求められ，積極的にリスクをとることも勧められる。そして，その挑戦はいつもうまくいくことはなく，むしろ失敗することのほうが多いだろう。こうしたとき，失敗しても何

度でもやり直しができ，再挑戦が可能となるような社会的手立てが必要となる。これは社会的セーフティネットと呼ばれる（金子 1999）。

　教育においては，こうしたセーフティネットの役割を果たすものとして，スキルアップのための成人向けの職業訓練制度や資格制度の整備も含まれることになる。また，子育て中の家庭に対しては，「子ども手当」といった現金給付も有効になるだろう。

## 5　途上国の子どもたち——グローバル化した世界における福祉

　本書の序章でも述べたように，グローバル化した世界では，われわれの生活は国境を越えた人々と関係し，彼らの労働に支えられている。この意味において，教育と福祉の問題を考えるうえでも，日本の子どもだけでなく，途上国あるいは他の先進国の子どもの教育と福祉を視野に入れてとらえる必要がある。

　特に，途上国における貧困な子どもたちは，劣悪な環境の下で苛酷な労働に従事している。その数は，2億5千万人とも言われる。彼らは，学校教育の機会を奪われることによって，文字の読み書きもできず，その境遇から抜け出すこともできなくなる。そして，それがまた，先進国と途上国の発展の不均衡を招いている。いくつかの調査が示すように，日本の子どもの幸福度は先進国の中では最低であるが，途上国の子どもからすれば，「ぜいたく」な境遇である。福祉を「悲しみの分かち合い」としてとらえるならば，この問題が解決されるまで，子どもの福祉は実現したとはいえないだろう。


**引用・参考文献**
金子勝『セーフティーネットの政治経済学』ちくま新書，1999.
ギデンズ，A.・渡辺聡子『日本の新たな「第三の道」——市場主義改革と福祉
　　改革の同時推進』ダイヤモンド社，2009.
神野直彦『「分かち合い」の経済学』岩波新書，2010.
セン，A.（池本幸生・野上裕生・佐藤仁訳）『不平等の再検討——潜在能力の自由』
　　岩波書店，1999.
広井良典『グローバル定常型社会——地球社会の理論のために』岩波書店，2009

持田栄一「子どもの生活と教育」阿利莫二・一番ヶ瀬康子・持田栄一・寺脇隆夫編『子どものシビル・ミニマム』弘文堂，1979.
山崎隆夫『希望を生み出す教室』旬報社，2009.
渡辺位「現代の子どもにとっての学校とは」稲村博・小川捷之編『学校ぎらい』共立出版，1982.
Dryfoos, J. G. / Maguire, S.（2002）*Inside Full-Service Community Schools*, Corwin Press.
Lovey, J.（1985）*Supporting Special Educational Needs in Secondary School Classrooms*, David Fulton Pub.
Luhmann, N.（1995）Inklusuion und Exklusion, in:ders., *Soziologische Aufklärung Bd.* VI, Westdeutscher Verlag.

# 16章　メディアと教育

小林　伸行

## 1　「メディア化した教師」という透明な存在

　たとえば「学級崩壊」を起こした教室の様子を聞いて，子ども達が「番組に飽きてテレビの前ではしゃいでいる」家庭の一コマを連想した経験はないだろうか。もしくは，教科書の内容そのままで新味や工夫に乏しい授業を受けていて，「喋る教科書」の速さに合わせるよりも「自分で教科書を読み進めた方が早い」と思った経験はないだろうか。たとえ，こうした経験そのものはないにせよ，「人から直接」よりも「メディアを通して」情報を手に入れることに慣れた現代人にとって，実際はメディアを介していない対面状況でも，まるでメディアを介しているかのように想像することは決して難しくないはずである。
　メディアを「情報を伝達する媒体」という意味にとらえるなら，教育者を単なるメディアと見なすのは何とも寂しいことのように感じられるに違いない。教育は人によってなされなくてもよいということにつながり，教師という職業も不要になってしまうかもしれないからだ。だがそれは裏返せば，「そこに人がいて，人によって教育されている」という実感や意義が見出されないのであれば，すなわち，その教師なる存在が「情報の伝達媒体」と等価な働きしかできないのであれば，メディアと置き換えたところで何も変わらないということである。また，一旦メディアのように映ってしまったら，やがて「スイッチを消されたテレビ」のように無用の長物となり，完全に透明な存在となってしまう前に，「ながら視聴」でも「スイッチが入っている」うちに，何とかメッセージが届くようにしなければならないということである。

単なる「情報の伝達媒体」と教育者とはどこが違うのか。そのことを改めて問うてみることなしには，今や無条件にメディア「と」教育の関係にあるのではなく，教育はメディアの一種として埋没するかもしれないという緊張関係にあることを，本章では，ルーマンの社会システム論や教育システム論，マスメディア・システム論に依拠しつつ掘り下げて考えてみたい。

## 2　メディアによる出会い「を」補う時代

現代社会では，たとえばネット上の出会いによって「直接には会ったことのない」知人や「顔も知らない」友人に恵まれることも珍しくない。メディアを通じた間接的で非対面的な出会いが先行したり，ほとんどそれに終始したりするなかで，メディアによらない対面的な出会いはというと，かろうじて「オフ会」のような機会に現れたり，電話やメールの合間の「接待」や「商談」の際にだけ顔を覗かせたりするようになってきているのである。

しかしかつては紛れもなく，メディアによる出会い「が」対面的な出会いを補う構図になっていた。一家団欒の場にテレビが侵入してきても，ブラウン管の向こう側と双方向でやりとりできる訳ではなく，家族との対話に話題を提供するものだったし，雑誌の写真やラジオの音声がどれだけ鮮やかに情報を伝えたとしても，対面的な出会いと錯覚できる程なのは視覚や聴覚の一部に止まっていた。文字だけの新聞やイラストが加わっただけの小説が相手ならなおのこと，メディアによる出会いは日常の対面的な出会いとは明らかに異質のものだった訳である。

では教育においては，メディアとの関係はどう（だった）だろうか。ITの発達とともにe-Learningなど（非対面的な双方向性もありうる）遠隔教育が盛んになったり，そうでなくても通信教育や放送教育を対面的なスクーリングが補う教育形態が早くから存在したように，メディアによる出会いが主役で対面的な出会いはそれ「を」補う脇役に止まる場合も確かにある。しかしそれらは，あくまで「中心」的な学校教育の「周辺」に存在するオルタナティブな形態に止まっており，学校では今も毎日のように通学して授業のなかで教師に出会うという営みが（むしろその形態の方が貴重な経験になりつつあることに無頓着なま

ま）続いている。そして教材や教具を用いることで「（往々にして古い形態の）メディアを通じた」事物や人々との出会いが（まるで今も驚きに満ちた新鮮な経験であるかのように）日々演出されているのである。社会環境の変化と歩調を合わせるかのように，対面的な出会いがメディアによる出会い「を」補う構図が「周辺」では増えてきているのに対して，教育の「中心」においては逆の構図も根強く存続している訳である。

## 3 メディアの発達と社会の近代化

こうした現代のメディア環境や社会状況は，ルーマンの所論によらずとも捉えることが可能であるし，実際そうした試みも数多い。だがルーマンによることで，単に歴史的変遷のなかに位置づけるだけでなく，「システム／環境」の対比や「システム／（環境内の）他のシステム」という関係などを通じて，全体社会の構造とも併せ視野を広げて考察しやすくなる。オートポイエーシスとしてのシステムは自律的ながらも自閉してはおらず，コミュニケーションによって構成されるシステム内部の（内的）リアリティの様相も，外部の環境や他のシステムに関して構成される（外的）リアリティと関連しているからである。それゆえ本章では，たとえばメディアを利用した非対面状況でのコミュニケーションも，相互作用システム（すなわち対面状況）の外部にあるものとして対面状況と対比させつつ考察していくし，教育についても，教育システムの外部にある他の諸システムやそれらを包括する全体社会と関連させながら検討していくことになる。

しかもそうした検討結果を交差させ，全体像をより複合的にとらえることもできる。実際，全体社会の構造における主要な分化形態の変遷は，メディアの発達過程やそれにともなう相互作用システムの様相の変容過程と，おおよそ対応させることも不可能ではない。以下では，全体社会の近代化を（教育システムの分出を含む）「機能分化」の過程として描くルーマンの理論的枠組みに依拠しつつ，メディアの発展過程を再構成しながら素描していきたい。

## （1）環節分化

　ルーマンによれば，システムの「分化」とはシステムの内部に新たなシステムが（固有の環境を伴って）生じることであり，「親子関係」ないし「兄弟関係」にあるシステム同士は，相互に自律的ながらも「構造的カップリング」によって（たとえば「一方の外的リアリティ」に「他方の内的リアリティ」が）間接的に影響し合う関係となるが，歴史的に変遷してきた全体社会の主要な分化の形態としては，「環節分化／中心─周辺の分化／階層分化／機能分化」の4つが挙げられている。

　その最も古い発展段階に当たる「環節分化」は，言語が十分に発達する以前からでも存在しえた分化形態といえよう。というのも，分化形態の類型には他にも「相互作用／組織／社会運動／全体社会」といった区分もあるのだが，たとえば家族同士や部族同士のように「血統あるいは居住地共同体を踏まえて，あるいはこのふたつの基準を組み合わせることによって区別される」（Luhmann 1997＝2009: 907）相互に同等なサブシステムに分かれる環節分化社会では，（狩猟にせよ採集にせよ）相互作用システムの範疇を越えて「外的リアリティ」を構成する必要性に乏しく，一緒に遠出（して対面し続けさえ）すれば事足りる程度に生活圏も全体社会の規模も制限されえたからである。

## （2）中心─周辺の分化

　これに対して「中心／周辺」に分化した社会では，複数の環節が凝集しながら全体社会の規模が拡大していく一方で，その密度の濃淡等によって相互のサブシステム間に不等性が生じてくる。地域的にいえば都市部と農村部のような差異が生まれてくる訳であるが，遠方の地域間のように対面状況で直接コミュニケーションできないような場合には，共通言語や双方の言語を扱える人物を往復させるなどして相互作用システム同士を間接的に連鎖させる必要性が高まることになろう（言語不使用時に比べれば遠方に連絡しやすいが，そもそも情報自体が人の集まる地域に集中しやすいという側面もある）。

　ルーマンは，コミュニケーションの「理解／伝達／受容」をそれぞれ促進する媒体として「言語／伝播メディア／成果メディア」という3つのコミュニケーション・メディアを挙げているが，そもそも近代以前のコミュニケーション

（や社会化）が専ら前提としていたような対面状況の範囲では，空間的な制約ゆえにコミュニケーションの「伝達」や「受容」における不確実性がもともと縮減済みであり，「言語」以外のメディアの必要性は乏しいことになる点に注意が必要である。例えば，面と向かっていて聞こえない／話しかけられていると分からない場合（伝達の不確実性）は限られるし，相手がいい加減に返事して済ませたり応答を拒否し続ける（受容の不確実性）と想定するのも通常は困難であろう。対面状況を間接的に連鎖させる場合も，（情報の信頼性などにおいて仲介役の「人格」に依存しがちな反面）通時的にせよ共時的にせよ一人の仲介で事足りる程度に遠隔的なだけの段階では，社会生活の多くが「言語（に基づく記憶）」で事足りて，必ずしも「文字」を必要としないのも頷けよう。

### (3) 階層分化

しかし，階層分化社会に至ってサブシステム間が「位階のうえで不等」（Luhmann 1997＝2009: 907）になると，一部の上位階層を中心に「文字」を扱ったコミュニケーションが登場してくる。そして相互作用システムの様相にも，外部環境におけるメディアの発達に対応して変化が現れてくるのである。そのなかでも特に教育に関わるのが，仲介役を立てず非対面的にコミュニケーションを拡張するうえで不可欠な「文字の読み書き能力（リテラシー）の有／無」なども背景とした，「大人／子ども」の区分に基づく「子ども」期の誕生（P. アリエス）であろう。リテラシーを身につけた特別な「大人」のいる階層を皮切りに，対面状況における社会化がもはや「大人」のそれとは区別され，（「文字」習得の必要性にかぎらず）「子ども」に対する特別な配慮を招き寄せやすくなっていったのである。

　ルーマンによれば伝播メディアとは情報の「伝達」を確実にして促進する媒体のことであるが，具体的には文字や活版印刷術（図書や雑誌など），電子メディア（電話やPCなど）のことを指している。時間的にも空間的にも対面状況の限界を越えてコミュニケーションがより多くの人々に確実に伝達されるには，たとえばメモや雑誌が回し読みできたりケータイで通話やメールのやりとりができたりするような，伝播メディアの介在が必要になってくる。

　ルーマンは（ジェスチャーや手話など広義の言語の扱いと文字を別にして考えた

場合の）口頭における言葉も伝達される情報の「理解」を促進するメディアとして扱うが，この「言語」というメディアの利用と習熟の境は必ずしも分化しておらず，対面状況における偶然の「社会化」に委ねるだけでも一定程度の習得が十分期待できる。しかし「文字」は必ずしもそうではなく，「教える側／学ぶ側」の双方がメディアに習熟するための（「労働」などから解放された）特別な時間を割く必要がでてくるのである。したがって下位階層ではまだ，時間がなかったり，場合によっては意図的にすら文字の使用（とそれに基づく知識の習得）が制限されていたりして，近代教育の誕生以前の教えや学びと「言語」以外のメディアとはそれほど密接に関係してこなかった。それゆえ人々は，主に「言語」を通して垣間見える社会に対する「理解」に促された，（家庭や身近な地域での）対面状況における社会化にまだ多くを依存していたといえる訳である。たとえば家庭での躾や家事手伝い，丁稚奉公をはじめとする徒弟制などのように，対面状況のなかで"生きた教材"や手本となる親／親方を目の前にしながら学ぶ機会が多かった。つまり，ほとんどは見よう見まねの自発的な「社会化」の範疇か，「教育」といっても家事や商売などその時々の（必ずしも教育に特化されない）文脈に応じて身近な学習対象を直接「提示」（K. モレンハウアー）するだけの，口頭での会話や身振り手振りがわずかに散見される程度だったといえよう。

### (4) 機能分化──黎明期（「文字・印刷メディア」の時代）

しかしながら，各機能の差異に基づいてのみ「不等であると同時に同等でもある」（Luhmann 1997＝2009: 907-8）サブシステムごとに分かれ，特定のサブシステムが中心や頂点に位置づく可能性が失われた機能分化社会に至ると，特に活版印刷術の発達と利用拡大にともなって，政治・経済・学術など様々な分野での非対面的なコミュニケーションの爆発的増加と，非対面状況にいっそう特化したマスメディア・システムの分出が促されていくことになる。

ルーマンによれば「マスメディアという概念は，複製のための技術的手段を利用してコミュニケーションを伝播する社会のあらゆる装置を包括するもの」であり，報道（ニュース／ルポルタージュ）／広告／娯楽という3つのプログラムからなる機能システムであるが，私信などと違って伝播される情報に一般的

に誰もがアクセスできることと,送り手と受け手の間に対面的な相互作用が発生しないことが条件とされている (Luhmann 1996＝2005: 8-9)。

ここでまず重要なのは,マスメディアは非対面的なコミュニケーションと最初から親和的であるばかりでなく,文字や印刷メディアの利用方法について習熟していることが前提であって,習熟までの過程には無頓着な点であろう。実際,新聞／雑誌／図書／ポスター広告／小説など近代化当初からのマスメディアは,それまで複製が困難だったがゆえの「伝達」の希少性に基づく格差を解消し,下位階層ほど対面の範疇に囚われがちだった社会生活を一変させたものの,情報の送り手／受け手ともにあくまでもリテラシーを前提としていたため,受け手側の習熟度にともなう「理解」度の格差が,実質的な社会的排除として立ちはだかり続ける可能性もまだ残っていた。リテラシーなき「子ども」の裾野がむしろ全ての階層に拡大したのである。

しかし,そのように非対面状況の拡大を背景としつつ対面状況の様相が変化したからこそ,授業という「特別な対面状況」のなかで「子ども」期の一部を割くという「学校」を中心に,教育システムもまた固有の機能を担って分出していったともいえる。そもそも,どれだけ社会化の必要性が高まっても社会の変容が自動的に個人に影響する訳ではなく,あくまでも個人の意識システムが自ら「外的リアリティ」を構成しつつそれに対応した「内的リアリティ」に変容させる必要がある。ルーマンによれば「社会化」とは常に意識システム自体による自己社会化であって,決して社会から個人へと何か（文化の断片）が輸入されるようなシステム間の入出力を伴うものではないのである（Luhmann 2002＝2004: 61）。ところが,ITの活用（情報リテラシー）におけるデジタル・デバイドの問題でも同様だが,メディアに一定程度習熟するまでの事前の準備（識字教育や情報教育など）が必要な伝播メディアの場合に顕在化しやすいように,前提となる「内的リアリティ」によっては「外的リアリティ」の構成が困難で,無意図的な社会化にただ委ねる訳にはいかない。そこで教師は対面状況を,より「外的リアリティ」の構成が容易で教育に最適化されたものに（教材や教具も扱いながら）設えて,延いては生徒の「内的リアリティ」の変容を段階的に促そうとする訳である。近代教育は,「代表的提示」（K. モレンハウアー）という概念も示唆するように,学習対象の取捨選択や配置,学習過程の

「開始／終了」等が習熟という目的に特化された「授業」という特殊な対面状況を，学校外の多様な環境そのものの代わりに「外的リアリティ」を構成する対象として指し示させることを基本としているのである。

また文字・印刷メディアは，個々の機能システムに影響を与えたばかりでなく，機能システム間の構造的カップリングの様相にも深く介在していたといえる。というのも，専門性に応じた（官僚制的な）階層構造を有して各機能システムの「中心」に位置づく「組織」の維持形成には，疑いもなく文字・印刷メディアが密接に関連しているからである。

機能分化による「全体社会の」多中心化を経て，病院や学校のような，専門（職的組織）性を伴う医者や教師などとそうでない患者や生徒などとの間に非対称性が見出される「中心」がそれぞれの機能システムごとに確立していくものの，近代化当初は機能システム内はそれほど多様化していなかった（それどころか，「（非）国民」や「会社人間」といった用語の氾濫にも象徴されるように，時には相互作用システムの殆どが「中心」の「組織」に従属する格好ですら理解されやすかった）。つまり近代における多様化／脱中心化は当初，全体社会のレベル＝機能システム間に止まり，機能システム内（の多くを占めていた「中心」）ではコミュニケーションの画一性や安定性が比較的見受けられていた訳である。しかも，それぞれの「周辺」における多様性にも乏しいため，機能システム間の構造的カップリングが「中心」同士の分業的な連携としての色彩を帯びやすく，（往々にして国家単位に分かれてはいたが）全体社会レベルでの一体性もまだ根強く（時には近代以前のそれ以上に）あったのである。たとえばマスメディアがリテラシーに無頓着でありえたのも，教育の成果に十分期待できるほど安定して構造的にカップリングしていたためといえよう。しかしそうした連携性ゆえに，逆にいえば「諸機能システムが多重的に依存しあっているがゆえに排除効果が強化される」（Luhmann 1997＝2009: 927）という「連鎖的排除」も現在以上に顕在化しやすく，たとえば教育の「中心」たる学校からのドロップアウトが即，就職や結婚などにも響くように映った訳である。

### (5) 機能分化──過渡期（「視聴覚メディア」の時代）

その後，伝播メディアの多様化などを通じて徐々に機能システム内の多様化

が促されていくことになるが，その背景では成果メディアの発達も大きく影響する。当該の機能システム全般に「流通」しうる固有の成果メディアが確立することで，それ以外の面ではいっそう多様性を拡張させやすくなるからである。伝播メディアを介した広域的なコミュニケーションが前提となった全体社会では，「伝達」の不確実な非対面状況での「受容」（とそれに続く「応答」）も不確実になりやすくなってくるが，ルーマンは，非対面的コミュニケーションでも「受容」を確実にして促進する媒体として，経済システムにおける〈貨幣〉や学術システムにおける〈真理〉などの成果メディアを機能システムごとに挙げている[1]。

　メディアや技術などのさらなる発達にともなって，機能システム内でも（専門性に乏しいからこそ柔軟で多様な）「周辺」が年輪のように肥大していくことが容易になり，しかも発達の方向性や進捗などのバランス次第では（新たに専門性を構築して）「中心」が移行しうるようにもなる。つまり再帰的に「機能システム自体の脱中心化／多様化」が促されるような内部分化の進展が見られる訳である（「再帰的近代化」とも呼ばれる段階に対応しよう）。たとえば，典型的にはマスメディアにおいて，新たな伝播メディアが登場するたびに「新聞／雑誌／書籍→ラジオ→テレビ」のように（専門的なジャーナリストや広告代理店などが主に活躍する）「中心」的な舞台が変遷してきた訳である。

　写真／ラジオ／映画／漫画／テレビなど視聴覚メディアに基づくマスメディアが発達してくると，視覚と聴覚に限られはするものの，文章や挿絵などよりはるかに具象的な情報が（変わらず一方的ながらも）大量に「伝達」されるようになる。受け手側に限られはするものの，情報の「理解」が，メディアの利用と画然と区別されたメディアへの習熟を常に前提とするとも限らなくなった訳であり，結果としてやはり，対面状況の様相や教育システムにも大きく影響してくることになった。

　まず，対面状況にもメディアへの習熟にもよらない「メディアを介した社会化」が促進されやすくなり，時には「子どもはもういない」（N. ポストマン）とまで見なされるほど，必ずしもリテラシーの有無や情報格差などを前提とした「大人／子ども」の区別にとらわれることなく，誰もが容易にマスメディア・システムに（子どもなら特に娯楽や広告の面で）包摂されうるようになった。

他方で教育にとっては，視聴覚メディアを介した教材／教具による直接的な影響ばかりでなく，対面状況や文字・印刷メディアを扱った学習への間接的な影響も無視できなかった。何より，それまで文字の扱えない子どもが参加できるのは（遊びにおける相互社会化など）対面状況にほとんど限られていたのが，少なくとも社会化「される側」としては広域的コミュニケーションに容易に参入可能となり，身近に対面する親や教師など以外からも広く影響を受けやすくなった。学校の教材以外でも「メディアによる出会い」が増えた訳であるが，そのため，たとえば家庭への漫画やテレビの浸透が，一家団欒や外遊びなどの「対面的な」具体的経験を変容させたり[2]駆逐したりし始めた点などが，しばしば教育によって批判されてきた。また，文字や印刷メディアの利用と習熟を補完／促進するかぎりでは，視聴覚メディアの具象性が利点とされるものの，活字を用いた抽象的な思考能力を育成する機会が奪われるなど，ひとたび抽象性と競合すれば欠点として批判されてきた。習熟不要の安きに流れると勉強を疎かにすることにもつながるため，読書の奨励や新聞利用の拡大などが叫ばれてきた訳である。

### (6) 機能分化──成熟期（「マルチ（複合）メディア」の時代）

いわゆる「再帰的近代化」がさらに進展すると，機能システム間の「構造的カップリング」が必ずしも「中心」同士の単純なものでなくなるばかりか，逆に機能システム内の脱中心化／多中心化に抗する旧来の「中心」が「周辺」と一部連携することで硬直化や陳腐化に対処しようとしたりすることにもつながり，全体社会はいっそう複合性を高めていく。たとえば，裁判員制度などの司法制度改革やテレビ局のネット対応，AEDなどによる医療行為のアウトソーシング，学校運営協議会や授業評価の導入などは，「中心」が「周辺」を巻き込もうとする動きと見なせよう。

こうした変化の背景にも，やはり伝播メディアの発達が影響しているのが見て取れよう。マルチメディアの定義は複数あるが，PCやケータイに代表されるように，何よりもまず視覚／聴覚や抽象／具象など様々な違いのある情報を電子的なデジタルデータという共通様式において複合的に扱える点に特徴を有するといえよう。「デジタル化」という共通基盤を介して複数の差異を結びつ

けつつも，差異を画一性の中に埋没させてしまうことがないため，前述した成果メディアのように多様化も促進しうる訳である。そこから派生して，①メディア単体においては，リアリティの高次化や記録容量の大容量化，利用目的／利用形態の多様化などが，また，②複数のメディア間でも，通信や記録のための共通規格を介してネットワーク化や効率的な分散化，（利用目的やハード／ソフトの差異を超えた）情報の共有／再利用化などが進んでいる。そして，それらの影響はさらに複合化されても表れるが，以下の節ではそうした諸々の影響のうちのいくつかを，相互作用システムや教育システムから見た場合の「内的リアリティ／外的リアリティ」として素描してみたい。

そのうえで特に慎重に考慮しておくべきなのが，当該システムにおける「内的リアリティ／外的リアリティ」がいずれも外部環境からの影響などでいっそう多様化しやすくなることで，見る者の視点によって様相が異なって見える「マルチ・リアリティ」化が二重に起こりやすくなっている点である。

## 4　メディアの発達と対面状況の現代的位相

### (1) 対面状況とも代替可能な双方向性

まず，相互作用システムにとっては「外的リアリティ」として映る，非対面的なコミュニケーションにおける直接的な変化として，双方向性の実現が挙げられよう。

かつての伝播メディアは（手紙による文通やその延長線上にある電話などの私信を除けば）双方向性の面で極めて限定的であり，対面状況には遠く及ばなかったが，デジタル化にともない情報の複製や発信がいっそう容易になったことで，マスメディアの「中心」にいる専門家以外にも（マス向けの）伝達者の裾野が広がるなど，主に受信情報を共有する「一対多」構造から送信情報も共有しうる「多対多」のネットワーク構造に変容して，情報の伝達や理解における他者との複合的な連携／協力も容易になりつつある。伝達や記録のためのツールとしての「筆記具／ノート・手帳・備忘録」などがPCやケータイへと電子化したこととも相まって，記録から発信までの過程がほとんど地続きになると同時に，記録の大容量化や外部化，共有／再利用などもいっそう進んでおり，

発信者によって異なる加工が施されたり異なる解釈で利用されたりするなどの多様化を促進しているのである。

## (2) 対面状況の脆弱化と並行的「希薄化／濃縮化」

相互作用システム自身が外部環境を観察して構成した「外的リアリティ」からの影響も受けつつ，やはり「内的リアリティ」自体の変容と多様化も併せて進んでいる。

たとえば，もはや「一家に一台のテレビを中心に一家団欒」の時代でもなく，自分の部屋のテレビで違う番組を見たり，たとえ同じ部屋にいても PC やケータイを弄っていたりと，家庭の対面状況において伝播メディアが特定の話題／テーマに家族を「集中」させるような効果をもつことは稀になってきている。「対面状況での集中」とは違い，伝播メディアを介した「非対面的な集中」はむしろ，時間的／空間的には「分散」を促進しやすくなるのである（そもそも，テレビもラジオもない時代から既に朝の食卓で新聞を読む親と読まない子に分かれていたり，家族が読み終わってから同じ雑誌を読んだりしていたはずであり，マスメディアが隣接する対面状況の全域にわたって「集中」させる効果を及ぼすとはかぎらなかった）。同じような「一対多」構造にあるようでも，授業（という相互作用システム）においてよそ見も私語も許されずに「対面的で同期的な集中」が求められる学校教育とは，様相が根本的に異なる訳である。

そしてここで注目すべきなのは，だからこそ伝播メディアを介した「非対面的な集中」の頻度が高まると，ひるがえって相互作用システムの「内的リアリティ」においても，「〈他者同士の〉対面状況」に第三者的に関わる（いわば「〈対他〉集中」による）社会化の機会が相対的に乏しくなっていくという点である。核家族化や少子化の影響で，自分以外の家族や子ども同士が対面状況にある場面に出くわす頻度が必然的に低下したこととも相まって，「〈対他〉集中」に至るケースとしては対面状況における対人関係が希薄化しているのだが，他方では，二者関係による「〈自他の〉対面状況」を基本とする（いわば「〈対自〉集中」による）社会化の機会はむしろ相対的に濃縮される格好で影響度を増しているのである。したがって，単純に対面状況における対人関係の頻度や社会化の影響が低下したとするだけでは不十分なのであり，伝播メディアとの

関連性を踏まえる必要があるといえよう。

　もちろん，前述の双方向性や（視聴覚メディアよりもはるかに高度で複合的な）リアリティの高次化にともなって，非対面的なコミュニケーションが擬似的に対面状況に近づくことや，いわゆる「ユビキタス化」によって対面状況に伝播メディアが持ち込まれやすくなることで，伝播メディアの介在が自明化／背景化していき，「非対面的な出会い」がますます増加／日常化してきつつあるという変化の影響も重要であるのはいうまでもない。その結果，徐々に「対面／非対面」区分が曖昧になったり，そのどちらが日常的なコミュニケーションの基盤に位置づくかという主従関係が逆転したりもしてきているのである。しかし，これは単に従来の伝播メディアがもっていた「一方向性」や，「対面的社会化」がもっていた「身近な具体性」などへの慣れ親しみが画一的に失われたということではなく，むしろ相互作用システムにおける「内的リアリティの画一性」こそが失われ，見通しにくくなってきたということなのである。

　「唯一のオリジナルからの（一方的な）大量複製」という「一対多」の樹状構造にある印刷メディアや視聴覚メディアの時代までは，伝達される情報の影響についても，まだ具体的経験の「画一的な」不足とか，抽象的思考の「一様な」未熟さなどとして議論しやすかった。マスメディアによる情報の「伝達の仕方」自体には（「理解の仕方」は別として）多様性が比較的乏しいと見なされていたからである。教育において多様な生徒を「単一の」授業に巻き込む教師としても，メディアを利用するにせよ批判するにせよ，たやすく共通の話題／テーマで結びつけることができたため，画一的な影響を考慮するだけである程度通用した訳である。

### (3)「対面／非対面」区分の曖昧化にともなう社会化環境の変容

　そして，全体社会のあちらこちらでそうした「内的リアリティ／外的リアリティ」の双方が複雑に影響し合うことで，総体としての「社会化」環境も多様化していくことになる。たとえば，新たなツールを用いた読み書きとしての「情報リテラシー」が必要となる一方で，「書けないけれど読める」漢字が増える傾向にあるとされるように，部分的とはいえ，言語のみならず文字に関してもメディアの利用と習熟が未分化なものとなって「教育でなく社会化に」依存

する比重が相対的に高まりつつあり，従来のリテラシー観にさらなる変容を迫る事態も進行している。さらには，メディアを介せば独力で（ないし他者と協力すれば）理解／伝達できる「覚えていないけれど調べれば分かる」知識[3]への依存度も高まっていけば，「習熟／未熟」区分を前提とした「教師／生徒」や「大人／子ども」，「専門家／非専門家」などの区分もいっそう曖昧となり，機能システムとして「中心／周辺」に内部分化していた様相までも一変させかねない可能性をも秘めているとさえいえよう。

　現に，マスメディア・システムにおいては，動画配信サイトや匿名掲示板などに投稿された情報が先行するような事例も珍しくなくなってきているが，情報を（協力／分担して）容易に伝達できてしまうということは，逆にいえば一人一人が十分な「理解」に基づいて「伝達」しているともかぎらなくなりがちで，それは同時に，専門的／教育的な配慮を欠く「未熟なまま」の伝達者の増加も示唆している。そのため教育において，自らの伝達におけるマナーなどの習熟と併せて，他者の伝達を能動的に相対化して理解する「メディア・リテラシー」の必要性がいっそう強調されることにも影響してきているのだといえよう。

　しかしもちろん，単に従来と同様に「習熟／未熟」と「大人／子ども」などを画一的に対応させ続ければよいというものでもない。実際，ネット上などでは（匿名であればいっそう），「年少者が年長者に教える」といった光景や，（複数人が協力／分担することで）専門家の理解や伝達が相対化され疑問が投げかけられたり，複数の伝達者／理解者同士を多角的に比較検証することも珍しくはないであろう。逆に親や教師がマルチメディアに対して未熟な場合などでは，自分ではよく分からないからこそ安易に利用させてしまったり過剰に制限してしまったりして，いつまでも事態を精確に把握できない可能性もあるのである。

　また，たとえばかつてなら対面状況で社会化し合った遊びや悪戯や喧嘩などに，「未熟な」伝達者／理解者のまま「非対面的に」参加できることにもつながっていて，対面状況なら歯止めがかかるよう相互社会化が進んでいたようなことでもむしろエスカレートする方向に進みかねなくなっている。（対面状況での経験も乏しい）「未熟な参加者」だけで完結してしまう場合，たとえばネットいじめでは，匿名性という特性もあって対面状況より言葉の暴力が昂進して

しまったり，誤解が誤解を呼んで関係がこじれてしまったりもしかねない訳である。ネットいじめではさらに，「対面状況では苛められない／反抗できない」が「ネットでは苛められる／反抗できる」などと可能な態度が分離することで，対面状況ならいじめに加わらない者でも参加する可能性が生まれるため，日ごろ対面的に接するだけでは想像しにくい者が加害者に回ってしまう場合もある。車を運転すると人が変わるケースと同じように，メディアを介して接してみなければネット上での癖や性格は分からないのであって，必ずしも対面状況で接した姿が主たる姿とも，唯一本当の姿ともかぎらないということなのである。

## 5 「マルチ・リアリティ」化への対応を迫られる教育システム

ルーマンによれば，「リスク／危険」はどちらも未来の損害の可能性を意味するが，前者は自己の決定の帰結として帰属されるのに対して後者は自己の決定以外の帰結として帰属されるという違いがある（Luhmann 1997＝2009: 607-8）。ここまで見てきたようなメディアとの関係を踏まえれば，教育システム（特に「中心」たる学校教育）がそのどちらとも無縁ではありえないことが現在ではよりいっそう強く示唆されよう。

### (1)「メディア視」される危険

「生徒による教師のメディア視」とは，教育システムの外部で激変する現代のメディア環境への対応を怠ることで，教育システム内での「教える立場」が失われてしまう危険である。教育システムの外部において，したがって実際にはまだ「生徒」でない教育外の存在によって，教師が（教材ですらない）単なる伝播メディアと見なされてしまうことや，教室がただの部屋と見なされてしまうことなどへの懸念といえよう。外部環境は直接的にはいかんともしがたいにせよ，教育の内部で予防的な対応を取ることまでもが放棄される訳ではないし，対応不足によって危険を助長することの回避ならば可能なはずである。

たとえば，前述したような対面状況における「〈対自〉集中」への偏向傾向からは，学級崩壊や成人式での混乱など「一対多」の状況で「集中」が続かないようなケースでは，単純に「一対一」での働きかけを増やしても（当事者以

外が結局「〈対自〉集中」から漏れてしまううえに)「〈対他〉集中」による社会化につながらないため，徒労に終わる懸念が示唆されよう。それよりは，「多対多」の状況にして「〈対自〉集中」から漏れる可能性を減らすか，最小規模の三者関係から対面状況での「〈対他〉集中」に慣れ親しんでいくなどの取り組みが示唆されてくると思われる。いずれにせよ，かつてなら家庭や地域社会に多くを依存できていた「〈対他〉集中」による社会化に関しても，学校への負担が増してきているのだといえよう。

　なお，前述の多様化する社会化環境の影響も大きくて，「大人／子ども」区分を背景とする「教師／生徒」などの図式を予め自明視するだけでは対応しにくくなっているのも確かであろう。そうした区分が曖昧になった環境に慣れているほど，相手が「生徒である／になる」ことは望みにくい。相手が「生徒」でないならば，たとえコミュニケーションが成り立ったところで「教育」とはかぎらないのも当然であろう。対面状況は無条件に「授業」となるのではないし，「生徒」もなしに「教師だけが頑張っても」教育システムとしてはまだ足りないのである。

　そこでたとえば，担任との（入学以前の／授業開始前の）「メディアによる出会い」を先行させることなども一つの試みの可能性として浮上してこよう。家庭訪問など対面状況での個別対応では負担が大きいが，伝播メディア上で見知っておくために「挨拶／自己紹介」などをする程度なら手間も少なくて済むはずである。単なる情報伝達媒体としての「メディア視」を回避し相手を「生徒」たらしめる布石のためにこそ，あえて「メディアによる出会い」を逆手に取る（学校外での非学校教育的な）戦略だが，その是非はともかく，少なくとも教育外部の危険に対してただ手を拱いているよりはよいのではなかろうか。

### (2)「メディア化」のリスク

　「教師のメディア化」とは，教育システム内で（現代のメディア環境に対応するために）「新たな」教材／教具への依存度が高まりすぎたり，逆に（過去の成功体験に彩られた）「古い」教材／教具や授業形態への拘りが強まりすぎたりする（ため「新しい試みや工夫」が見えにくくなる）ことで，結果として「人が」教える比重や意義を低減させたり見誤らせたりしてしまうリスクである。現在，

マルチメディアを教育に積極的に利用しようとする向きも当然あるが、その研究は萌芽的な段階に止まっているといわざるをえない。教育システム内／外の差異や変化も併せて考慮しなければ、むしろメディアの利用が別の弊害をもたらしかねない点で十分な注意が必要になろう。

　たとえば「電子黒板」や「デジタル教科書」によって「双方向性」や「仮想現実性」が高まるばかりでなく、過程をそのまま（電子版ポートフォリオとして）保存できれば詳細な学習記録／授業記録にもなる。授業時間を離れてから改めてお互いにコメントし合ったり、忙しい保護者には授業参観の代わりにしてもらったり、外国の授業とネットワークで結んだりと、利用の可能性は広がるだろう。しかし同時に、授業という特殊な対面状況のなかで、時には「メディアを介さずにやり取りしながら」マルチメディアを利用する意義も併せて考えなければ、もはや学校で行う意味も見失われて全てがネットワークの中に（少なくとも「中心」の学校教育が「周辺」の遠隔教育に）還元されてしまいかねない。

　また、たとえば「携帯ゲーム機」などを利用する場合には、授業以上に人工的な空間の中に閉じ込めて、しかも娯楽（マスメディア）に還元してしまう危険性も孕んでいる。確かに、ペーパーテストと違って解答してから採点結果が戻ってくるまでに時間がかかるようなこともなく、即時的な双方向性が確保されているのは生徒の側から見ても望ましく、個別対応を対面的に行おうとすれば到底時間が足りない点に比べても、その利点は明らかであろう。「携帯情報端末」を利用して選択肢の中から選んだ回答を集計する場合と同じく、局所的な個々の場面では複数の選択肢を用意して「多様な反応」を許容しつつも、大局的には同じゴールを目指すものとして予め設計されているのであり、回答／反応の多様性を対応可能な程度に予め縮減しておくことにもなる。ただし、授業が活性化する意義はあるかもしれないが、娯楽性の安易な取り込みの副作用として「人生は／教育はゲームです」というメタ・メッセージを持って二次的社会化が行われてしまうかもしれない。「現実と虚構が区別できなくなる」と批判の対象にもなってきたメディアを利用しようとするのであるから、配慮の必要があるのは尚更であろう。

　そもそも教育研究において、マルチメディアの分析やそうした時代に適する

教材の開発などは必ずしも十分に進んではいないため，単に個々の教師の責任とするばかりでなく，今後の研究の発展を注視していくことが重要であろう。

**注**
1) なお，固有の成果メディアの発達によって機能システムの分出も促されるのだが，ルーマンは医療や教育など一部の領域では成果メディアが発達し（てい）ないと見なしている（Luhmann 1997＝2009: 467）。
2) メディアの利用者同士が同時に対面状況にある場合でも，同じ話題で盛り上がったり，理解不足の点を補い合ったりするなど，（ある意味では教材／教具を伴う「授業」と同様に）限られた様式での経験に止まりがちとなった。また，否応なく全面的に出会う「対面的社会化」と異なり，「非対面的社会化」では出会いが部分的であるがゆえに都合よく編集もされやすく，影響が極端なものにもなりやすかった。
3) （図書館よりもはるかに効率的に）外部化された記憶の共有が容易になった副作用として，カンニングも高速化していわゆる「コピペ問題」や「不正入試問題」なども誘発してきている。

**引用・参考文献**
今井康雄『メディアの教育学――「教育」の再定義のために』東京大学出版会，2004.
北田暁大・大多和直樹編『リーディングス　日本の教育と社会10　子どもとニューメディア』日本図書センター，2007.
Luhmann, N. (1996) *Die Realität der Massenmedien*, Westdeutscher Verlag. （林香里訳『マスメディアのリアリティ』木鐸社，2005）
―――― (1997) *Die Gesellschaft der Gesellschaft*, Suhrkamp. （馬場靖雄・赤堀三郎・菅原謙・高橋徹訳『社会の社会（1・2）』法政大学出版局，2009）
―――― (2002) *Das Erziehungssystem der Gesellschaft*, Suhrkamp. （村上淳一訳『社会の教育システム』東京大学出版会，2004）

Ⅴ　日本の教育／世界の教育／人類の教育

# 17章　グローバル化と学校教育
―― 学校の「世界社会」論はどこまで有効か――

山名　淳

## はじめに――「グローバル化」とルーマンの理論

　「グローバル化と教育」というテーマは，1980年代後半から今日にいたるまで，日本の――またおそらく世界の――教育学において最も注目され，議論されてきたテーマの一つといっても過言ではないだろう（試しに，「グローバル化」と「教育」をキーワードにして，文献検索システムCiniで検索してみると，2010年現在，小論も含めれば500件以上の論文がヒットする）。

　「グローバル化と教育」という問題の全体像を把握し，そのうえで教育の未来を展望することは，難しい。この問題は，「まだ誰も解けないパズル」（広田2009: 84）として，私たちの前に立ちはだかっている。グローバル化をめぐる理論の多様さが「グローバル化と教育」に関する議論にも反映しているからだ。グローバル化に関する理論は，枚挙にいとまがない。「グローバル化」（ロバートソン，ヘルド，ベック）を直接のテーマとして掲げる論考以外にも，「世界システム」（ウォーラステイン），「リスク社会」（ベック），「ポスト国民国家的状況」（ハーバーマス），「再帰的近代」（ベック／ギデンス），「ポストモダン」（リオタール），「情報化時代」（カステルス），「リキッド・モダニティ」（バウマン）に関する理論などが，このテーマに関わってくる。そもそもグローバル化を定義すること自体が「糠に釘を打つかのごとき」（ギデンス）作業であるとも形容されるほどだ。

　ここで注目するルーマンのシステム理論において，グローバル化について論じるための鍵となるのは，「世界社会」概念である。「世界社会」は，はたして

グローバル化という「糠」に打つことのできる万能の釘となることができるだろうか。本章では，まずルーマンのいう「世界社会」とは何かということを確認することによって，彼がグローバル化社会をどのように捉えようとしていたのかをみてみよう（第1節）。次に，「世界社会」論を前提にして教育がどのように捉えられるかということについて考えてみる（第2節）。注目したいのは，ルーマンの理論を基礎にして，グローバル化社会における教育について，主として学校論に焦点を当てて論じているG. ランク＝ヴォイタージックの考察である。そのうえで，こうしたシステム理論にもとづく議論が「グローバル化と教育」に関する語りとしてどのような可能性と課題を有しているか，ということについて検討したい（第3節）。

## 1　「世界社会」——グローバル化を論じるためのシステム理論的手がかり

### (1)「世界社会」とは何か
**「世界社会」——世界を覆う機能システム**

ルーマンが「世界社会」という語を用いたのは，グローバル化の議論が開始されるよりも，ずいぶん前のことだった（Luhmann 1971; Luhmann 1982a; Luhmann 1982b）。1990年代以降，「グローバル化」が時代の本格的なキーワードとして市民権を得るようになると，ルーマンは，あらためて「世界社会」論を土台にしながら，グローバル化について論じようとした。

大著『社会の社会』（1997年）では，近代社会の特徴を示す根本仮定のひとつが，次のように記されている。「あらゆる機能システムはグローバル化へと向かっていく。また機能分化への移行は……世界社会システムを形成することによってのみ終結を迎える」（Luhmann 1997: 145ff.＝2009b: 1102）。この引用文にみられるグローバル化のイメージを捉えるためには，したがって，「世界社会」概念を的確に理解するということが重要な鍵となるだろう。

ルーマンは，近代社会を，あらゆる機能システムが世界規模で絡み合っている状態として記述している。経済，学術，政治，教育，医療，法のような機能システムが，独自のコミュニケーションを行い，それによって，自らの境界を維持しているというわけだ。こうした社会の機能システムは，空間や人間集団

に即して境界づけられているわけではない。コミュニケーションが可能なかぎり，各機能システムは拡張していく。各機能システムが地球全体を覆う規模に達したとき，その状態が「世界社会」と呼ばれるのである。

### 「世界社会」の基本特徴

「世界社会」という概念が曖昧さを含み込んでいることは，ルーマン自身が認めているところである。それでも，1997年に公刊された主著『社会の社会』の内容をもとにして，おおよそ以下のような「世界社会」の基本特徴をあげることができるだろう。

——「世界社会」は，社会の機能分化が進行した結果として観察される。あらゆる機能システムの境界は，「世界社会」では，全体社会の外的境界と一致している。

——「世界社会」のコミュニケーション網は，メディアの発展に後押しされて増殖し，濃密化の度合いを増大させている。

——「世界社会」では，あらゆる作動と出来事が世界規模でほぼ同時に進行する。情報は増加し，広域にわたってほぼ同時に共有される。膨大な情報のストックからどの部分が引き出されるかは，偶有的である。

——「世界社会」は，作動と出来事の複雑性と同時進行性を特徴としているために，因果的にコントロールすることが不可能である。「世界社会」は，自らを目標や規範や指令を介して操舵しているわけではないし，そもそも操舵できない。

——機能システムとしての「世界社会」においては，コミュニケーションが越境的に作動するために，空間境界（たとえば国境）は意味をなさない。

——「世界」という意味次元が，接続能力を有するコミュニケーションを行なうための基軸となる。

——「世界社会」では，緯度・経度のような「世界空間」や世界標準時のような「世界時間」が採用されていることが前提となっている。そのような抽象化された定量的な時空によって，世界中のあらゆる情報と出来事が，時空の次元において換算可能になり，伝達可能になる。

——「世界社会」では，〈過去／未来〉という時間ゼマンティクが重要となり，

「過去（同一性）」よりも「未来（偶発性）」に優位性が置かれる。「世界社会」は，その都度の可能性に向けて，リスクを背負いつつ，自己の運命を自己自身で切り開いていかねばならない。

**教育における「世界社会」化の事例**

ところで，教育に関する「世界社会」状態とは，どのようなものだろうか。たとえば，「教育・養成プロセスを学校や大学へと委託し，その種の機構をキャリアやライフ・チャンスのためのコントロール・センターとして利用するという，世界規模の傾向を見いだせる」（Luhmann 1997: 162＝2009: 173）ような状態が，それにあたるだろう。現代では，西欧で培われた近代学校という機関をとおしてキャリアを積んでいくという形式が，多くの国々で一般化している。留学する場合などに経験するように，教育のそうした形式が共有されていることによって，学修の経験とそれを通じた卒業・入学資格取得が，他の教育制度を有する国に行っても認められうるのである。

もっとも，通貨の相違によって貨幣の両替が必要であるように，採用されている教育制度の相違によって，資格のいわゆる読み替えが必要な場合もあるだろう。世界「水準」の教育制度を備えていない場合には，資格の読み替えが成立しなかったり，資格の「ダンピング」（ある教育制度をとおして得られた資格が通常よりも一段低く価値づけられること）を余儀なくされたりすることもあるかもしれない。学士と修士の学位を基準統一することを決定したヨーロッパのボローニャ・プロセスは，ヨーロッパ圏内という制限付きではあるが，そうした読み替えも必要のない制度を構築しようとしたものである。こうした事態に，教育に関する「世界社会」化の具体例をみることができる。あるいは，統一的な「学力」の定義によって国際学力比較調査が実施され，その結果の分析にしたがって教育の「改善」が試みられることも，「世界社会」化の事例として思い起こされてよいだろう。

**（2）世界の「把握不可能な統一性」を見通す**
**プロセスとしての「世界社会」**

ルーマンによれば，「世界社会」は，おおよそ18世紀から始まる近代の進化

段階とみなされる。地理的な発見が終焉し,世界の「秘密」が減退していったことも,そのような進化がみられるようになった一因としてあげられている。また,産業化や都市化によって,貨幣や諸個人が流動的となり,「世界社会」の発展状態が達成されやすい状態が整っていったことも,重要な要因とみなされる。「世界社会」は,常にプロセスとしてのみ理解可能である(Luhmann 1997: 159＝2009: 709)。純粋な「世界社会」は,いまだ存在しない。とはいえ,「世界社会」状況はいたるところで見受けられる。「もはや土着のかたちで条件付けられた生活秩序などほとんど見いだしがたい」(Luhmann 1997: 168＝2009: 179),とルーマンはいう。したがって,「世界社会」論は有効である,というわけだ。

そのような考え方に対しては,「グローバル」な領域に回収されない「地域」が実際に存在するではないか,という反論が可能であろう。それに対するルーマンによる再反論は,こうである(Luhmann 1997: 163f.＝2009: 174)。社会を比較の手法を用いて観察する際に,「地域」間の相違を出発点とするか,それとも全体の一致点の方にまずは注目して「世界社会」について論じることを出発点とするか,という大きく分けて2種類の方法が想定される。前者の場合は,「地域」の諸特性(文化的伝統,地理的特色など)を記述して,相互の比較検討を行なうことになり,後者の場合は,個々の特色に関する具体的な記述から始めるのではなく,機能システムとしての「世界社会」をまず抽象的に記述したうえで,「地域」に関する記述を行なうことになる。どちらがより有効な観察となりうるかと問うことになるが,ルーマンは,「世界社会」を出発点とする方が,むしろ個々の「地域」が直面している問題を考察するための手がかりを得ることができる,と主張している。いったいどういうことだろうか。

**「世界社会」は「地域」の対立項ではない**

社会の各機能システムが世界を覆っていくようになったとしても,そのことは世界が同質的になるということを意味していない。今日,「世界社会」状況はいたるところで見受けられるが,同時に,「世界社会」的な構造条件や作動と各地の地理的・文化的に特別な条件との衝突から生まれる分化効果によって,各地に差異が生じることになる。そのような差異を有した場を,ルーマンは

「地域」（Regionen）と呼ぶ。あるいは，次のように言い換えることもできる。「世界社会」がまずはゆらぎを生じさせ，そこから散逸構造が生み出されて「地域」間の差異が生み出される，と。この場合，「世界社会」は「地域」の対立項とはみなされていない。むしろ，「世界社会」は「地域」の前提として位置づけられている。このような見方によれば，都会も一種の「地域」であり，また，国家でさえ「地域」である。

　「世界社会」として作動する機能システムの普遍主義は，さまざまな種類の個別主義を排除するというよりは，むしろそれを刺激し，促進することになる。「世界社会」においては，境界を消去しようとする力が境界づけを強める力によって埋め合わされるという様相を呈するのである。たとえば，教育に関して先述した国際学力比較調査の場合，「学力」に関する世界規模の尺度で各地の児童・生徒が測定され，比較され，それによって各地の不均衡が露わになることについて考えてみよう。この場合，一般化された「学力」の尺度を受け入れて教育活動を「改善」する努力を払うこともできれば，教育に関する個別的な独自の「学力」観やキャリア観を打ち立てることによって世界規模の標準化に対抗することも——たとえ困難をともなうものであっても，原理的には——可能である。

　したがって，「世界社会」化は，ときには矛盾を含みながら複雑に進行するような社会の発展として観察されねばならない。次節において紹介するG. ランク＝ヴォイタージックの示唆にもとづいていえば，「世界社会」では，〈普遍／特殊〉，〈同質性／異質性〉，〈統合性／断片性〉，〈同時性／非同時性〉，〈一致／相違〉，〈境界解除／境界付け〉，〈標準化／差異化〉，〈中心化／脱中心化〉，〈国際化／局地化〉，〈融合／分離〉といった二項図式的な特徴の双方が，観察者の立場によっては，対立的にも，また並立的にも生起しているように観察される。

　世界のうちには，さまざまな観察者が相異なるかたちでこうした事態を観察しているために，あらゆる観察を部分として搔き集めて総体としての社会を見通すことは不可能である。そのかぎりにおいて，世界は，「把握不可能な統一性」（Luhmann 1997: 155, 2009: 167）とみなされる。20世紀末から21世紀初頭にかけてグローバル化社会と形容されてきた多元的な状況は，「世界社会」概

念を基軸にして，以上のように説明されることになる。

## 2 「世界社会」時代の学校論

### (1) 教育のリアリティーに試される学校論
#### 近代学校の普及

　すでに述べたように，「世界社会」における教育について考えようとする場合，まずは西欧で誕生した近代学校という機関が普及し，そこでキャリアが積まれていくという形式が世界規模で一般化していることが，視野に捉えられるべきだろう。

　もちろん，世界のどこに行っても判子で押したようなまったく同一の学校が存在する，というわけではない。各地における土着の文化の相違によって，近代学校にもさまざまなバリエーションが生じている（さしあたり，日本において，家屋内に土足で入らないという伝統を文化的文脈として，学校内と学校外が昇降口によって明確に区別されるという学校建築が生まれたことを，その一例として想起しておこう）。

　そうはいうものの，教室というアーキテクチャーにおいて，時間割という定量的な時間の構造にしたがって，カリキュラムとして体系化された内容を，教師と児童・生徒の対面方式によって提供していくということを基本型としている点においては，近代学校の標準化が浸透しているとみるべきである。世界の諸学校がさまざまな差異を有しているとしても，それらを鳥瞰して認められるのは，せいぜいのところ近代学校の樹形図である。

　近代学校をこの次元にとどまって議論するかぎり，統合と規律訓練のみを主要な機能とする融通の利かない教育の媒介物としての学校像が浮上するだけであろう。もちろん，私たちは，反対にそのような学校像の克服についても語ることができる。硬直した学校に対する批判は，現代を待つまでもなく，これまでも歴史のなかで継続的に試みられてきた。19・20世紀転換期における新教育運動の時代のみならず，近代教育の歴史そのものが教育改革の歴史とほぼ同値である。そう論じたのは，ほかならぬルーマンであった（cf. Luhmann/Schorr 1988）。統合の仕掛けとしての学校（国民国家を依拠すべき枠組みとしつ

つ「国民」を形成していく社会的な装置としての学校）とそれに対する抵抗や改革の試みを検討することは，それ自体重要なことではある。だが，そのためにわざわざ「世界社会」という特別な概念を持ち出す必要は，おそらくない。

### グローバル化の両義性と学校

「世界社会」を念頭に置きながら学校教育について考えることが重要であると思われるのは，上述のような国民国家を前提とした教育のゼマンティクを確認する必要があるからではなく，国境を越えて事態が進行するような「超国家化」（ベック）の状況下においてそうしたゼマンティクの再考を迫られているようにみえるからだ。今日の学校が置かれた状況について，システム理論的な教授学を標榜する A. ショインプルークは，このあたりの状況を，次のように述べている。

> 20世紀末にみられるようになった社会の見通しがたさは，教育と陶冶の過程をとおして次世代における個人の発達を社会の発展と結びつけることに対して，大きな課題を突きつけた。児童・生徒は，さまざまな生活世界を背景としてクラスに集っているために，差異に耐え，意見・要求を調整することを，そこで学ばなければならない。家庭生活の状況が個別化および多元化したことによって，家庭の社会化機能が変容した。そのために，［家庭との関係においても］学校の刷新が求められる。知識の増大と（たとえばインターネットを通した）知識を管理する新たな可能性に直面したことによって，教育内容の選択を基礎づけることが難しくなっている。……授業の複雑性に関するこのような局面は，社会の変容に起因する比較的新しく生じた現象である（Scheunpflug 2001: 10）。

現在，私たちは，グローバル化のポジティヴな影響とネガティヴな影響のもとに生きている。グローバル化は，異質であった人々を出会わせることで新たな文化や価値を創造させる契機となるかもしれないし，また，国境を越えたより大きな連鎖関係のなかで，人間生活の利便性や協力関係を生み出していくことに寄与するかもしれない。そのような点に力点が置かれる場合には，グロー

バル化の肯定的な相貌が前面に押し出されることになるだろう。逆に，より広い影響範囲のなかで富と貧困の格差を生じさせたり，労働形態と専門職性の安定性を揺るがせたり，異質な者どうしの葛藤・衝突の可能性を増大させたりする点が注目される場合には，グローバル化の否定的な相貌が露呈することになるにちがいない。

　ショインプルークが示唆しているのは，そのようなグローバル化の両義性が学校という教育に特化された場所に反映しているということだ。教育との関係で「世界社会」論が注目されるとすれば，グローバル化のそのような両義的な状況との関連において学校教育についてどのように記述することができるかを理論的に示唆してくれる，という期待が抱かれるときだろう。そのような期待をもって「世界社会」論にもとづく学校論を展開しているのは，G. ランク゠ヴォイタージックというドイツの教育学者である。

## (2)「世界社会」論にもとづく学校論──ランク゠ヴォイタージックの試み
### 「世界社会」における4つの次元からみた学校論

　ランク゠ヴォイタージックは，ルーマンによるキーワードの在庫から「グローバル化と教育」を論じるのに最も適切な「世界社会」という概念を選び取り，とりわけ学校に関する見通しがたい現状に対するさしあたりの地図を準備しようとした。その成果が，彼の博士論文をもとにして公刊された『世界社会における学校』（2008年）である。そこでは，「学校をとおして，世界社会が突きつける新たな課題と人々を関連づける」（Lang-Wojtasik 2008: 26）可能性が検討されている。彼はまず「世界社会」の特徴を，空間的，事象的，時間的，社会的な次元に区分して整理し，そのうえで，「世界社会」の学校について記述している（表17-1を参照）。紙幅の関係で詳述することはできないが，彼が指摘する「世界社会」の学校の特徴は，おおよそ次のようにまとめることができる。

① 空間的次元：「世界社会」は自らの境界を国民国家の境界を超えてどこまでもコミュニケーションが可能な範囲にまで拡張していくが，このことは学校が「世界社会」に回収されてしまうことを意味しない。学校は「世界社会」に対する相対的な自律性を有するものとして記述されなけれ

表17-1　グローバル化に関する学校理論の一覧表（出典 Lang-Wojtasik 2008: 199）

| | グローバル化と世界社会・学校を特徴づける際に求められること | グローバル化と教育―選択された学校理論の総括 | 世界社会における学校理論の中心的アスペクト | | 世界社会における学校の機能性 |
|---|---|---|---|---|---|
| 空間的 | 参照枠組みの境界解除とグローバル化 | 国民国家的な学校制度の国際化 | 学校独自の論理からみた世界社会と地域差の間にある相対的な自律性 | 多様な世界社会と関わりをもつこと | 環境との境界づけと個人の地平において拡張を行うための構造化の提供 |
| 事象的 | 知識の複雑性と偶有性 | 知識に対する取り組みと決定の機関としての学校 | 学校における内容の選択，および情報の普遍化と地域の基準化という両観点からそのような選択を正当化すること | | 決定の選択肢および文化的なバリエーションの多様性との接続可能性 |
| 時間的 | 社会変容の速度増大と非同時性の同時性 | 社会変容の機関としての学校 | 世代間相互の交流における維持と変容の関係性 | | 開かれた未来へ方向づける可能性と個人と環境との関係をリズム化すること |
| 社会的 | 生活世界の個別化と多元化 | 相互作用の場としての学校 | 世界社会に包摂されるなかで生じる同質性と異質性 | | 個性の促進と複数性との交流という選択肢 |

ばならない。そのような自律性を前提として，諸文化が複合的に関連しあうような「世界社会」と接続する能力を学校が獲得しうる，と考えられる。

② **事象的次元**：「世界社会」では，情報が増大していくために，学校では，有用な情報（＝知識）を学習すべき内容として選択し，正当化することが重要度を増す。学校は，抽象度を上げた有用な情報（＝知識）を選択することによって，情報の複雑性を縮減し，それをとおして，「世界社会」につきものの不確実性への対象を習得する支援を行う。また，「世界社会」においては，知るべきことが選択される背後に，知らないままにしておく情報や知識が大量にストックされるので，学習内容の偶有性（学習内容

の他の選択がありえたかもしれない可能性）がそれとともに増大する。したがって，選択された学習内容の習得だけでなく，知るべきこととして選択されなかった情報や知識にアクセスする能力の養成などが不可欠となる。

③ **時間的次元**：「世界社会」においては，〈過去〉に築かれたものにもとづいて社会を維持していくことよりも〈未来〉への開放性に重きを置いて社会を変容させる方に重心が移る傾向がある。しかも，その変容は加速している。こうした「世界社会」の動向にもかかわらず，学校は，たんに開かれた未来にのみ目を向けるわけではない。学校は，〈過去〉の文化的な経験を先行世代が後続世代に対して提供する側面を有しており，それを〈未来〉の開放性へと結びつける。学校では，確定した時間枠にしたがって「確実な学習」がなされるからこそ，加速する社会変容から距離を取り，けれども同時に，社会変容の加速にともなって増大する不確実性への対処について学ぶことができる。

④ **社会的次元**：「世界社会」においては，個々の児童・生徒が「多様な人生設計と人生の背景」を有しており，〈（成績が）よい／わるい〉あるいは〈仲介可能／仲介不可能〉といった教育の基本的なコードにしたがった選抜だけでは十分とはみなされない。「世界社会」では，多様で異質であることが標準となっているために，特定の基準，価値観，規範によって同質性を保証することは難しい。だが，多様で異質であることが「通常の事態」であるということに新たな同質性の好機を見いだすならば，「世界社会」の学校が有する可能性について語ることができる。たとえば，学校では，往々にして文化的背景を共有する構成員からなる家庭と異なって，多様性にふれるための活動を行うことができる。また，学校において「世界社会に関する共同記憶」を提供し，それをP. ブルデューのいう「文化資本」として蓄積させることによって，「世界社会」および諸機能システムへの接近を促すことができる。このように考えるならば，「世界社会」の学校は，異質性（個人化と多元化）を同質性の文脈において実現する可能性に開かれている，とみなすことができる。

## 3　グローバル化時代の学校論をとらえる——システム理論の可能性と課題

### (1)「世界社会」論的な学校論の可能性
**現代社会の地図としての「世界社会」論**

　ランク゠ヴォイタージックも彼の著作で示唆していることであるが、グローバル化を基点としてみると、多様な観点から論じられている今日の教育問題は、相互に関連づけることができるように思われる。異質な文化的背景を有する児童・生徒が居合わせる学校教育の状況にどのように対応するか。労働形態や就業状況の変化がめまぐるしく変化する状況のなかで、職業教育やキャリア教育はいかにあるべきか。学校において提供される知識は、何を基準にして選択され、また正当化されるべきか。ニュー・メディアに支えられた情報化社会において、コミュニケーション形式が変容している状況下で、どのような教育の新たな可能性や課題が生じているか。価値観や〈快／不快〉感覚の世代間格差が広がるなかで、学校は、この問題にどのように関与することができるのか。数え上げれば、きりがない。

　以上のような問題は、本来、それぞれが議論の対象と次元を異にしている。そのために、相互にそれらを結びつけるには、抽象度の高い理論が必要となる。「グローバル化と教育」というテーマに関して、ルーマンのシステム理論が貢献できるとすれば、見通しがたい教育状況を理論レベルで鳥瞰するためのグランド・セオリーとしての役割を果たすことにあるだろう。システムと環境の区別を鍵とした抽象性の高い記述によって、通常は次元が異なるとみなされている対象（「心」から社会組織にいたるまで）を行き来しつつ、多様な理論と接続しながら、私たちが置かれた現代社会の全体像を記述のうえで見渡すこと。これが、システム理論のいわば〈売り〉である。

**学校の閉鎖性が「世界社会」への開放性をつくりだす**

　多元的で変化に富む社会状況下では、学校はしばしば融通の利かない時代遅れの営造物として批判されがちである。学校は、社会に対して閉じており、過去に蓄積された知識と経験にもとづいて、後続世代を先行世代の準拠していた枠に押し込めようとするだけの機関なのではないか、と。だが、システム理論

にしたがえば，そのような閉鎖性のゆえにこそ，また，独自の構造のゆえにこそ，グローバル化社会のなかでも機能する可能性があることが示される。

　学校は，オートポイエーティックな，つまり自己が自己を構成し続けるようなシステムである。そして，学校には，ある目的に沿った人間形成の支援を完全に保証するからくりは認められないものの，それ以外の場所ではみられないような「導き」の蓋然性を高める構造がある（cf. 山名 2004b）。そこでは，家庭や社会とは分離された空間が活動の舞台となり，学校年限や時間割などの時間設定がなされ，主題が限定され，教師と児童・生徒という関係が他の人間関係よりも優先される。

　学校は，そのような構造にもとづいて，失敗のリスクを縮小させたかたちで，「世界社会」時代の生活（異質性との遭遇）に人々を接近させるようなコミュニケーションを試みる可能性を有している。ランク＝ヴォイタージックが描出しようとしたのは，そのような学校の可能性であり，そのような学校論の可能性であった。

### 学校の「国際社会」論から「世界社会」論へ

　ルーマンは，一方で，「世界社会」という概念が曖昧さを有していることを認めつつ，他方で，それでも「国際社会」という概念よりも有効であると主張している。「国際（international）」を鍵として議論がなされる場合，〈国民国家的なるもの（national）〉の存立を前提としつつ，それらの〈間（inter）〉を問うという様式が採用される。コミュニケーションによって外延が定められる機能システムを観察しようとするルーマンからみれば，「国際」という概念では，国境を越えていく機能システムの基本的な性質は把握されがたい。しかも，「〈ネイション〉とは何であるべきなのかも，また〈インター〉をいかに理解すべきかも，明らかになってはいないのである」（Luhamnn 1993: 571＝2003: 723）。

　念のためにいえば，ルーマンは，国民国家の意義が消失した，もしくは存在しない，などと主張しているわけではない。彼は，市民社会の自発的な統治への期待一色に染まる議論を展開しようとしているのではない。彼が払拭しようとしているのは，国民国家そのものの存立や意義ではなく，国民国家の枠組み

を超えて世界を覆うシステムに関する一元論的な問題構成を立てることに対する躊躇である。システム理論では，その躊躇が取り払われ，「世界社会」という諸機能システムの全体社会が思い描かれたうえで，国民国家が「地域」として捉え返される。目指されているのは，「地域」を前提として「世界社会」について論じること（「国際社会」論）から，「世界社会」を前提として「地域」について論じること（「世界社会」論）へのシフトである。

　ランク＝ヴォイタージックは，基本的に，そのようなルーマンの態度を継承しているといってよい。彼は，ドイツ語圏を中心とした学校に関する従来の諸研究を検討した結果（『世界社会における学校』第3章），それらが国民国家と「国際」のゼマンティクに則って学校と社会の関連性について論じてきたことを指摘している。グローバル化の問題に取り組む場合，下位の諸要素（各国民国家）に還元されない世界規模のネットワークの特徴が重要なのであるが，国民国家と「国際」のゼマンティクのもとでは，学校と社会に関するそのような越境的な問題が視野に充分に捉えられない，という。そのような理由から，彼は，学校論の枠組みとして，「世界社会」を採用するのである。

　ランク＝ヴォイタージックにとって，「世界社会」とは，「国民国家的なゼマンティク内においても，また同時に，それを超えたときにでも，学校論のアスペクトをとらえることができるような参照枠組み」（Lang-Wojtasik 2008:160）である。ここで詳論することはできなかったが，先述した4つの次元における「世界社会」の学校に関する記述において，彼は，学校になしうることとして，「世界社会」への適応についてだけではなく，そこから析出される「地域」的（国民国家的）な文化への接続についても，そしてまた双方の調整についても言及している。

## (2)「世界社会」論的な学校論の課題

### 「世界社会」の中立的な価値づけの問題

　「世界社会」論にもとづくランク＝ヴォイタージックの学校論は，グローバル化を支柱として展開されるべきあらゆる教育論を網羅しているわけではない。彼の著作では，教育改革に関する政治的な判断の問題が扱われることはない。また，「新自由主義」に関する議論のなかでしばしば検討されている経済シス

テムと教育システムとの葛藤についても，彼は論じない。「世界社会」論が「グローバル化と教育」というパズルを解くための万能の鍵であるかどうかは，したがって，ランク＝ヴォイタージックの論考のみによっては判断することはできない。本章を締め括るにあたり，ここでは，彼が提起した学校の基礎理論に限定して，この方向での議論が取り組まねばならない二つの課題をあげておこう。一つは社会の観察と，もう一つは人々の行為と関連している。

　ランク＝ヴォイタージックには，議論の前提として，「世界社会」が可能性の豊かなバリエーションをその一面に備えている，というイメージがあるようだ。もちろん，「世界社会」化がもたらす負の側面（たとえば，多様性にともなう異質なものどうしの衝突や〈未来〉志向の決断によるリスクの増大など）を不問に付しているわけではないにしても，全体として楽観主義的な印象は否めない。

　そのような印象は，ランク＝ヴォイタージックというよりも，基盤となる理論を提示しているルーマンに起因するように思われる。たとえば，異文化間の摩擦という問題は，「あらゆる文化接触において予期される事柄であって，世界社会の成立とはまったく無関係である」と，ルーマンは断言している。「世界社会」化によって異質なるものとの遭遇の機会が明らかに増大しているにもかかわらず，である。彼によれば，文化の多様性は，「世界社会」状態にあっては，往々にして自明のこととして受け入れられている。したがって，わかりあえないことが異質な存在に起因する問題だとするエスノセントリックな理解をすることは，以前よりも減少しているのではないか，とルーマンは述べて，「世界社会」化の効用の方を強調しているのである。異質性の増大があらゆるところでみられるという同質性にもとづいて，異質性への寛容度の高まりが生じている，というわけだ。

　こうした見解に典型的なように，「世界社会」化による境界解除が「地域」の境界づけによって埋め合わされて，近代の均衡が調整されているという見方が，「世界社会」論の楽観主義的態度を生み出しているようにみえる。グローバル化における均質化の力学が「反転」（鈴木 2007）して，ローカルなものの至上主義が招き入れられ，最終的に，グローバリズムとローカリズムの傾向が相俟って，諸個人や諸集団の分断の度合いが高まる可能性を強調する議論があるが，ルーマンの議論は，この点においては，その対極にある。

だが，注意深くみてみると，ルーマンが教育の問題とも無縁ではない「世界社会」化の問題点についても示唆していることがわかる。たとえば，機能システムという体制下では，合理的な選択が続けられる結果として，中心と周縁のパターンが生じ，相互の格差が拡大していく（就学開始時の成績のわずかな差が学校教育をとおして増幅されていくことが一例として挙げられる）ということを，彼は指摘している。
　また，「世界社会」への〈包摂〉およびそこからの〈排除〉のメカニズムは，地域社会における機能分化の諸条件を成り立ちがたくさせてしまうということを，ルーマンは指摘している（たとえば，教育システムの「グローバル」な基準が外国のモデルをとおして導入される場合，地域ごとの生活の現実に配慮した体制が解体される危険が生じる）。さらには，都市部という「地域」は，多様性と多機能性と加速性などを特徴としているために，「世界社会」と同質的で相性がよく，「世界感覚」の涵養という点において，そうでない「地域」に比べてメリットが生じやすいということも，ルーマンの論述から読み取ることができる。
　以上のことは，「世界社会」化が学校や教育にもたらす負の側面としてとりあげることができるが，ランク＝ヴォイタージックは，そのような問題を真摯にとりあげてはいない。「世界社会」の学校論という枠組みのなかでさらに展開されるべき部分として，こうした問題への取り組みが残されている。

### 教育的行為の次元との接続

　ランク＝ヴォイタージック自身がさらなる課題として挙げていることでもあるが，彼の基礎理論を学校の教育実践に接続することも重要であろう。「世界社会」の特徴として記述されていることは，たんに抽象的な観察の結果にとどまるのではなく，児童・生徒，教師，保護者，あるいは教育行政者も含む学校教育にかかわるあらゆる人々の具体的な経験と関連づけられるからだ。彼の基礎理論的な考察は，「世界社会」を意識した場合の学校教育の在り方――授業形態，教育課程，扱われる主題，学校外に存在する教育機会の活用など――について，新たな提案や評価を試みる際にさしあたりの基準一覧として使用できる。
　具体的な学校実践への架橋を考えるうえで，A. ショインプルークによる

**表 17-2　学校の教育実践に関する 2 種類の省察**

| 行為論的な省察 | システム理論的な省察 |
|---|---|
| 実体論的 | 構成主義的（観察の相対性に意識的） |
| 行為主体に還元して解釈する | 諸要素の関係性を重視して解釈する |
| 決定論的 | 関係論的 |
| 〈主観(主体)／客観(客体)〉という区別を重視 | 〈システム／環境〉という区別を重視 |
| 〈目標／内容／方法〉に関する問いが中心 | 〈関係／機能／発展〉に関する問いが中心 |

（Scheunpflug 2001 にもとづいて筆者が作成）

「進化論的教授学」は、さらに重要な示唆を与えてくれるだろう。彼女は、先に引用したようなグローバル化社会における学校の状況観察をもとにしつつ、システム理論に依拠しながら、教育方法学的な考察を行っている。詳しく論じる余裕はないが、そこで強調されているのは、行為論的な省察からシステム理論的な省察への移行の必要性である。

　ショインプルークは、伝統的な教育方法学の基盤となっている行為論的な省察では、つまり、教育的な行為を〈目標／内容／方法〉の図式にもとづいて構想しようとする省察では、今日における社会の複雑化には耐えられないという（彼女自身の教員体験がこうした見解の背景にあることを付記しておこう）。彼女が標榜するシステム理論的な省察は、それに対して、「もはや諸現象を〈目的／手段〉関係や〈原因／作用〉によって因果論的に説明するのではなく、むしろ多様な周辺的条件や偶然性によって生起している非決定論的な過程をも扱う」（Scheunpflug 2001: 21）点に特徴がある（表 17-2 を参照）。

　そのような見地から、ショインプルークは、システム理論の用語を駆使しつつ、授業を〈進化〉の過程（多様な要因からなる変容の過程）として書き換える試みを展開している。こうした教育実践に接近したシステム理論的な考察は、より大きな分析の網をかけて現代の学校を観察しようとするランク＝ヴォイタージックの基礎理論的な考察と相補的である。両者が結びつけられることによって、抽象的な理論が学校生活の具体的な場面において活用される道が開けるかもしれない。

**学校教育の複雑性と「世界社会」**

　以上のような道筋をあらためて見返してみると,「世界社会」論は,近代学校の基本的な性質について省察することへと辿り着くのではないだろうか。「世界社会」の到来を待つまでもなく,学校教育は〈目標／内容／方法〉という図式によっては捉えがたい複雑性をすでに十分に備えている。オートポイエーティックな心的システムとしての児童・生徒は,教師や保護者が目指してほしいと望む方向に簡単に導かれたりはしない。しかも,各クラスにおいて,児童・生徒は複数である。教師は,基本的に,こうした統御困難な状況で振る舞うことを余儀なくされる。そのような状況を,ルーマンは,教育における「テクノロジー欠如」状態と呼んだ(cf. 山名 2004a)。

　「世界社会」は,いわばその外側から,こうした学校教育の基本的な複雑性に拍車をかけているのではないだろうか。そうだとすれば,学校教育の基本的な複雑性を観察する際に重要な心的システムと社会システムとの構造的カップリングに関するルーマンの考察(山名 2004b)と「世界社会」論にもとづく学校論を統合して,今日における学校教育の複雑性をいわば立体的に考察することが,理論的な課題として残されているのではないだろうか。

**引用・参考文献**

鈴木謙介『〈反転〉するグローバリゼーション』NTT出版, 2007.
田中智志・山名淳『教育人間論のルーマン』勁草書房, 2004.
徳安彰「グローバリゼーションの中の意味構成の多元化――機能的分化と多元的文化――」『社会・経済システム』第17号, 1998.
広田照幸『格差・秩序不安と教育』世織書房, 2009.
山名淳「なぜ教育のテクノロジーはないのか」田中智志・山名淳編著『教育人間論のルーマン』勁草書房, 2004a.
――――「教育システムの『構造的欠如』とは何か」田中智志／山名淳編著『教育人間論のルーマン』勁草書房, 2004b.
Lang-Wojtasik, G. (2008) *Schule in der Weltgesellschaft. Herausforderungen und Perspektiven einer Schultheorie jenseits der Moderne.* Weinheim/München 2008.
Luhmann, N. (1971) Die Weltgesellschaft. In: ders (1975) *Soziologische Aufklärung 2.*, Verlag für Sozialwissenschaften.

──── (1975) Weltzeit und Systemgeschichte. In: ders. *Soziologische Aufklärung 2.*, Verlag für Sozialwissenschaften.
──── (1982a) *The Differentiation of Society*, Columbia University Press.
──── (1982b) The World Society as a Social System. In: Geyer, R. F. / Zowen, J. J. v. d. (eds.): *Dependence and Inequality. A systems approach to the problems of Mexico and other developing countries.* Elsevier．
──── (1993) *Das Recht der Gesellschaft.* Suhrkamp.（馬場靖雄・上村隆広・江口厚仁訳）『社会の法』法政大学出版局，2003)
──── (1997) Gesellschaft der Gesellschaft, Suhrkamp.（馬場靖雄・赤堀三郎・菅原謙・高橋徹訳『社会の社会（1・2)』法政大学出版局，2009)
────/Schorr, K. -E. (1988) Strukturelle Bedingungen von Reformpädagogik: Soziologische Analyse zur Pädagogik der Moderne. In: *Zeitschrift für Pädaogik*, 34 (4).
Robertson, R. (1992) *Globalization, Social Theory and Global Culture*, Sage Pub.（阿部美哉訳『グローバリゼーション──地球文化の社会理論』東京大学出版会，1997)
Scheunpflug, A. (2001) *Evoltionäre Didaktik. Unterricht aus system- und evoltionstheoretischer Perspektive*, Beltz.

# 18章　世界から見た日本の教育

今井　重孝

## 1　はじめに

　日本の教育は，外国からどう見られているかを気にするお国柄であるといわれている。しかし，ここでの課題は，外国からの評価や日本の自己評価ではなく，国の教育システム自体に定位した場合，換言すれば国家間で教育システムを比較した場合，一体，日本の教育システムはいかなる位置づけになるかという問いに答えることである。

　この問いに答えるためには，まずは，国家の教育システムの分析の枠組みについてあらかじめ検討しておく必要がある。かつて，教育システムは，近代化を牽引する道具として考えられていた。日本は，この文脈では，1872年に『学制』を発布し，欧米諸国とほぼ同時に近代教育システムを導入したこと，また江戸時代後期において庶民の識字率が高かったことが効を奏して，近代化に成功したのである，といった語りがなされる。

　しかしながら，近代化論が，新植民地主義批判などにより批判され，教育システムよりも経済システムが基本的に重要であるという分析が出現し，近代化論もばら色ではなくなっていく。マルクス主義系の近代化分析は，基本的に下部構造すなわち経済システム中心の分析であり，教育システムはいわば従属的な位置に追いやられることになる。

　こうしたなかにあって，ルーマンのシステム理論は，教育システムの相対的自立性を主張したという点において従来にはない分析枠組みを提示したと評価できる。

比較教育学の方法論の歴史的流れから見ると，ルーマンのシステム理論は，「自立教育システム理論」に位置づけることができる。マルクス主義のように，経済によって教育システムを規定したり，フーコー的に政治権力によって教育を説明したりするのではなく，教育システム独自の発展法則を想定した点において，瞠目すべきアプローチが提出されたのであった。ルーマンに限らず，J. F. グリーンや M. S. アーチャーもそうした方向の分析を提示している。高等教育に関しては，かつて，マーチン・トロウが，同一年齢層の 15% 以上が大学に進学するようになると，大学はエリート型からマス型へと移行し，同一年齢層の 50% を超えるとユニバーサル型に移行するという仮説を述べたことがある。大学紛争が頻発していた時期でもあったので，大学紛争の原因を，学生の量からしてマス型に移行したにもかかわらず，大学の制度がエリート型のままに留まっているところから，学生の不満が爆発したとの説明は当時鮮やかな説明として，多くの高等教育研究者によって受け入れられた。この考え方も，教育システムの自己成長モデルに近く，自立教育システム論の系譜に属するといってよいだろう。

　実は，あまり知られていないが，トロウは中等教育についても分析したことがある。この論文を読んだとき，筆者の脳裏に中等教育の進学率の増大と，高等教育の進学率の増大の双方を組み合わせて類型化することにより，日本の教育システムの特徴を世界の教育システムの中で位置づけることができるのではないか，という問題意識が浮かんだのである。この問題意識に基づいて書き上げたのが，『教育社会学研究』第 46 集に掲載された拙稿「中等教育の類型的把握の試み——日，米，英，西独，仏」である。

　まずは，この論文の到達点に依拠しながら，日本の中等教育システムの特徴を明らかにしておこう。

## 2　日本の教育システムの特徴について

　中等教育への進学率を同一年齢層の 15% と 50% を一つのメルクマールとし，15% の敷居を越えたものをマス型，50% の敷居を越えたものをユニバーサル型と名づけ，また高等教育への進学率の 15% と 50% の敷居をもう一つのメル

クマールとし，中等教育と高等教育の進学率上昇のずれ具合からそれぞれの国の教育システムなかんづく中等教育の特徴を明らかにすることができる。

### (1) 前期中等教育

まず前期中等教育から簡単に説明しよう。

結論的に整理すると，前期中等教育段階におけるエリート型からマス型への変化の様式として，新設型（アメリカ），増設・定員増型（日本），統合型（イギリス，フランス），三分岐適応型（ドイツ）が区別できる。

アメリカの前期中等教育が完成教育型に変化する契機となったのは，1910年を契機として急速に増加し始めるジュニア・ハイスクールの成立であった（新設型）。フランスのリセ，ドイツのギムナジウム，イギリスのグラマー・スクールはいずれも前期と後期を兼ね備えた教育機関であったが，エリート中等教育のマス化の過程で，前期と後期が分離していった。日本は，戦前すでにマス段階に移行していたが，戦後改めてアメリカのジュニア・ハイスクールが導入される。ヨーロッパ諸国の場合には，既存エリート型中等学校の前期中等教育部分と完成教育機関として発展してきた，他の中等教育機関を総合することにより（統合型），前期中等教育のマス進学準備化への対応が行なわれた。すなわち，イギリスの場合は，モダン・スクールとテクニカル・スクール，グラマー・スクールを総合することによりマス化への対応が図られ，フランスの場合は，1959年のベルトワン改革で2年制の観察課程が導入され，1963年のフーシェ改革で4年制の中等教育コレージュが導入され前期中等段階が総合制化され，1975年のアビ改革で小学校，コレージュ，リセの三段階からなる単線型が確立する。西ドイツの場合は，1968年から総合制学校の実験が始まるが，普及せず，結局総合制化の動きは失敗に帰し，基幹学校，実科学校，ギムナジウムからなる三分岐制度を維持したまま，マス化への対応がなされることになる（三分岐適応型）。

日本の場合，高等女学校と中学校への1910年における進学率を見ると同一年齢層の15.9%となっており，すでにマス段階に一歩踏み込んでいる。戦前の日本もアメリカと同じように，中学校の新設により中等教育人口が拡大していくが，ハイスクールのような新しい型の中学が新設されることはなく，進学

準備型をモデルとした中学の増設と1校あたりの定員の拡大により（増設・定員増型），中等教育進学者が増加していく。その結果1940年段階では，上に開かれた中等教育機関への進学率がすでに46％に達しており，教育使節団の提起したマス型教育モデルたる6—3—3制を受け入れる素地が十分作り上げられていた。戦後は，国民学校初等科第6学年修了者，中等学校，国民学校高等科，青年学校普通科の第1，第2学年修了者から新しく新制中学が構成された。しかし，この中学は，アメリカのジュニア・ハイスクールとは異なり，外国語としての英語が選択科目であるにもかかわらず結果的に必修となってしまった点，選択科目が実質的に存在しない点，普通教育科目が中心で，職業科目は選択肢としてほとんど供せられていない点からして完成教育型でなく，進学準備型として形成されていく。この日本のモデルを，ユニバーサル進学準備型と名づけることができよう。

### (2) 後期中等教育

次に後期中等教育段階について述べよう。

前期中等教育段階において，総合制化ないし三分岐のままでのマス化が進むにつれて，エリート中等教育機関は，後期段階に限定されていく。この過程で，後期中等段階は，マス進学準備型へと変貌を遂げていく。イギリスでは，総合制学校の第6年級，第6年級カレッジ，ターシャリー・カレッジがつくられるとともに6年級内部が大学に進学しないもの，GCEのOレベルに挑戦するもの，GCEのAレベルに挑戦するものといったグループに多様化されていく（エリート・マス潜在的分離型）。フランスは，技術者バカロレアの創設（1965年），職業バカロレアの設立（1985年）といったバカロレアの種別化によりマス化に対応していく（エリート・マス顕在的分離型）。ドイツの場合は，1972年のボン協定を契機に大幅な選択の自由を認めながらアビトゥアの性格を維持するという方向をとる（エリート・マス非分離型）。アメリカの場合は，1910年頃にマス完成教育が成立し1930年頃にユニバーサル完成教育段階に入る。日本は，戦前にすでにマス進学準備型への移行が進み，戦後ユニバーサル進学準備型へと飛躍していく。

このような類型の有効性は，アメリカが「卓越性」を合言葉に教育改革を進

めようとしているのはユニバーサル完成教育型をユニバーサル進学準備型にする努力であるとか，日本が平均的質の高さで世界のモデルとなっているのは，実は，ユニバーサル進学準備教育型の特性であるということがわかることにある。

　日本モデルの強みとして当時指摘されていた平均学力の高さというのは，日本が世界ではじめてマス進学準備型の中等教育を完成させ，大学進学準備教育が，ユニバーサルに行なわれていたことによることが明らかとなった。この特徴づけは，その後の，日本の教育の流れを見たときに，極めて重要な意味をもつことになる。

　現在の世界的な「学力向上」の流れと，日本における「生きる力」の重視の流れにズレが生じたこと，その後，日本は学力向上に再び舵を切りつつあるが，この方向は，日本モデルの強みと弱みを自覚しないことからくる過てる方向である可能性が強くなってくるのである。

### (3) 1990年以降の変化について

　その後，日本の教育政策は，1991年の中央教育審議会答申「新しい時代に対応する教育の諸制度の改革について」が出され，画一的硬直的な高校教育が批判され，選択の幅の拡大など生徒の個性や多様性を重視する方針を打ち出した。そこで，量的な拡大から質的充実へ，形式的平等から実質的平等へ，偏差値尊重から個性尊重，人間性尊重へと重点を移行させ，総合的な新学科や，新しいタイプの高等学校の創設が謳われた。この流れは，以後，次第に実現していくことになる。

　1996年には，中央教育審議会答申「21世紀を展望した我が国の教育の在り方について」（第一次答申）が出され，学校・家庭・地域社会の連携が強調され，「生きる力」「個性尊重」「ゆとりの確保」が強調され，授業時間数の縮減，「総合的な学習の時間」の重視，開かれた学校づくり，完全週5日制が謳われた。1997年の第二次答申では，中高一貫教育や，進学の例外措置が重視された。

　こうした高校の改革動向は，マス進学準備段階として発展してきた日本の中等教育が，高等教育のユニバーサル段階を迎え，高校への不本意就学が増加し，「学習からの逃走」が起こり，順調に機能してきた日本の高校も制度疲労を迎

え新たな対応を余儀なくされてきたことへの政策的応答であったと見ることができる。

　世界で最初のマス進学準備段階の構築により，世界的に注目される，平均的な学力の高さを維持し続けてきた日本システムも，高校の進学率が94％を越え，専門学校を含めた高等教育機関への進学率が50％を越える段階に入り，高校や大学へ行くことのメリットよりも，行かないことのデメリットゆえに進学する生徒が増加してくる。この時，不本意就学が目立つようになるのである。

　大学進学を動機付けとして行なえない生徒が増えるにつれて，大学進学準備ではなくて，職業準備だったり，生活への準備だったりする内容がレリバンスを持つようになってくる。そこで，総合学科が作られたり，特別の高校が作られたりすることになるわけである。普通教育ばかりでは，動機付けが不可能になってくるのである。

　しかし，こうした，高校の制度的改革だけでは限界がある。そこで，「生きる力」を養成する教育内容，教育方法が必要とされ，教育の目標，内容，方法が再検討されなければならなくなる。そこで，出されてきたのが，ゆとり教育の考え方であり，総合的学習の重視であり，総合的学科の創設なのである。

　1990年代以降の教育改革は，世界で最先端を走っていた日本の中等教育が，ユニバーサル化の進展により機能不全に陥り，前人未到の新しい時代の中等教育を生み出さなければならないという状況の中での生みの苦しみであったのだ。日本こそが，学力向上のみでのユニバーサル化の不可能性を身をもって知りうる立場にあったがゆえに，世界に先駆けて「生きる力」による教育システムの再編の先導的な試行を始めたところなのであった。

　しかしながら，こうした，日本モデルの評価の視点を持ち得ないがゆえに，海外における「学力向上」路線の進展と国内における「学力低下」キャンペーンの進展により，日本は再び，マス進学準備型に活路を見出そうとする方向に戻りつつある。これはまことに不幸なことといわねばならない。

　イギリスは1988年の教育改革法により，イギリスの伝統的な地方自治を尊重する教育をやめ国家の標準を定めて上から，教育水準の向上を目指した教育を行なうようになる。イギリスがなそうとしたことは，当時まだ世界的に見て高く評価されていた日本の教育システムが参照され，日本のように国家が画一

的に標準化したカリキュラムを行なうことで教育水準の向上が図れると考えたのである。

　イギリスにせよ，フランスにせよ，ドイツにせよ，ヨーロッパの国々は，エリート教育の伝統が強く，教育システムも単線型ではなく，複線型，分岐型と進展してきた歴史があるために，マス進学準備型の高校を作り上げる条件に欠けていたのであった。それゆえにこそ，まずは，日本のマス進学準備型をモデルとするのも納得できる話なのである。

　ところが，その日本が，さらにその先の新しいモデルを模索すべき段階に入っているにもかかわらず，再び，イギリスなどの影響で，失敗したモデルに戻ろうとするのは，理解に苦しむところなのである。わざわざ，日本は改革を遅らせることになる危険性が高いともいえる。とはいえ，その後の教育課程改革は，「生きる力」を継続しながら，学力の向上も図ろうとしているので，方向性を見誤らなければ，まだ，日本は，世界に先駆けて新しいモデルを作り上げる可能性に開かれていると見ることができるだろう。一番大切なことは，日本の中等教育の特徴をしっかりと把握した上で，改革を考えるということなのである。

## 3　ホリスティック教育の観点から，世界と日本を比較する

　では，新しい教育システムはいかなるものとなるのであろうか？　その手がかりを，今井重孝編『大学ユニバーサル化時代における中等教育の再定義――積み上げ型システムの転換』（平成18‐20年度日本学術振興会科学研究費補助金基盤研究（B）報告書，2009）に見てみよう。

　同研究は，1991年に提起した中等教育分析が古くなったので，それに代わる新しい中等教育のあり方を探るべく構想されたものである。この3年間にわたる調査研究の中で，とりわけ，PISAテストで高い成績を示したフィンランドの教育がなぜ高い成績を示しているのか，フィンランド・モデルは，世界の新しい中等教育モデルを提起しているといえるのか，といった角度から調査研究を行なった。その結果，フィンランド・モデルは，ホリスティック教育モデルに基づいているのではないかという仮説が提起された。

## (1) ホリスティック教育モデルについて

　進学率の増大は，教育システムの自己発展によって生み出されるのであった。しかし，マス，ユニバーサルという用語で説明が可能であった時点では，教育システムは，程度の差こそあれ，上に行くほど進学率が減少する積み上げ型の形をしていた。しかしながら，高等教育まで，全員が進学する事態も不可能ではない状況になってくると，積み上げ型ではなくて，いわば高等教育まで含めて長方形型の教育システムが成立してくるということになる。日本は，先進的にそうした状況に近づいたこともあり，世界に先駆けて，マス進学準備型の中等教育システムの限界にぶつかったのであった。

　そして，日本は，学力低下問題が騒がれるようになる前までは，「生きる力」に重点をおいた，「ゆとり」のある，「総合的学習」を重視する新しい教育システムを模索し始めていたのであった。

　学力低下か学力向上かという二者択一は，「総合的学習」や「ゆとり」や「生きる力」を養成する教育が結果的に学力も高くなるということがわかった時，第三の道があることが了解されることになる。これこそが，新しい中等教育モデルになると考えられるのである。では，そんなことは可能なのか。そんな学校は存在するのか。

　そんな学校は存在しているのである。一つは，フィンランドの学校であり，もう一つは，シュタイナー学校である。

## (2) フィンランド・モデルについて

　フィンランドの教育が，高い学力を生み出していることは，PISAテストの結果が示している。では，なぜ，高いのか。少なくとも授業時数は，日本よりも少ないのである。それゆえ，日本の改革において，授業時間数を増やそうという方向に再度向かっているのは，フィンランド・モデルと比較してみた場合，果たしてそれがベストな方向なのかという疑念はぬぐいがたいものがある。では，なぜ，フィンランドのPISAテストの結果はトップレベルなのか？

　これには，いくつかの説明がなされているが，主に3つの型に分けることができる。一つの考え方は，フィンランドは，教員の資格が修士課程を出ないと

とれないようになっていて，教師の水準が高いから，教育水準が高く，成績が良くなるのだというものである。この考え方が文部科学省サイドでは強く，日本でも教職専門職大学院が創設されることにつながっている。

　もう一つの考え方は，フィンランドは，平等を重視する国であり，したがって，授業料は無料であるし，できない子どもたちに対しても手厚い教育がなされている。底上げの努力がなされた結果学力格差が少なくなっていることがその原因である，とするものである。日本とフィンランドを比較すると，成績の良いグループの成績はかわらないが，成績の悪い生徒の成績が，フィンランドと日本では大きく異なり，日本では成績の良い生徒と悪い生徒の差が激しいという現実がある。このことに関連して，フィンランドでは学力別クラス編成が廃止されている。日本は，学力向上の掛け声の下，学力別授業が広まっている。フィンランドを見る限りとても奇妙なことに思われる。

　三つ目の考え方は，フィンランドでは，学習指導要領の内容が大幅に削減され，教師の自由，学校の自由が大幅に認められるようになった。そこで，教師は，それぞれの教師の教育方法，理念に従って様々な方法を工夫して教育をすることができる。それがまた教師のやる気を引き出すことにもなり，これが優れた教育結果の原因である，とするものである。

　いずれも，あたっている面もあろうが，われわれは，もう一つ別の原因があるのではないかと考えた。それが，フィンランド教育の特徴がホリスティック教育にあるというものである。ここで簡単にホリスティック教育について説明しておく必要があろう。

### （3）ホリスティック教育について

　ホリスティック教育というのは，「つながり」「バランス」「全体性（包括性）」を重視する教育のことで，運動としては，1990年頃から北米を中心として発展し世界に広まりつつある考え方であるが，ペスタロッチが，頭と胸と手の調和的発達を主張したり，ギリシャの教育が音楽的体育的教育だったりしたことも，全体的（包括的）な教育であり，ホリスティックな教育であると見ることができる。また，1890年代から1940年頃まで続く世界的な新教育運動の流れも，芸術や手作業や作文などを重視しようとする点で，従来の教育が受動

的な教育，知育に偏った教育であったのに対する能動的で包括的な教育を行なおうとしたホリスティックなものであった。最も広義に取れば，教育の改善を図ろうとする試みには，何かしらホリスティックな要素が含まれているともいえる。

とはいえ，あまりに広義に取ると何でもありの状態となるので，一つのメルクマールとして，ホリスティック教育の視点から見た，教育目的，教育内容，教育方法，被教育者，教育者の捉えかたについて，その特徴を示しておこう。

a. **ホリスティックな教育目的**：従来教育の目的とは，人格の形成とか，社会化であるとか説明されてきた。心理学的に人間の内面に注目するか，社会学的に社会の役割に注目するかで，教育目的が異なっていたのである。ホリスティック教育では，教育の目的は，社会の役割に適応させることでも，社会の道徳律に合わせることでもなく，一人ひとりの人生がその人にとってすばらしい人生となるように手助けすることなのである。言い換えると，教育の目的は，同じ人生が二つとなく，誰もが唯一の自分の人生を歩む以上，子ども一人ひとりにとって異なるのであり，同じ目的を目指すことはありえないのである。したがって，教育の目的は一人ひとりに即して考える必要があり，開かれた目標の設定が，ホリスティックであるといえるのである。特定の枠に拘束しようとするのではなく，一人ひとりの個性を生かすことが，一人ひとりの意志と感情と知性をバランスよく発達させることが，ホリスティックな教育目的のあり方なのである。現代のように変化の激しい時代は，そもそもあらかじめ社会にあわせることが困難となり，むしろ創造性とか想像力とかコミュニケーション能力とか，学習能力とかの能力を高めることが重要である。そのためには，知育に偏らないホリスティックで開かれた教育目的が必要なのである。

b. **ホリスティックな教育内容**：現在のカリキュラムは，体育や図工，音楽，美術，家庭科という科目も入ってはいるが，全体的に，数学，国語，理科，社会といった学問的，知的な内容が中心となっている。これに対して，芸術を重視したり，手作業を重視したり，演劇を重視したり，実習を重視し

たり，身体運動を重視したり，生活体験を重視したりするのは，ホリスティックなカリキュラムであるといえる。シュタイナー学校のように，音楽や言葉に合わせて身体を動かすオイリュトミーという科目を新しく設けたり，フォルメンと呼ばれる形を内側から感じるような授業を入れたりすることもホリスティックな教育内容であるといえる。言い換えると，学問知に偏らないで，身体知，生活知，経験知，反省知，暗黙知といった多様な知をバランスよく含めることがホリスティックな教育内容の条件なのである。

c. **ホリスティックな教育方法**：従来の教育方法は，かつてペスタロッチが理想としたような「絶対的方法」つまり，誰が教えてもその教育方法を使えば優れた教育ができるという万能の方法，万能の教育技術を求めようとしてきたし，そうした教育技術を蓄積することこそが，教育の改善にとって最も重要であると考えられてきた。向山洋一がかつて，「教育技術の法則化運動」を推し進めたのも，こうした考え方に依拠していたと見られる。ところが，社会学者の N. ルーマンが教育における「技術欠如」を指摘して以来，教育技術とはありえない話ではないか，ということが自覚されるようになってきた。ルーマンによれば，一人ひとりの子どもは，機械のような存在ではなく，自分で考え判断し行動する自己準拠的なシステム，オートポイエティックなシステムなので，インプットによってアウトプットをコントロールすることは不可能なのである。技術というものは，基本的に，インプットによってアウトプットを制御できるという前提の下に構築されるものであるから，一人ひとりがオートポイエティックなシステムである生徒に対しては，生徒により反応が異なるので，技術は不可能なのである。このことは，学生の感想が同じ話を聞いても皆異なることからも経験的に理解できよう。したがって，一人ひとりの生徒にふさわしい働きかけ，そのクラスの個性にふさわしい働きかけをその都度考案していくほかないのである。文脈対応能力，状況対応能力，子どもの反応予測能力こそが大切であり，特定の技術が重要なのではないのである。シュタイナー学校で教科書を使わないのも，そのクラスにふさわしい内容と教え方をその都度生み

出す必要があるからなのである。つまり，技術欠如を自覚しているからなのである。こうした対応は，授業の天才であった斉藤喜博がかつて述べたように，またシュタイナー教育においても主張されているように「教育は芸術」であり，唯一的な作品をつくり上げる芸術こそが教育の方法にふさわしい把握の仕方なのである。

d. **ホリスティックな被教育者**：人間は，ペスタロッチがかつて述べたように，頭の部分と胸の部分と手の部分からなっている。言い換えると，思考と感情と意志の部分から構成されている。ところが，現代の教育は，ピアジェの発達段階論に示されているように，知能の発達段階に沿って構築されており，意志の教育や感情の教育は蚊帳の外に置かれているのである。意志はせいぜい忍耐力とイコールと考えられ，感情はせいぜい心の教育として，反省知として理解されるにとどまっている。しかし，感情の教育が7歳から14歳にかけてとても大切であり，そのためには芸術や先生に対する畏敬の念が大切であるということになれば，7歳から14歳の教育の仕方は，大きな変革を必要とするということになる。また，0歳から7歳における模倣活動や遊びを通した身体活動が，意志の教育に大きな影響を与えるということになれば，幼児教育のあり方もおのずと知的早期教育を避ける方向にいくことになるのである。既に80年以上にわたって意志の教育，感情の教育，思考の教育の順に教育を行なってきたシュタイナー学校の卒業生が，「創造性」「思いやり」「リーダーシップ」「コミュニケーション能力」「学力」において優れていることを見れば，ホリスティックな意志と感情と思考をバランスよく育てる教育の有効性が納得できよう。

e. **ホリスティックな教育者**：優れた教育者の条件は，専門的知識があること，子どもをひいきしないこと，教え方がうまいこと，人間的魅力があることであるといわれたりする。とりわけ，最近では，教師の専門職性が強調される傾向にある。では，教師の専門職性とは何なのか。これについて，佐藤学は，熟練教師と新任教師の同じ授業ビデオの分析解釈を比較することにより，熟練教師が，文脈状況に応じた対応ができること，教師と生徒の

両方にバランスよく注意を向けている，子どもの発言を授業の全体的な文脈の中で取り上げることができる，すべての生徒に注意が向いている，といった特徴を挙げている。こうした能力を不断に向上させる教師像として佐藤は，ショーンのいう「反省的教師」という概念を挙げている（佐藤1997）。これは実践を不断に向上させる教師像であるが，教育が技術欠如であり，生徒によりクラスにより方法をその都度生み出さなければならないとすれば，不断の反省と，子どもの観察眼の深化，ルーマンのいう「因果地図」（一人ひとりの子どもの反応予測）の精密化が，専門性の中核を占めるということになる。これこそがホリスティックな教師の条件であるといえよう。さらに，教えることのみならず，教師の人間性そのものが子どもに大きな影響を与えるので，教師は，自分の生き様そのものを深化し人間を不断に磨かなければならない。

### （4）フィンランドの教育

では，次に，世界の注目の的であり，世界のモデルとなった感があるフィンランドの教育と日本の教育をホリスティック教育を補助線として比較することにより，世界における日本の教育の位置を測定することにしよう。

フィンランドの教育の特徴は，(1) 教師の自由度が高いことから，教師が目の前にいる生徒たちにふさわしい内容と方法を使って教育できる条件が整っている（目的，内容，方法の柔軟性）。(2) かつての6年間の小学校と3年間の中学校を統合して，9年制の基礎学校となっており，9年間の一貫教育がなされている。科目によっても年齢段階による教え方が異なるので，そのようにカリキュラムが組まれている（年齢や発達段階や個性にふさわしいホリスティックなカリキュラムが組みやすい）。(3) 点数のつく試験はしないようにしている。これは評価を一人ひとりの個別の目標に合わせてすべきで，他の生徒と比較すべきではないという考え方の現われである（個人内評価，評価の個別化）。(4) 通知表の記入の仕方も，言葉による評価が重視されている（一人ひとり個別の目標）。(5) 教員養成が充実しており，教師の専門性が高い。また，人気が高く良い人材が集まっているので，教授の力量が高い（反省的教師としての力量が高い）。(6) 担任が6年間持ちあがる。(7) 学力別授業を廃止して，それぞれの子ども

にふさわしい個別授業を重視し，とりわけ成績の芳しくない生徒に対して手厚く教えている（できる子が成績の悪い子に教えることによる学習）。(8) 指導要領で決められている時間数はそれほど多くないので，時間割を組むのが非常に柔軟に組めるようになっている。時間割も，教師の教育理念や学校の理念に沿って組むことができ，生徒の状況に合わせた教育がしやすい環境となっている。2時間継続して同じ科目をする時間帯も少なからず採用されており，集中力を途切れさせない工夫がなされている。

　以上の教育の特徴は，ドイツで生まれて80年以上の歴史を持ち今では世界で1000校になんなんとしているシュタイナー学校の特徴と重なるところが多いことに気づく。シュタイナー学校では，(1) 教科書を使わない。(2) 12年間の一貫教育をしている。(3) 点数競争になる試験はしない。(4) 通知表は数字ではなくて言葉で記入する。(5) 通常の教員資格に加えて，2年間の特別のシュタイナー教員養成が要求されている。(6) 担任が8年間持ち上がる。(7) 学力別授業はしない。(8) 12年一貫の独自のカリキュラムを組んでいる。といった点で，非常によく似ている。意志と感情と思考の教育をバランスよくホリスティックに行なっているシュタイナー教育の諸要素をいろいろと取り入れていることが，PISA学力の高さにつながったのではないかと推測されるのである。実際，シュタイナー学校の卒業生の学力は，公立の生徒の成績にまさるとも劣らないことが示されており，大学での成績はむしろとても良く，大学教授の評価も高いことが明らかとなっていることとも照応しているのである。

## (5) 世界の中の日本の教育

　日本の教育は，マス進学準備教育を世界で初めて確立し，平均的な国民の学力の高さを実現し一時期に世界的に注目を集めていた。それはまた経済とも連動していると判断され，「ジャパン　アズ　ナンバーワン」とも称された。しかし，その後，日本経済は失われた10年を経験して後，次第に国際的な経済力については，中国に追い越されそうな勢いとなり，日本の教育への評価も，中等教育の優秀さよりも，高等教育の問題性が指摘され，学力低下論の風潮もあって次第に，日本の教育は自信を喪失し，日本モデルによって学力向上を図っている欧米諸国の後追いをしようとしているように見える。

しかし，北欧のフィンランドの教育に注目するとき，これからの教育改革は，大学進学準備教育を目指すのではなくて，ホリスティック教育の方向を目指すべきであるという新しい方向性が見出されることになる。日本が，「生きる力」の重要性を指摘し，「総合的学習」を導入し，時間数を減らして「ゆとり」教育を目指したのは，決して誤っていたわけではなかったのである。もう少し歩を進めて，ホリスティック教育の方向へと日本の教育を改革していったならば，世界に先駆けて，ユニバーサル時代の新しい教育システムを構築しえていたかもしれないのである。

　今からでも遅くはない，フィンランドモデルの方向性を，教員資格を修士課程にするとか，平等の強調とかのみに見出すのではなく，全体としてホリスティックな教育システムを作り上げることが大切なことに気がついたとき，日本の教育は，今までの蓄積の上に世界のモデルになるような独自のホリスティック教育の日本モデルを構築できるであろう。これは，教育システムのオートポイエーシスの必然的な発展方向と見ることができるのではないだろうか？

### 引用・参考文献

市川昭午『教育システムの日本的特質』教育開発研究所，1988．
今井重孝「比較教育学方法論に関する一考察──「一般化」志向と「差異化」志向を軸として」『比較教育学研究』日本比較教育学会編，1990．
────「中等教育の類型的把握の試み──日，米，英，西独，仏」『教育社会学研究』第 46 集，1990．
────「比較教育学のニューフロンティア」『比較教育学研究』第 25 号，1999．
────編『大学ユニバーサル化時代における中等教育の再定義──積み上げ型システムの転換』日本学術振興会科学研究費補助金基礎研究（B）平成 18 年度〜平成 20 年度，2009．
────「三つのシュタイナー学校卒業生調査の主要結果について」『青山学院大学教育人間科学部紀要』第 1 号，2010．
神尾学編著『未来を開く教育者たち──シュタイナー・クリシュナムルティ・モンテッソーリ』コスモス・ライブラリー，2005．
佐藤学『教師というアポリア──反省的実践へ』世織書房，1997．
庄井良信・中嶋博編著『フィンランドに学ぶ教育と学力』明石書店，2005．
諸外国からみた日本の教育研究会『外国から見た日本の教育──外国の教育学者

等による日本の教育の評価』京都大学教育学部比較教育学研究室，1986.
福田誠治『競争やめたら学力世界一――フィンランド教育の成功』朝日新聞社，2006.
――――『格差をなくせば子どもの学力は伸びる――驚きのフィンランド教育』亜紀書房，2007.
増田ユリヤ『教育立国フィンランド流教師の育て方』岩波書店，2008.
Archer, M. S. (ed.) (1982) *The Sociology of Educational Expansion Take-off, Growth and Inflation in Educational Systems,* Sage.
Finnish National Board of Education (2004) *National Core Curriculum for Basic Education.*
Green, T. F. (1980) *Predictiong the Behaviour of the Educational System,* Syracuse Univ. Press.
Luhmann, N. /Schorr, K. E. (1988) *Reflexionsprobleme im Erziehungssystem,* Suhrkamp.
Luhmann, N. (2002) *Das Erziehungssystem der Gesellschaft,* Suhrkamp.（村上淳一訳『社会の教育システム』東京大学出版会，2004）

# 19章　地球社会と教育

今井　重孝

## はじめに

　ここで改めて問うてみたいのは，教育は，地球の未来，世界の未来をどのように展望しながら行えばよいのだろうかという問いである。この問いは，現在まだ未解決の世界的な課題であるといえるであろう。もちろん，ESDなどの「持続可能な開発のための教育」といった努力がなされていないわけではない（永田・吉田 2008）。しかし，温暖化の判断が揺らぐ中で，森林の破壊など着実に環境破壊は進み地球はますます病んでいるように見える。こうした状況の中で未来の希望をどこに見出したらよいのか。本来教育とは百年の計であり，未来の展望に支えられてなされるものであろう。この小論では，未来の希望との関わりで教育のありようを論じたいと思う。

　さて，地球的規模の問題を論じようとする時，グローバリズムの問題は避けて通れないであろう。グローバリズムは今や世界的な常識になりつつあるように見える。とはいえ，グローバリズムはアメリカ化に過ぎないなどと批判する反グローバリズムの流れも次第に強くなりつつあるようにも見える。本章で使用している地球社会という表現には，現在進行中の，一国の利害や，世界的な多国籍企業の利害や，世界的な富裕層の利害や経済中心の発想に基づいたグローバリズムではなく，機能的分化によって世界をとらえようとするN.ルーマンの「世界社会」論の考え方（Luhmann 1971）をも超えて，カントが『永遠平和のために』（カント 2005）において唱えた「諸民族合一国家」，世界連邦的な地球国家，地球世界，地球社会を構築しようとする流れにつながる形で未来をも射程に入れようとする思いが込められていると同時に，1960年代にジェ

ームズ・ラブロックが基本的な考え方を提起し，その後現在では，国際的に認められてきている生命体としての地球仮説（「ガイア仮説」と呼ばれている）の流れに立って，教育の問題を考えようとするものである。

## 1　ガイア仮説について

　最初に，秋元勇巳の記述（秋元 2006）に依拠して，ガイア仮説の経過を示しておこう。1971年8月，大気化学に関するゴードン会議において，ジェームズ・ラブロックははじめて，ガイア仮説を提起した。しかし保守的な科学者たちには不評であり，ガイアのテーマで学術論文として発表することは不可能な状態が続く。しかし，1975年にガイア論の共鳴者が『ニューサイエンティスト』誌に投稿「ガイアの探求」なる論文がメディアの注目を浴び，ラブロックは，一躍数多の出版社から，ガイア論上梓の誘いを受ける。そしてオックスフォード出版社から1979年に出版された『地球生命圏——ガイアの科学』（ラブロック 1984）は世界的な反響を引き起こす。とはいえ，ガイア概念が拡大解釈され，流行語として乱用されるに至り，科学者に危惧を抱かせるようになる。こうした中で，1988年3月サンディエゴで「ガイア理論についてのチャップマン会議」が開かれた。会議の反応はいまひとつでラブロックは落ち込むが，メディア関係者の反応は上々であった。1994年，96年，99年の3回にわたりラブロックらは，自前のガイア学会を開催するに至る。2001年の国際地球研究計画に関わるアムステルダム会議の共同宣言は，ラブロックの地球システム像が科学界の共通理解となっていることを証言している，とされている。

　生物も非生物も含めた総合システムとしての地球「ガイア」は生きている，というのがラブロックの主張の中核をなしている。ラブロックの『地球生命圏』の訳者であるプラブッダが，そのあとがきで述べているように，ラブロックの「地球生命圏」の考え方は，いわば地球の生命維持の調節機能をもってガイアの生きている証としており，大気分析とシステム論に依拠してつくりあげられたものである。この考え方に対し，プラブッダは，地球の感情を生きていると感じるその感じ方を自分のガイア感としている。ガイアの病を診断するのがラブロックであり，ガイアの気持ちを感じるのがプラブッダであるとすれば，

ガイアの思考を感得しようとするのがシュタイナーだといえるだろうと著者は考えている。

## 2　ルーマンの「世界社会」論

　ルーマンは，すでに，1971年の段階で，「世界社会」論を書いている（Luhmann 1971）。この論文の中で，ルーマンは，「世界社会」というものを仮に想定することにより，経済や政治のシステムが国境を越えていく事態を部分システムと全体社会との関係として論じることができるということを指摘していた。政治システムなり，経済システムなり教育システムなりが国家内のシステムとして完結しないシステム状況を示しているとき，それぞれのサブシステムを支える全体社会はどこに想定されるのかという問いがいやおうなく現れてくるわけである。

　現在，ヨーロッパにおいてボローニャ・プロセスという高等教育改革が進展しているが（木戸 2008），これは，アメリカの高等教育がグローバル・スタンダードとしてヨーロッパの教育システムに大きな影響を与えているわけで，世界の高等教育の画一化・標準化が進みつつあると見ることができる。こうした事態は，国家内の教育システムだけを見ていたのでは説明できない新しいシステム状況を示していると見ることができるわけである。そのとき，教育システムは何のサブシステムなのかということになるわけで，「世界社会」のサブシステムであると想定せざるをえないということなのである。

　教育システムが，世界であまりにも類似のシステムになっているということが，マイヤーらによって指摘されたことがあるが（今井 1990: 24），こうした事態もまた「世界社会」を前提として成り立つというわけなのである。地球連邦が成立しているわけでもなく，国際連合や世界銀行などの国際的な機関はあるものの各国の代表が集まっているだけで，世界社会全体を統合する力は持っていない。だから，仮想としての「世界社会」が前提とされるというわけなのだ。

　ルーマン自身は，社会の発展段階に則して歴史的な世界像の変容過程を見ることによって「世界社会」なるものの姿が次第に明らかになってくるだろうという立場のようである。ルーマンの弟子筋のボルツは，ルーマンの「世界社

会」論を「世界コミュニケーション」として展開している（ボルツ 2002）が，あまりにもメディアによるコミュニケーションに偏りすぎていて，従来の諸サブシステムのグローバル化が見えにくくなりハイパー・リアリティーに傾きすぎている印象がある。

　山名は，本書 17 章の中で，「世界社会」と「学校」を論じたランク＝ボイタージックを取り上げて，グローバリズムの長所と短所の両方を指摘しながら，ルーマンとランク＝ボイタージックの両者とも，楽天的な見方に偏っていると指摘している。そして，A. ショインブルークの「進化論的教授学」のような変容に定位しながら因果関係や，目的手段関係，目的内容方法概念を超えていく可能性を示しながら「世界社会」論的な学校論と「進化論的教授学」が理論的に接合することの実り豊かさを指摘している。

　この指摘は正当な指摘であると私も考えている。しかしながら，ここにはルーマン流のシステム論の可能性とともにまた限界も示されているというのが私の判断である。システム論は機能分化社会を前提として，その現実を観察することにもともと関心を向けているのであり，改革をしようとか，良い方向に向けようとかいった価値的な志向は弱体であった。「観察の観察」こそが，ルーマンの思索の基礎であることに示されているように，世界を観察することこそが，ルーマンの最大の関心であった。ボルツにせよ，善悪の判断については禁欲的であり現状肯定的であり楽天的であるのもシステム論のこうした出自に関連していると思われる。

　オートポイエーシス・システム論は，出自は確かに生物学であった。その意味で生命システムの特徴を組み込んでおり，だからこそ，技術欠如の指摘（今井 1991）も可能になり，因果プランといった発想も可能になったとはいえる。しかし，システムが機能しているかぎりにおいて，システムが健康であるか病的であるかは問題とされないのである。経済システムがグローバル化して貧富の差が拡大しても，それは，システムとして病的であり健全なシステムにしなければならないという発想にはなりにくいのである。

　生命システムに特徴的なのは，生死のみならず健康か病気かということである。健康なシステムのあり方こそが生命有機体としてのシステム論の中核部分を構成すべきなのである。こうした，いわば有機体的システム論を提起したの

が，ルドルフ・シュタイナーの社会の三分節化構想である。

　社会主義経済が崩壊し資本主義経済の優位が世界的に承認されたかに見える現在において，社会の進むべきオールターナティブな未来像に基づいた希望の哲学を提起し，社会変革の方向性も明確に指し示しているシュタイナーの社会論は，「世界社会」がいかに構築されるべきかについても明確な像を与えてくれるものである。そこで，以下においては，ルーマンのシステム論の限界を超えうる有機体的なシステム論を提起しているシュタイナーの社会論を取り上げ，生きた生命としての地球であるガイアの有機体的システム論とも連結しうる道を提示したい。

## 3　シュタイナーの社会の三分節化論

　いきなりシュタイナーの社会論が出てきて驚く向きもあるかと思われるので，若干補足しておきたい。シュタイナーの社会の三分節化の考え方は第一次世界大戦の惨事が終焉した直後の1919年に，二度とこうした惨事を起こさないために，社会の向かうべき方向性を指し示す論として提起されたものである。1917年にロシア革命が起こっていたが，シュタイナーはこの体制はいずれ崩壊せざるを得ないだろうと当時から予測していた。また，社会の三分節化の動きは机上の空論ではなく，当時，社会運動として展開されたものでもあった。

　社会を三分節化してとらえたものとしては，古くは，プラトンの「国家論」がある（プラトン 2002）。国家論の中では，周知のように，理知的部分として知恵の徳を備えた支配者層，気概的部分として勇気の徳を備えた軍人階級，欲望的部分として節制の徳を備えた生産者階級，の3つの部分から国家が構成されたとき，正義の国家が実現すると主張された。これは奴隷制を採用していたギリシャにおいて提出された考え方で，身分制の崩壊した現在にはあてはまらないと考えられている。とはいえ，少し前にフランシス・フクヤマが『歴史の終焉』の中で，今後の社会では気概が重要となる，と述べていたのは，記憶に新しい。

　シュタイナーもやはり社会を3つの部分に区分している。その3つとは，経済領域と政治領域と精神領域の3つである。ルーマンの場合は，周知のように，

経済，政治，芸術，宗教，教育，学問など多くのサブシステムが想定されており，それぞれのサブシステムにはコミュニケーションを接続するメディアとコードがあるとされている。プラトンが3つに分けたのは，人間の特徴と国家の特徴は関連があるという前提から出発したからである。人間は，理知的部分と気概的部分と欲望的部分の3つの部分からなりそのどこに重点が置かれているかで人間の類型が異なり，それぞれの類型の人間が階層を形成することにより国家の運営が有機的に正義の原則に従って運営されるのであると考えられていた。

ルーマンの場合，人間も神経システム，呼吸システム，消化システム，免疫システムなど多数のシステムから構成されており，社会もまた経済，教育，政治，学問，芸術，家族などの多数のシステムから構成されているという点で同じようにシステムの複合体として考えられている。したがって，ルーマンのシステム論でも，人間も社会も複数システムの集合したものとして考えられている点では見方が共通しているということができる。

シュタイナーの場合は，人間は，頭部神経系システム，胸部呼吸循環器系システム，肢体新陳代謝系システムの3つの部分から構成されているとする。この三区分は，教育学ではすでにおなじみとなっているペスタロッチによる頭と胸と手の調和的発達の考え方に似ている。シュタイナーは，3つの部分を，思考，感情，意志の3つの精神的機能に対応させて理解してもいるので，プラトンの理知的部分が思考で，気概的部分が感情で，意志的部分身体的部分が欲望的部分であるという形でおおまかにプラトンの三区分にも対応していると見ることもできる。そう見てくると人間を3つの部分に分けるというのは，ある程度時代を超えた見方であるといえるのかもしれない。

では，社会と人間の関係は，シュタイナーの場合どうなるのであろうか。シュタイナーは言う。社会の頭部神経系にあたるのは経済であり，胸部呼吸循環系にあたるのは政治であり，肢体新陳代謝系にあたるのは精神であると (Steiner 1980: 33)。われわれは，普通，人間の精神こそが社会有機体の頭部であると考えがちである。しかしそれは大きな間違いなのだとシュタイナーは言う。社会有機体としての脳力（能力）はどこにあるかというと，それは，土壌にあるというのである。資源が豊かだったり土地が肥沃だったりすれば，その

場所は能力がそなわっており豊かな経済を営むことができる。現在であれば，石油資源のあるところはそれだけで豊かさが保障されることになる。生まれつきその社会有機体は才能に恵まれているわけなのである。能力のない土地や地域は，いくらがんばってもなかなか豊かになれない。その社会有機体にもともとって生まれた才能がないからなのである。頭部であると考えられがちな精神は，社会有機体にとっては肢体新陳代謝系に属しているのである。肢体新陳代謝系というのは栄養を補給して体を維持発達させる役割を果たしている。では，社会に対して栄養を補給しているのは何なのであろうか。それは，人間の発明であり発見である。人間の発明発見により社会は維持発展できるのだ。社会有機体に栄養を与えることができるのは，発明発見をすることのできる精神なのである。精神こそが社会の栄養素なのである。精神は，社会有機体にとっては生まれつきの才能なのではなく，社会を成長させる栄養素なのである。

　シュタイナーは言う。現代の社会有機体は，経済という頭ばかりが肥大化して，精神の自由が窒息し栄養不良でやせ細っていると。社会有機体は，頭でっかちになりすぎてしまい，身体の新陳代謝が不十分で，やせ細り餓死しそうになっているというのである。頭でっかちだからといって経済活動が十分に行なわれているわけではない。あまりに少しの経済活動しかなされていないのである。つまり，経済活動の中で精神の自由の結果としての工夫や発明が不十分にしかなされていない。精神の自由が拘束されているからである。精神の自由の中核である学校教育は，国家や経済の支配下にあるのが現状である。精神活動は，経済活動や国家活動から自由にならなくてはならないのである。精神活動，経済活動，国家活動（政治活動）がそれぞれ自立的に活動するようになったとき，社会有機体の健康が回復される。このようにシュタイナーは主張するのである。

　では，どのようにそれぞれの活動が自立したらよいのか？　これについては，フランス革命の合言葉であった自由・平等・博愛（友愛）が有効な手がかりとなる。現代社会は，自由と平等のバランスの重点の置き方により，社会主義から資本主義へあるいは福祉国家から小さい国家へといったりきたりしているようにも見えるが，自由と平等のバランスをとるのは難しそうに見える。その根本的な原因は，自由が精神の領域の原理であり，平等が政治の領域の原理であ

り，友愛が経済の領域の原理であることを忘れているからなのだ，とシュタイナーは主張する。国家が，平等の維持を第一義にして活動し，精神が市場や政治権力から自由に活動し，経済が友愛の原則によっていとなまれた時，社会有機体は健やかな発達が可能となるのであると。政治領域，経済領域，精神領域がそれぞれ，平等原理，友愛原理，自由原理に基づいて自立的に運営されたときに社会有機体は健全になるというのである。

　この主張は，単なる理想論あるいは，ユートピアと見られるかもしれない。しかしながら，国家を前提とした国際化として世界を把握することに対して批判的なところは，グローバルな世界社会を語るルーマンとそれほどスタンスが異なるわけではないのである。違うのは，世界社会は，経済の自立とグローバル化，政治の自立とグローバル化，精神の自立とグローバル化というかたちで，つまり三分節化の状態でのグローバル化のみが健全な世界社会を可能にすると，20世紀前半の段階ですでに主張しているところなのである。この主張は，世界社会がどうなるかわからないのでプロセスとしてのみ語ることができるとかあるいは，仮想的構成的な世界像の変遷として語ることができるとする世界社会論よりは，現実性が高いし，希望の光がさしてくる思想と見ることができるのではなかろうか。

## 4　精神の自由・政治の平等・経済の友愛と「自由への教育」

　精神の自由，政治の平等，経済の友愛についてみてみよう。まず，精神の自由について。社会主義体制においては，思想の自由が抑圧されていた。平等の名の下に，精神の自由は抑圧されていたわけである。では，資本主義社会ではどうであろうか。現在の日本の政治，経済，教育，学問を眺めてみれば明らかなように，高等教育は産官学共同により学問の自由よりも経済の原理が優先されつつある。中等教育，初等教育においても国家の関与は強力で，地方分権の流れも多少は見られるが結局は市場原理の採用であり経済への従属であったりする。つまり精神の自由は，経済や政治による精神の支配の下に窒息しつつあると見ることができる。シュタイナーの用語で言えば，現在の日本の社会有機体はますます栄養失調状態になりつつあるということになろう。

精神の自由が確保されていないことは明確なので，教育，学問，芸術，文化が国家の拘束や経済の拘束から独立して自由に活動できる状況を作ることがまずは，健全な世界社会の前提であるということになろう。そのためには，かつてのイギリスの名言「援助すれども支配せず（Support but No Control）」の原則が採用される必要があるだろう。

　次に，国家について。国家は，教育の内容に対する統制をやめて，地域や，学校や，教師などの専門家に権限を委譲し，自由を与えることが必要である。国家は，法律により国民の平等を守ることに専念すべきであるということになる。その意味で近年注目されているベーシック・インカムの思想（ヴェルナー 2007）には注目すべきであろう。すべての人に生活費が保障されれば，半強制的な労働から解放され，精神の自由の基礎が保障されることは誰の目にも明らかであろう。食べるためにどんな仕事でもやらなければならない状態ではなく，自分が意味があると判断する仕事を皆がすることができれば，精神の自由は高度に花開くことになるだろう。

　国家や民族やイデオロギーが教育を支配することは，結果的に精神の自由を抹殺し，一人ひとりの持てる力を減殺することとなり，現代社会が求めている創造性や想像力の発展を阻害することになってしまうのである。シュタイナー教育において強調される「自由への教育」とは，まさに，民族や国家を超えて，精神の自由を十全に発揮しつつ社会生活を行い自立した判断力，意志力，感情力，思考力を発揮できる人々を教育しようとするものである。これこそまさに，地球世界における教育といえるであろう。精神の自由に支えられ，精神の自由を発揮できる人間を形成すること，これが，三分節化された地球世界を支える未来の教育なのである。

### おわりに

　シュタイナーは，1861 年から 1925 年にかけて生きた人物であり，死後すでに 80 年以上が経過している。その人物の主張の現代性について疑問を持つ向きがあるかもしれない。しかし，たとえば，セルジュ・ラトゥーシュ著『経済成長なき社会発展は可能か？──〈脱成長〉と〈ポスト開発〉の経済学』（作品社 2010）においては，「持続可能な成長」は不可能であると見て，〈脱成長〉

路線を説く反グローバリズムの流れの経済学が注目されているが，本書の中では「ローカルな自立社会の創造」が主張されている。唯一性に支えられ，それぞれの思考力・感情・意志に支えられた判断のできる人々により新しいローカルが生み出され，それが新しい経済を生み出し，世界の三層化へと向かうのが現在の希望の方向であり，それを支える「自由への教育」こそが，今求められているといえるのではなかろうか。

そして，もと経済企画庁で仕事をしていた木村壮次が指摘しているように（木村 2005），日本の経済思想や経済のあり方が伝統的にシュタイナーの経済の考え方に近いとするならば，こうした新しい地球社会化に対して日本の指導的役割が今期待されているといえるのかもしれない。

さて最後に，シュタイナーの三分節化構想とルーマンの世界社会との関係について触れておきたい。

ルーマンは，先にも触れた「世界社会」論文の中で世界社会の環境は何なのかという問いを立てている。地球上という空間的な認識からすれば，世界社会の外には何もないように見える。そこでルーマンは，世界像の歴史を検討する中でフッサールの「地平」概念を援用して，すべての人間のコミュニケーションの総体が「地平」という形で世界社会の環境を形作るという方向を示唆している。さらにもう一点，世界社会になっていくと，相互行為の次元でのコミュニケーションが規範的予期（予期がはずれてもはずれたのは相手が間違っているからと考えて自分の予期は変えない）ではなく認知的予期（予期がはずれたら予期のほうを変えようとする）に基づいてなされるようになり，人々は常に新たな学習をすることに対して心の準備をするようになってくるとルーマンは語っている。確かに，様々な文化の人々と直接コミュニケーションする時代になれば，予期がはずれる可能性は高くなりだれもが規範的予期ではなく認知的予期をするようになるであろう。

この事態は，シュタイナーの枠組みで考えれば，個体化の傾向性，一人ひとりが自分の価値観にしたがって自分の感情・意志・思考により独自の判断を下す時代，つまり文化とか民族とか思想とか世論とかによって判断するのではなく一人ひとりが独自の判断をする時代にふさわしい相互行為のありようを記述していると考えることもできよう。そうであるとすれば，国家や民族や文化や

イデオロギーによって判断せず，国家や民族や文化やイデオロギーを超えて人と人とがコミュニケーションする時代が世界社会の状況であり，そこでは，不断の学習が必要であり，開かれた心が必要であるということになろう。

**引用・参考文献**

今井重孝「比較教育学方法論に関する一考察──「一般化」志向と「差異化」志向を軸として」『比較教育学研究』16, 1990.

今井重孝「教育技術の社会学的考察──N. ルーマンの『技術欠如』概念を手がかりとして」『東京工芸大学工学部紀要』Vol. 14 No. 2, 1991.

カント，I.（宇都宮芳明訳）『永遠平和のために』岩波書店，2005.

木戸裕「ヨーロッパ高等教育の課題──ボローニャ・プロセスの進展状況を中心として」『レファランス』58（8），2008.

木村壮次「ルドルフ・シュタイナーの経済思想と日本経済」『東洋学園大学紀要』13号，2005.

ゲゼル，S.（相田慎一訳）『自由地と自由貨幣による自然的経済秩序』ぱる出版，2007.

シュタイナー，R.（高橋巖訳）『社会の未来』イザラ書房，1989.

シュタイナー，R.（西川隆範訳）『シュタイナー経済学講座──国民経済から世界経済へ』筑摩書房，1998.

プラトン（藤沢令夫訳）『国家（上・下）』岩波書店，2002.

ボルツ，N.（村上淳一訳）『世界コミュニケーション』東京大学出版会，2002.

ラトゥーシュ，S.（中野佳裕訳）『経済成長なき社会発展は可能か？──〈脱成長〉と〈ポスト開発〉の経済学』作品社，2010.

ラブロック，J.（スワミ・プレム・プラブッダ訳）『ガイアの科学　地球生命圏』工作舎，1985.

ラブロック，J.（秋元勇巳監修・竹村健一訳）『ガイアの復讐』中央公論新社，2006.

ヴェルナー，G.（渡辺一男訳）『ベーシック・インカム──基本所得のある社会へ』現代書館，2007.

山名淳「グローバル化と学校教育」本書17章，2011.

Luhmann, N. (1971) Die Weltgesellschaft In: ders. (1986) *Soziologische Aufklärung 2 (3 Auflage)*, Westdeutscher Verlag.

Mosmann, J. (2010) Die neoliberale Dialektik und das anthroposophische. Wirtschaftsmodell, Öffentlicher Vortrag vom 04. 03. 10 im Sinnewerk Berlin.

Steiner, R. (1991) *Die Erziehungsfrage als soziale Frage*, Rudolf Steiner Verlag.（Gesamtaufgabe 296）
Steiner, R. (1980) *Vergangenheits- und Zukunftsimpulse im sozialen Geschehen*, Rudolf Steiner Verlag.

# キーワード

## 【カ行】

### ▶学習指導要領

　小学校，中学校，高等学校，特別支援学校（幼稚部，小学部・中学部，高等部）の各学校種ごとに，各教科等の目標や大まかな教育内容を定めた，教育課程（カリキュラム）の国家基準。学校教育法施行規則の規定を根拠として，文部科学大臣が文部科学省告示をもって公示する。各学校では学習指導要領と，学校教育法施行規則の定める各教科等の年間の標準授業時数などをふまえて，地域や学校の実態に応じて教育課程を編成している。

### ▶学力

　学力は多義的な概念で，英語では Academic Achievement（学業達成）がこれに近い意味をもつ。ただし後者が計測された学習成果を表すのに対し，「学力」は学習を経て形成される人格特性や既習事項を活用し問題を解決する能力をも含み，論者によって意味内容が大きく異なる。そのため議論の際にはその含意を確認する必要がある。学業達成としての学力問題には水準問題と格差問題があり，近年の日本では水準低下と格差の拡大が懸念されている。

### ▶隠れた（潜在的）カリキュラム

　「授業」では「教育的教授」が意図されるが，そこに参加する子どもは必ずしもその意図されたことだけを学ぶわけではない。それどころか，子どもは意図とは別のところで，「授業」で「上手く生きる」術を身に付けている。「授業」の意図されざるこうした副作用が，「隠れたカリキュラム（hidden curriculum）」と呼ばれる。これとの対比で言えば，「顕在的カリキュラム（official curriculum）」とは，組織と計画に裏づけられた意図的な作用だということになる。

### ▶学校

　学校とは，教育活動に特化した営造物である。ルーマンの視点からみれば，学校における教育活動は，〈目標／内容／方法〉という図式によってとらえがたい複雑性を備えている。オートポイエーティックな心的システムとしての児童・生徒は，教師や保護者が目指してほしいと望む方向に簡単に導かれたりはしない。しかも，各クラスにおいて，児童・生徒は複数である。教師は，基本的に，こうした統御困難な状況で振る舞うことを余儀なくされる。そのような状況を，ルーマンは，教育における「テクノロジー欠如」状態と呼んだ。学校は，そのような状況においてもなお，児童・生徒をあたかも一定方向に導いていくような蓋然性を高めるための〈差異〉構造をなしている。

▶家庭教育
　一般的には，親やそれに代わる人がその子どもに行なう教育のこと。家族は子どもが生まれて最初に所属する集団であるため，そこで行なわれる「しつけ」などの教育的働きかけは，その後の社会化や教育の土台となるといわれる。また家庭教育は必ずしも明確な教育意図に基づいてなされるとは限らず，日常生活を共にする中で自然に生起することも多い。現行の教育基本法になって，子どもに対する家庭の教育責任が明確に位置づけられた。

▶教育システム
　「子ども」を「良く」するための「意図」的な働きかけである「教育」をめぐるコミュニケーション・システム。それは単に，教師と生徒の間のコミュニケーションに限定されない。また，学校や教育行政の関係者が語ることに限定されない。それは，家庭内で親子が教育について話すとき，またマスコミが教育について報道するとき，それもすべて教育システムを構成するコミュニケーションである。このとき，教育システムは他の機能システムとの間，あるいはそのコミュニケーションを行なう人物の意識システムとの差異において存在することになる。

▶教育的教授
　「教育的教授」は，ヘルバルト（Herbart, J. F., 1776–1841）の『一般教育学』において，人間形成の一般（普遍）理論として構想された。それは，学習指導と生活（生徒）指導が一体的に展開されるべきという理念である。前者では知識・技能の媒介が直接的な任務であるが，後者の直接の課題は人格の育成である。それゆえ，「一体的な展開」とは，知識を媒介することを通して人格を育成することにある。

▶教育の可能性
　近代における自然科学の発達にともない，教育の可能性は，「子どもに内在する，教育的働きかけによって開花可能な，客観的な発達可能性（＝educability）」の意味で理解されてきた。これに対しルーマンのシステム理論では，「教育というシステムの成立はいかに可能なのか（＝possibility of education）」という意味での教育の可能性が問われている。この転換によって，educability 概念の機能（とりわけそれが何を見えなくしているのか）を描き出すことが可能となっている。

▶教員の組織構造
　組織構造を上下関係の在り方に注目してとらえる場合，教員の組織構造はしばしばナベブタになぞらえられてきた。典型的な官僚制の組織構造がピラミッドにたとえられるのに対し，校長がトップに位置しているほかは教員間に上下関係があまりないというイメージによるものである。また，組織成員間の関係の在り方に着目する視点からは，ルース・カップリング論によって，教員間の組織的結合の緩やかさが，その組織構造の特性として提示されてきた。

▶教師
　教師は，学校において子どもの人格の完成と教科的な知識の伝達に与することを本務とする専門的技術者である。ただし，校務に関わる多種の仕事を日常的に遂行

することが求められており，それが多忙につながっていると指摘されている。専門的な養成課程を経て，教育及び教科に関する専門的な知識を有すること，資格要件として教員免許状を取得していることが求められることにより，公式には専門職に位置づけられるが，他の専門職に比べて自己裁量の範囲が限定されていることから，準専門職といわれる。

▶教師集団

　一般には同じ学校で共に教育活動に従事している教師全体のことを指す。管理職制度，主幹・主任制度等により一定の官僚的な組織性を有するが，教職経験年などによる階層化は行なわれておらず，対等性，平等性が基本的な特性となっている。なお，我が国の教師集団には同調圧力（共同歩調志向）が働いているとの指摘がある一方で，教師の力量形成やバーンアウト回避に同僚関係がポジティブに機能しているとする指摘がある。

▶教師文化

　教師は，専門職として専門的な知識や技能を有し，一定の行動規範に基づいた行動をしている。彼らが有している知識，従っている規範，彼らに教育行為を可能とする諸資源，更にはそれらを連動させるコードや統合するプログラムなどの総体を教師文化という。教師文化は教育社会学の教師研究におけるキー概念の一つであり，近年は「指導の文化」や「同僚性」が我が国の教師の特質を規定する主要なものとして注目されている。

▶近代家族

　近代社会における自由な個人の愛情と信頼関係から成り立つ家族。落合恵美子によれば，その特徴として①家族領域と公共領域の分離，②成員相互の強い情緒的関係，③子ども中心主義，④性別役割分業，⑤家族の集団性の強化，⑥社交の衰退とプライバシーの成立，⑦非親族の排除，⑧核家族などをあげることができる。「家」を中心とする前近代の家族像に対立するものであると同時に家族像の歴史的相対性を意味する概念でもある。

▶グローバリゼーション（グローバル化）

　一般的に，文化や経済など広く社会にかかわる出来事が，国民国家や各地域の境界線を超えて，地球レベルで生じる現象のことをいう。ルーマンのシステム理論では，グローバル化の動向については，「世界社会」を鍵概念として説明される。近代社会は，ルーマンによれば，あらゆる機能システムが世界規模で絡み合っている状態として記述される。そのような機能システムは，コミュニケーションが可能なかぎり拡張していく。各機能システムが地球全体を覆う規模に達したとき，その状態が「世界社会」と呼ばれるのである。

▶子ども

　前近代社会には，「子ども」（そして「大人」）という観念はなかったとされる（アリエス）。他方，ルソーの『エミール』は，キリスト教的な原罪説と理性中心の啓蒙主義をともに批判する方略として，「大人」とは異なる自然な善性をもつ「子ど

も」という観念を提起した。このように、「子ども」はきわめて歴史的な概念であるが、その後実体視されていき、自然科学的な解明の対象となってきた。ルーマンはこうした実体視から距離をとり、「子ども」を教育システムのメディアの一つとしてとらえている。

## 【サ行】

### ▶自己準拠

システムが自己を自己以外の環境と区別して作動すること。自己準拠的なシステムは事実的・時間的・社会的の3つの次元において独自な作動をする。教育システムの自己準拠性は、子どもを一定の理念に向けて、一定の方法によって、さらにその営み自体を反省しながら教育することにある。他方で、教育の対象である子ども（心理システム）も、たえず自己について観察し、新たな自己を作っている。このとき、教育（学校）システムと子どもは、互いに独立した自己準拠システムとしてとらえることができる。

### ▶指導要録

指導要録は学校教育法施行規則に基づき学校が備えなければならない表簿の一つである。指導要録の前身である戦前の「学籍簿」では教師による評価の恣意性が反省され、客観的な評価をもとに指導に資する資料を作成・活用することが導入当初の意図であった。指導要録は、①学籍に関する記録と、②指導に関する記録から構成されており、通知票の成績やいわゆる内申点（調査書）は、指導に関する記録をもとに作成される。

### ▶社会化

社会の影響を受けて人が変容していくこと。社会を離れた自然の中ではあり得ない点で「学習」と、必ずしも他者が意図して変容させるとは限らない点で「教育」と対比されるのが一般的である。従来、当該社会で（世代間で継承され）共有される価値観や規範、期待される役割や行動様式などを内面化することで、人が一方的に社会の存続に寄与する過程と見なされがちであったが、社会の多元化や動態化が進み、文化的背景を異にする他者同士や異世代間の関係が増えるにつれ、逆に社会が人から受ける影響も併せて注目されてきている。

### ▶集団づくり

おもにソビエトのマカレンコらの集団主義教育論に学びながら、子どもたちの自治的集団を組織し、その力によって自らの要求実現や問題解決に取り組んでいくよう指導することを通じて、子どもの民主的な思想と行動力を育成することを目指す教育活動。とりわけその実践と理論は、民間の教育研究団体「全国生活指導研究協議会（通称：全生研）」の生活指導論において深められてきた。

### ▶自律的学校経営論

教育行政からの権限委譲によって学校の権限を拡大し、自主的、自律的な学校経営を実現しようとする考え方。学校教育の質を改善するには、制度的な改革や行政主導の改革ではなく、個々の学校の主体的な改革が有効であるという知見に基づく。

1980年代からアメリカやイギリスで個々の学校の権限を拡大する改革が行なわれ，日本でも1998年の中央教育審議会答申「今後の地方教育行政の在り方」でその方向性が示された。学校での共同的意思決定のための学校理事会や協議会と呼ばれる組織が置かれるとともに，学校経営の責任者としての校長のリーダーシップが強調される。また，学校が責任を果たしているかどうかを追求するためのアカウンタビリティ（説明責任）が重視される。

▶授業

「授業」は，学習指導と生活（生徒）指導を展開する意図に基づき，それらを計画的かつ組織的に実施するために構成された時間と空間である。「授業」の時間的側面からは，45分あるいは50分ごとの時間割が表象される。そこでは一定量の学習指導と（生活）指導の内容が，時間の観点から計画的かつ組織的に配分される。また，教室という場が「授業」の空間的側面からはイメージされる。教室はある学年のある学級に割り当てられた空間を指す。黒板や教卓に対面する子どもの机，あるいは科目ごとの教室移動に見られるように，空間も組織的かつ計画的に構成されている。

▶職業教育

職業教育は，広い意味では「仕事の世界を渡っていくために必要な知識・技能を習得させる教育」のことである。狭い意味では「ある特定の仕事につくことを想定して，そこで必要な知識・技能を修得させる教育」のことである。近年「キャリア教育」という言葉で呼ばれるものは，おおむね前者と重なっているといえる。さらに，職業教育を考える上で重要なのは，学校教育に限定されるものなのか否か，学校段階の違いを考慮することだといえる。

▶生活指導

子どもが具体的な生活に即して，自らの生活態度・行動，価値観などを高めていけるよう指導する教育活動。教科学習を指導する学習指導に対し，教科外活動（特別活動など）の一つとして位置づけられている。「生活指導」という言葉は，文部科学省の用語では「生徒指導」と呼ばれ，たんなる取り締まりをさす場合もあり，その意味内容は多義的である。「生活指導」という用語自体は，戦前の日本の民間教育運動，特に生活綴方教育の中で提言されたものだといわれている。

▶生徒指導

生徒指導とは，学校生活の全般において，全ての児童生徒のより良き人格形成を目指すとともに，一人ひとりの人格を尊重し，社会的に自立する個人として確立した上で，社会集団の一員足りうる資質や行動力の涵養を目的とした指導及び援助のことである。

一般的な捉え方である問題行動への対症療法的指導としての生徒指導はあくまで生徒指導の一部であり，本来は学校生活の全般において上記の意義の実現が望まれる概念である。

▶組織システム

　ルーマンの社会システム論において，組織システムは全体社会システム，相互作用システムと並ぶ社会システムの一つの種類である。組織はしばしば共通の目的を達成するための協働システムといわれるが，ルーマンは組織が実際に動く仕組みを目的達成の手段という観点からではなく，意思決定のつながりとしてとらえた。目的―手段関係は意思決定のつながり方の一つということになる。組織の成員になるという個人の側の意思決定と，成員として認めるという組織の側の意思決定が基盤にあり，様々な意思決定が生み出され，つながっていくことで組織が作動していると考えるのである。

【タ行】

▶特別なニーズ教育

　障害児と健常児の区別を前提とした障害児教育ではなく，一人ひとりの子どもがすでに特殊な存在であって，障害の有無を問わず，特別なニーズがあると認定された子どもへの支援を行なうこと。これは，障害児と健常児をインテグレーション（統合）するのではなく，前者を後者（mainstream）に合流させるインクルージョンという流れでもある。日本では，主にADHDやLDなどの「軽度発達障害」児に対する特別支援教育として制度化されているが，本来は学習の困難さをもたらす多様な要因を含む教育のことである。

【ナ行】

▶内外区分論

　学校教育の内容や方法に関わる事柄を「内的事項」，それ以外の事柄を「外的事項」と呼び，外的事項こそが教育行政による条件整備の対象であり，内的事項については教育の自主性にゆだねられるべきであるという考え方。教育行政において指揮命令ではなく，指導助言が重視されることの根拠ともいわれる。もともと比較教育学者のキャンデルが唱えた考え方である。この考え方が，1950年代からの国民の教育権論と国家の教育権論の対立の中で，学校教育の内容・方法に対する行政の関与を否定する前者の主張となった。1980年代末から冷戦構造が解消され，教育権をめぐる対立構造が変化する中で，内外区分論が主張されることは少なくなった。

【ハ行】

▶排除

　主に職業から排除される状態を指すが，それと連動して，社会の主要な機能システムに参加できない状態のこと。経済のグローバル化と急速な技術革新によって，労働力が過剰になったために，排除は一時的な失業状態ではなく，恒久的状態となり，従来の「上層・中間・下層」という階層区別が適用されない流動的な「アンダークラス」（underclass）が生まれる。排除には「自己排除」も伴うことが多い。市民の社会への「包摂」に向け，教育の新たな役割が生まれてきている。

▶発達

　子どもが大人になる過程を表現する概念。「成長」という語が自然の働きによる

ものであるとしたら,「発達」とは人間の目的的な働きかけによって子どもが大人になるプロセスを指す。近代社会が社会の進歩あるいは進化を想定したのと同じく,教育においても未熟な子どもが自律した主体としての大人へと移行していくことが目指された。このとき,発達はそれ以前の段階を乗り越えていくいくつかの段階が設定され,子どもをその法則に沿って移行させていくことが教育と考えられた。システム論では,子どものオートポイエーシス性(自己創出性)に注目して,子どもを発達可能態としてとらえる。

▶評価

評価がもつ機能は,①教授学習活動を行なう際に必要な情報を得る,②外部社会に対して教育の成果を示す点にある。前者の例には,学習活動における子どもの実態を把握し,教授行為を省察するためになされる形成的評価や学習成果を確認する総括的評価がある。後者の典型としては進学時に発行される「調査書」に記載された評価がある。教育評価は集団での位置を示す相対評価,目標の達成度を表す絶対評価とその目的で大別される。

▶プロフェッション

教職について,聖職視する見方や労働者としての位置づけを強調する立場もなお根強いものの,プロフェッション(専門職)として位置づける見方が,ILO・ユネスコの「教員の地位に関する勧告」(1966年)以降,広く支持されてきている。プロフェッション概念の定義は必ずしも定まってはいないが,一般的に挙げられる要件として,職務領域における公共的な使命と責任,高度な知識・技能への依拠とそのための長期にわたる教育,個人的・集団的自律性の保持などがある。

【ヤ行】

▶ゆとり教育

児童・生徒の学習負担を減らして学校生活をゆとりあるものにすることを目指した教育政策の通称。「ゆとり」の理念,およびその政策的実現である教育内容・授業時数の削減は1970年代から始まっているが,一般には1990年代以降(学校週5日制など)の,あるいは2002年施行の学習指導要領の下での学校教育に限定して「ゆとり教育」と呼ばれる場合もある。学力低下などの批判を受け,2008年の学習指導要領改訂公示をもって事実上,撤回された(「脱ゆとり(教育)」とも呼ばれる)。

【ラ行】

▶リテラシー

文字や数字,演算記号などを読み書きすることで情報を処理したりコミュニケーションしたりする能力のこと。基礎的な識字能力と計算能力(読み書き算盤)は3R's(Reading, wRiting, aRithmetic)とも呼ばれる。最近では文字や記号に限らず,ケータイやパソコンなど広く「情報伝達媒体」としてのメディアを使いこなして情報の入出力や受発信を行なう「情報リテラシー」や,マスコミなどの情報を受動的に受け取るだけでなく批判的に検証したり能動的な提言に結びつけたりする「メディア・リテラシー」などへと概念が拡張されてきている。

# 人名索引

## ア行

蘭千壽　166–169
アリエス, P.　2, 19, 51, 66, 207, 234, 265, 330
イリイチ, I.　40, 207
エリクソン, E.　22, 25
オーエン, R.　157, 158
岡崎勝　217, 218

## カ行

陰山英男　193
梶田叡一　111
金子真理子　113
河上亮一　166
ギデンズ, A.　110, 254, 281
クリーク, E.　6
小玉重夫　225–227
コメニウス, J.　52, 122

## サ行

齋藤孝　52, 53
佐藤学　52, 161, 311
汐見稔幸　57
シュタイナー, R.　12, 307, 310, 311, 313, 320–325
ショインプルーク, A.　288, 289, 296, 297
スペンサー, H.　7

## タ行

ダーウィン, C.　22
田中孝彦　216, 217
デューイ, J.　11, 52
デュルケーム, É.　6, 7, 90
トクヴィル　219, 220

トロウ, M.　301

## ハ行

バーンスティン, B.　54, 245
ピアジェ, J.　22, 25, 31, 311
ビエスタ, G.　50, 54, 57
広田照幸　194, 195, 281
ブルデュー, P.　54, 291
ブルーナー, J.　52
ヘーゲル, G.　6, 25
ペスタロッチ, J.　6, 52, 308, 310, 311, 321
ヘルバルト, J.　53, 81, 94, 329
ボルツ, N.　318, 319
ボルノウ, O.　58
本田由紀　114, 191, 194, 238, 242

## マ行

マルクス, K.　300, 301
向山洋一　52, 310
メーハン, H.　97, 98

## ヤ行

山崎隆夫　256

## ラ行

ラブロック, J.　317
ランク＝ヴォイタージック, G.　282, 286, 289, 290, 292–297
ルーマン, N.　12, 21, 27–31, 35, 41, 45–47, 50, 53, 54, 56, 63, 66, 68, 69, 71, 72, 80, 82–89, 93, 94, 98, 102, 109, 121, 124, 127–131, 133, 134, 139, 143–147, 151, 152, 155, 156, 158, 160–166, 169, 172, 173, 175, 176, 178, 180, 182, 184, 191, 196–198, 200, 201, 204–209, 212, 213,

215, 216, 221-224, 226-231, 233, 235-237, 243, 244, 262-269, 275, 278, 281-287, 289, 292-296, 298, 300, 301, 310, 312, 317, 319-321, 323, 325, 328-331, 333

ルソー, J.　6, 252, 256, 331

ロック, J.　317

# 事項索引

## ア行

I－R－E 連鎖　　98
新しい学力観　　108, 113
育児不安　　196
いじめ　　20, 34, 63, 118, 155, 156, 161, 226, 249, 256, 274, 275
イデオロギー　　31, 195, 196, 324, 326
意図　　2, 19, 20, 27, 28, 30, 36, 46, 47, 51, 80, 81, 88, 93, 98–100, 102, 109, 111, 124, 126, 129, 132–134, 146, 164, 165, 190, 191, 202, 207, 210, 266, 328, 329, 331, 332
因果プラン　　28, 84, 319
インフレ／デフレ　　70, 71, 74, 76, 205, 209, 211–213
AO 入試　　115
エスノメソドロジー　　56
オートポイエーシス　　162, 163, 167, 169, 196, 263, 314, 319, 334（→自己創出）
思いやり　　229, 230, 311

## カ行

ガイア仮説　　317
改革教育（学）　　93, 94
ガイダンス　　160, 161
介入　　24, 26, 30, 79–82, 85, 88, 99, 111, 116, 132, 140, 142, 176, 190, 201
格差　　8, 14, 115, 194, 206, 217, 250, 252, 253, 267, 269, 289, 292, 296, 308, 328
学習指導　　112, 122, 123, 134, 160, 161, 329, 332
学習指導要領　　37, 39, 63–65, 104, 105, 107, 118, 139, 140, 190, 213, 308, 328, 334
学習能力　　109, 110, 115, 236, 309
学制　　38, 51, 159, 300
学年　　106, 146, 155, 156, 158–160, 237, 238, 303, 332
学力　　1, 8, 10, 42, 44, 59, 63–65, 94, 106, 108, 111, 113, 116, 140, 156, 157, 161, 162, 167, 179, 190, 193, 194, 200, 201, 213, 217, 218, 225, 226, 252, 284, 286, 304–308, 311–313, 328
――低下（問題）　　44, 63, 75, 107, 108, 171, 305, 307, 313, 334
学歴　　103, 146, 206, 208, 213, 233, 245
隠れたカリキュラム　　88, 93, 328
家族システム　　189, 191, 196–202
学級　　57, 106, 122, 124, 130, 155–169, 175, 176, 183, 228, 261, 275
――経営　　93, 155, 156, 160, 165–167, 169
――崩壊　　28, 34, 36, 37, 94, 124, 130, 155, 161, 166, 171, 183, 217, 275
学校運営協議会　　149, 211, 270
学校教育法　　150, 151, 177, 184, 328, 331
学校経営　　139, 141–143, 147, 149–153, 331
学校組織　　42, 44, 47, 103, 147, 149, 151, 152, 255
学校知　　207–210
学校評価　　149–152, 179
カップリング　　168, 176, 200–202, 209, 264, 268, 270, 298, 329（→連結）
家庭教育　　1, 127, 189–195, 198–202, 329
貨幣　　66, 67, 71–76, 207, 208, 269, 284, 286
カリキュラム　　47, 63, 65, 72, 75, 88, 93, 98, 104, 105, 108, 114, 115, 146, 175, 176, 213, 237, 240, 287, 306, 309, 310, 312, 313, 328

環境　13, 14, 18, 21, 27, 50, 63, 76, 81, 87, 115, 116, 123, 133, 143, 152, 162-164, 168, 169, 173-177, 180, 191, 200-202, 211, 217, 241, 244, 259, 263-265, 268, 271-276, 292, 313, 317, 325, 331
関心・意欲・態度　105, 107-112
官僚制　147, 148, 153, 176, 177, 178, 182, 184, 268, 329
機会の均等　140, 199
期待　4, 6, 11, 18, 34, 35, 37, 38, 42-44, 47, 83, 87, 89, 94, 110, 121-123, 145, 147, 156, 157, 166, 169, 171-173, 175, 178, 180-182, 194, 198, 205, 209, 213, 229, 266, 268, 289, 293, 325, 331
機能システム　4, 5, 50, 66, 67, 70, 71, 102-104, 161, 191, 196, 198-200, 204-210, 213, 215, 222, 227, 233, 235, 244, 248, 254, 266, 268-270, 274, 278, 282, 283, 286, 291, 293, 294, 296, 329, 330, 333
機能分化　31, 50, 55, 58, 66-68, 72, 102, 109, 135, 191, 196, 199, 204, 205, 207, 210, 211, 223, 236, 244, 263, 264, 266, 268, 270, 282, 283, 296, 319
規範　11, 76, 85, 87, 89, 92, 118, 131, 140, 156, 168, 180-182, 190-194, 197, 217, 218, 233, 245, 283, 291, 325, 330, 331
虐待　195, 256, 258
教育委員会　35, 39, 104, 114, 139, 141-143, 146, 148-151, 225
教育改革　34, 42, 44, 47, 149, 152, 177, 192, 287, 294, 303, 305, 314, 319
教育価値　140
教育課程　64, 72, 104, 108, 296, 306, 328（→カリキュラム）
─────審議会　64
教育可能性　21, 24, 29, 30, 31
教育関係　37, 49, 50, 51, 53-59, 94, 145
教育技術　19, 52, 53, 310
教育基本法　140, 177, 189-192, 193, 200, 201, 329
教育行政　34, 139-143, 148, 149, 151, 189, 192, 193, 196, 226, 227, 230, 296, 329, 331, 332
教育権　139-141, 216, 225, 333
教育再生会議　193, 218
教育事業体　141, 147, 148
教育システム　1-5, 8, 11, 31, 38, 42, 47, 50, 51, 54, 55, 58, 63, 65-68, 70, 71, 76, 93, 103, 109, 110, 114, 116, 139, 146, 151, 152, 160-165, 179-182, 189, 191, 198-205, 208-210, 213, 215, 216, 224-237, 241-245, 248, 249, 252, 253, 255, 262, 263, 267, 269, 271, 275-277, 295, 296, 300-302, 305-307, 314, 319, 329, 331
教育実践　42, 49, 53, 113, 118, 119, 122, 124, 129, 132, 135, 142, 155, 172-184, 242, 243, 296, 297
教育職員免許法　34
教育政治　223, 225-227, 230
教育組織　141, 148
教育勅語　159
教育的教授　79-82, 84, 85, 88, 94, 328, 329
教育不信　171, 178
教育目的　49, 53, 309
教育理念　172-175, 313
教員組織　171, 173, 175-178, 181, 182, 184
教員免許　34, 179, 211, 330
教員養成　34, 312, 313
教科　1, 37, 39, 64, 78, 91, 98, 107, 122, 130, 146, 160, 165, 261, 277, 310, 313, 328, 330, 332
教科書　37, 39, 91, 98, 261, 277, 310, 313
教師　3, 12, 13, 19, 28-30, 34-59, 78-94, 97-100, 104, 108, 111-113, 118-140, 145, 146, 148, 155-184, 190-193, 202, 203, 205, 206, 210, 217, 225-228, 242, 251, 256, 261, 262, 267, 268, 270, 273-277, 287, 293, 296, 298, 308, 311-313, 324, 328-330
───教育　34

教授学　52, 78–81, 94, 288, 297, 319
競争　1, 6, 8, 106, 114, 190, 213, 216–220, 224, 226, 230, 249, 253, 255, 313
教諭　149, 177, 178, 184, 218
近代化　7, 19, 38–40, 102, 208, 210, 213, 263, 267–270, 300
近代家族　190, 191, 195–197, 330
組み入れ　132, 199, 202, 247, 253, 257（→包摂，排除）
グローバル化　7, 8, 14, 18, 217–221, 223, 224, 226, 230, 251, 259, 281, 282, 286, 288, 289, 292–295, 297, 319, 323, 330, 333
継続教育　70
公共　13, 14, 166, 167, 189, 238, 243, 251, 330, 334
公教育　2, 14, 65, 142, 158, 160, 179, 225
公私　140, 141
構成主義　12, 161, 163, 167
校長　39, 150–152, 175, 177, 178, 184, 329, 332
高等教育　73, 75, 115, 208, 233, 241, 301, 302, 304, 305, 307, 313, 319, 323
国民　8, 38, 44, 47, 52, 64, 67, 139–142, 192, 216, 220, 222, 224, 225, 268, 281, 288, 293, 294, 303, 313, 324, 333
――国家　8, 52, 67, 220, 281, 287, 288, 293, 294, 330
コード　5, 41, 42, 47, 50, 180, 291, 321, 330
子ども　2–13, 19–31, 35–41, 44, 45, 50–52, 58, 59, 63, 65–70, 79–94, 98, 102, 104–109, 111–114, 127, 130, 132–135, 142, 145, 148, 152, 155–169, 175, 178, 182, 189–204, 207, 216–218, 225, 226, 234–236, 247–252, 255–259, 265, 267, 269, 270, 272, 274, 308–312, 328–334
子供の発見　198
コミュニケーション　3, 4, 7, 8, 12, 13, 27–30, 35–39, 44, 46, 50, 53, 55–57, 59, 65–67, 70, 71, 76, 87, 89, 98, 100, 102, 109, 110, 114, 115, 120, 121, 128–134, 144, 146, 162–165, 169, 172–178, 182, 183, 191, 196–202, 206–210, 213, 219, 221–230, 263–273, 276, 282, 283, 289, 292, 293, 309, 311, 319, 321, 325, 326, 329
コミュニケーション力　114
コミュニティ（コミュニティ・スクール）　102, 167, 199, 211, 212, 215, 255（→地域）
孤立　164, 195, 217, 221, 222, 230
コンピタンシー　5, 8
コンピタンス　255

**サ行**

再帰性　10
ジェンダー　195, 197
自己準拠　4, 9–11, 13, 14, 18, 162–165, 198, 200–202, 310, 331
自己責任　190–193, 200, 201, 216, 224, 238
自己塑成　45
自己形成　9, 11, 18, 25
自己組織化　167, 168
自己創出　26–30, 128–135, 168, 169, 191, 334（→オートポイエーシス）
自然　2, 5–10, 12, 14, 18, 19, 21–26, 28, 30, 52, 331, 333
しつけ　40, 152, 190–195, 200–202, 329
失敗　49, 53, 118–121, 134, 135, 147, 148, 172–174, 180–184, 208, 259, 293, 302, 306
シティズンシップ　226, 227
指導　20, 35, 37, 39, 63–65, 78, 80, 104–140, 149, 150, 156, 157, 160, 161, 165–168, 177, 178, 180, 181, 184, 190, 200, 202, 213, 256, 308, 313, 325, 328–333
指導要録　104–109, 111, 113, 114, 116, 331
指導力不足　119–121, 134
自由　6–14, 23, 26, 34, 37, 41, 47, 82, 83, 85, 93, 99, 140, 146, 150, 166, 210, 215–

事項索引　339

217, 221, 222, 224, 229, 240, 294, 303, 308, 312, 322, 323, 324, 325, 330
社会化　　3, 89, 102, 118, 121, 130–135, 145, 146, 191, 194, 195, 199, 200–202, 207, 210, 211, 265–278, 288, 309, 325, 329, 331
社会学的啓蒙　　231
社会教育　　1, 213
社会的構成主義　　161, 167
社会の三分節化論　　320
シャドーワーク　　39–41
授業　　12, 31, 36–41, 55, 63–65, 72, 78–100, 108, 116, 123–126, 146–148, 156–165, 169, 175–177, 181–183, 211, 228, 242, 261, 262, 267, 268, 270, 272, 273, 276–278, 288, 296, 297, 304, 307–313, 328, 332, 334
就職　　68, 69, 204, 208, 232, 233, 237–240, 244, 251, 268
集団主義　　157, 331
塾　　44, 75, 190, 199, 209–213, 218
職員会議　　149, 150, 151
職業教育　　198, 228, 236–244, 292, 332
初等教育　　258, 323
進化　　22–24, 70, 158, 191, 196, 235, 284, 286, 296, 297, 319, 334
人格　　4, 12, 42, 80, 81, 84, 103, 109, 110, 113–115, 133, 156, 161, 178, 179, 192, 265, 309, 328, 329, 332
　　──の完成　　42, 103, 329
新自由主義　　34, 46, 216, 217, 221, 222, 224, 294
身体　　12, 20, 27, 52, 53, 131, 256, 258, 310, 311, 321, 322
心的システム（心理システム，意識システム）　　27–30, 52, 54, 55, 82, 94, 99, 131, 144, 162–169, 198–201, 267, 328, 329, 331
信頼　　23, 36, 58, 71–76, 134, 135, 147, 152, 173, 178–184, 208, 213, 218, 256, 265, 330

3R's　　157
生活指導　　156, 160, 165, 331, 332
生活綴り方　　159
世界社会　　205, 281–298, 317, 319, 320, 323–326, 330
政治システム　　67, 72, 191, 209, 215, 217, 221–224, 228, 244, 254, 319
精神　　6, 10, 12, 13, 22, 25, 120, 255, 320–324
成人教育　　1, 70
生徒化　　145, 146
生徒指導　　118, 121–127, 130, 134, 135, 332
責任　　39, 45, 50, 57, 58, 145, 148, 151, 152, 156, 175, 178, 183, 189–195, 200, 201, 216, 223–227, 238, 277, 329, 332, 334
セーフティネット　　257–259
選抜　　5, 47, 55, 97, 101–107, 109, 113–115, 191, 194, 245, 291
選別　　51, 55, 101, 102, 199, 229
専門職　　39, 45, 140, 146–148, 152, 153, 184, 205, 289, 308, 311, 330, 334
総合的な学習の時間　　34, 36–39, 42–44, 47, 211, 304
相互作用　　22, 80, 84, 85, 116, 168, 176, 177, 181–183, 207, 263–268, 271–273, 333
相互浸透　　79, 84–89, 93, 131, 132, 163
相対評価　　105–107, 114, 334
組織システム　　139, 143–147, 205, 206, 333

## タ行

体罰　　180
脱学校化　　208
脱連結　　113, 114
地域　　18, 38, 67, 80, 141, 142, 149, 193, 200, 204–213, 218, 239, 245, 249, 257, 258, 264, 266, 276, 286, 294–296, 304, 322, 324, 328, 330
知識　　2, 5, 11, 19, 25, 45, 51–58, 65–72, 80,

81, 94, 98–103, 107–110, 114, 129, 163, 164, 173, 174, 207–211, 218, 228–230, 236, 240–243, 253, 258, 266, 274, 288, 290–292, 311, 329, 330, 332, 334
中央教育審議会（中教審）　34, 63, 64, 149, 177, 192, 304, 332
中等教育　177, 239, 301–307, 313, 323
テクノロジー　27, 54, 83, 298, 328
デュアル・システム　243
同一性　24–26, 29, 30, 56, 284
道徳教育　1
特別権力関係論　140
特別なニーズ教育　257, 333
徒弟制　50, 51, 58, 101, 234, 266

## ナ行

内的事項／外的事項　139, 140, 333
内申書　105
ナラティブ・アプローチ　12
二重の偶然性（二重の偶有性）　27, 144, 147
ニート　232, 245
日本型企業社会　251
人間学　6, 53
人間形成　1, 49, 53–58, 141, 156, 195, 293, 329
人間力　5, 255
能力主義　51, 103, 235, 237

## ハ行

排除　31, 119, 129, 140, 164, 165, 180–182, 196, 205, 206, 229, 247, 251–257, 267, 268, 286, 296, 330, 333（→組み入れ，包摂）
バカロレア　303
発達　3–8, 12, 19–31, 42, 67, 71, 148, 189, 193, 194, 203, 207, 208, 210, 222, 251, 255, 262–266, 269–271, 278, 288, 308, 309, 311, 312, 321–323, 329, 333, 334
ハビトゥス　202
PISA　8, 306, 307, 313

評価　5, 34, 35–44, 97–116, 139, 146, 149–151, 179, 193, 213, 227, 229, 230, 240, 270, 296, 300, 305, 312, 313, 331, 334
平等　1, 8, 14, 47, 54, 59, 66, 67, 88, 219–223, 245, 304, 308, 314, 322–324, 330
貧困　9, 248–254, 257–259, 289
不安　42, 59, 93, 147, 148, 195, 217, 219–226, 230, 233, 241, 244, 252
フィンランド・モデル　307
複雑性　18, 121, 127, 131, 132, 147, 148, 283, 288, 290, 298, 328
福祉国家　215, 216, 221–223, 251, 254, 257, 258, 322
普通教育　236–240, 243–245, 303, 305
フリーター　232, 241, 242
プログラム　31, 41, 42, 44, 46, 50, 146, 161, 249, 266, 330
プロフェッション　45, 46, 172–184, 334（→専門職）
平凡な機械（平凡なマシーン）　79, 82, 83, 85, 87–89, 93, 163, 169
包摂　26, 40, 181, 182, 205, 206, 269, 296, 333（→組み入れ，排除）
保護者　40, 41, 44, 46, 142, 149, 178, 183, 189, 190, 192, 204, 210, 212, 218, 225, 226, 254, 277, 296, 298, 328
補償教育　249
ポスト近代　76, 114, 115
ホリスティック教育　12, 306–309, 312, 314

## マ行

マスメディア　52, 69, 207–210, 232, 238, 262, 266–274, 277
学びの共同体　52, 161
マルチメディア　270, 274, 277
メディア　3, 27–31, 41, 50, 52, 65–76, 81, 84, 205, 207–210, 213, 232, 238, 261–278, 283, 292, 317, 319, 321, 331
メリトクラシー　76, 103, 115
モントリオール・システム　157–159

モンスター・ペアレント　44, 183
問題行動　118-124, 130, 333
文部科学省（文科省）　39, 104, 105, 107, 108, 118, 120, 139, 149, 150, 152, 157, 192, 216, 217, 225, 308, 328, 332

## ヤ行

野生児　2, 5, 21
ゆとり教育　34, 44, 63-65, 72, 73, 75, 190, 210, 305, 334
ユニバーサル化　115, 247, 305, 306
予期の予期　130（→期待）

## ラ行

ライフコース　31, 68-70

リスク　45, 46, 144, 152, 173, 174, 180, 197, 241, 244, 252, 255, 257, 258, 275, 276, 281, 284, 293, 295
理性　6, 12, 22-24, 146, 169, 182, 183, 228-230, 330
リーダーシップ　184, 311, 332
臨床教育学　216, 217, 221
臨床心理学　217
連携　193, 202, 213, 243, 268, 270, 271, 304
連結　70, 113-115, 145, 243, 320（→カップリング, 脱連結）
労働　9, 40, 50, 51, 58, 115, 212, 220, 232-236, 238, 240-244, 252, 253, 259, 266, 289, 292, 324, 333

## 執筆者紹介

石戸教嗣（いしど　のりつぐ）　編者　序章・15章
　1950年生まれ／京都大学大学院教育学研究科博士課程単位取得退学　博士（教育学）
　現在：埼玉大学教育学部教授
　主著：『ルーマンの教育システム論』（恒星社厚生閣，2000），『リスクとしての教育』（世界思想社，2007）

今井重孝（いまい　しげたか）　編者　18・19章
　1948年生まれ／東京大学大学院教育学研究科学校教育学専攻博士課程単位取得退学　教育学博士
　現在：青山学院大学教育人間科学部教授
　主著：『中等教育改革研究――ドイツギムナジウム上級段階改革の事例』（風間書房，1993），『教育人間論のルーマン――人間は教育できるのか』（共著，勁草書房，2004）

野平慎二（のびら　しんじ）　1章
　1964年生まれ／広島大学大学院教育学研究科博士課程後期単位取得退学　博士（教育学）
　現在：富山大学人間発達科学部教授
　主著：『ハーバーマスと教育』（世織書房，2007），"Bildung jenseits pädagogischer Theoriebildung?"（共著，VS-Verlag，2010）

紅林伸幸（くればやし　のぶゆき）　2章
　1962年生まれ／東京大学大学院教育学研究科博士課程単位取得退学
　現在：滋賀大学教育学部教授
　主著：『《教師》という仕事＝ワーク』（共著，学文社，2000），「学校の自律性に関するシステム論的検討――学校は教育の責任主体たりうるか」日本教育学会編『教育学研究』第71巻第2号（2004），「協働の同僚性としての《チーム》――学校臨床社会学から」日本教育学会編『教育学研究』第74巻第2号（2007）

児島功和（こじま　よしかず）　3・14章
　1976年生まれ／東京都立大学大学院人文科学研究科教育学専攻博士課程単位取得退学
　現在：都留文科大学ほか非常勤講師
　主著：「'下位大学'の若者たち」『若者問題と教育・雇用・社会保障』（共著，法政大学出版局，2011），「〈再著述〉としての成長とそのコミュニケーショナルな条件」『教育科学研究』（首都大学東京都市教養学部人文・社会系／東京都立大学人文学部教育学研究室）第23号（2008）

保田　卓（やすだ　たかし）　4章
　1969年生まれ／京都大学大学院教育学研究科博士後期課程中退
　現在：奈良女子大学文学部准教授

主著：「メディアとしてのライフコース――ルーマン教育システム理論の再構築」『社会学評論』210 号（2002），「『ライフコース』メディアと『媒介可能／媒介不能』コード――包括的教育システム理論構築に向けての試論」『福岡教育大学紀要』（第 4 分冊）53（2004）

**牛田伸一**（うしだ　しんいち）　5 章
　1974 年生まれ／創価大学大学院文学研究科教育学専攻単位取得退学　博士（教育学）
　現在：創価大学教育学部准教授
　主著：『「教育的教授」論における学校批判と学校構想に関する研究』（協同出版，2010），『トビアスへの 26 通の手紙（上）（下）』（共訳，第三文明社，2006）

**山田哲也**（やまだ　てつや）　6 章
　1973 年生まれ／一橋大学大学院社会学研究科博士後期課程単位取得退学
　現在：一橋大学大学院社会学研究科准教授
　主著：若槻健・西田芳正編『教育社会学への招待』（共著，大阪大学出版会，2010），小谷敏ほか編『若者の現在　労働』（共著，日本図書センター，2010）

**早坂　淳**（はやさか　じゅん）　7 章
　1976 年生まれ／筑波大学大学院一貫制博士課程人間総合科学研究科単位取得退学
　現在：長野大学社会福祉学部講師
　主著：平山満義編著『教育実践と情報メディア』（共著，協同出版，2009），新井邦二郎・新井保幸監修『教職シリーズ 3　教育内容・方法』（共著，培風館，2010）

**水本徳明**（みずもと　のりあき）　8 章
　1957 年生まれ／筑波大学大学院博士課程教育学研究科単位取得退学
　現在：筑波大学大学院人間総合科学研究科准教授
　主著：『教師の条件　第 3 版』（共著，学文社，2008），『スクールマネジメント』（共著，ミネルヴァ書房，2006）

**木村浩則**（きむら　ひろのり）　9・11 章
　1961 年生まれ／東京大学大学院教育学研究科博士課程単位取得退学
　現在：文京学院大学人間学部教授
　主著：『「つながり」の教育』（三省堂，2003），「M. グリーンの教育思想における『自由』の概念」『文京学院大学人間学部研究紀要』第 11 号（2009）

**井本佳宏**（いもと　よしひろ）　10 章
　1977 年生まれ／東北大学大学院教育学研究科博士課程後期課程修了　博士（教育学）
　現在：上越教育大学大学院学校教育研究科講師
　主著：『日本における単線型学校体系の形成過程――ルーマン社会システム理論による分析』（東北大学出版会，2008），『専門職養成の日本的構造』（共著，玉川大学出版部，2009）

小林伸行（こばやし　のぶゆき）　12・16 章
　　1978 年生まれ／京都大学大学院教育学研究科博士後期課程単位取得満期退学
　　現在：京都大学大学院教育学研究科教育実践コラボレーション・センター研究員
　　主著：「〈能力〉メディアと『有能／無能』コード――ルーマン教育システム論の『一般化問題』に関する一考察」『社会学評論』59（4）（2008）

鈴木弘輝（すずき　ひろき）　13 章
　　1970 年生まれ／東京都立大学大学院社会科学研究科博士課程修了　博士（社会学）
　　現在：都留文科大学非常勤講師
　　主著：『憲法教育と社会理論――立憲主義は現代教育に通用するか』（勁草書房，2009），『ブリッジブック社会学』（共著，信山社出版，2008）

山名　淳（やまな　じゅん）　17 章
　　1963 年生まれ／広島大学大学院教育学研究科博士課程後期単位取得退学　博士（教育学）
　　現在：京都大学教育学研究科准教授
　　主著：『夢幻のドイツ田園都市――教育共同体ヘレラウの挑戦』（ミネルヴァ書房，2006），『教育人間論のルーマン――人間は〈教育〉できるのか』（共編著，勁草書房，2004）

システムとしての教育を探る　自己創出する人間と社会

2011年6月25日　第1版第1刷発行

編著者　石戸　教嗣
　　　　今井　重孝

発行者　井村　寿人

発行所　株式会社　勁草書房
112-0005　東京都文京区水道2-1-1　振替 00150-2-175253
（編集）電話　03-3815-5277／FAX 03-3814-6968
（営業）電話　03-3814-6861／FAX 03-3814-6854
理想社・中永製本

©ISHIDO Noritsugu, IMAI Shigetaka　2011

ISBN978-4-326-25070-7　Printed in Japan

JCOPY 〈㈳出版者著作権管理機構　委託出版物〉
本書の無断複写は著作権法上での例外を除き禁じられています。
複写される場合は、そのつど事前に、㈳出版者著作権管理機構
（電話 03-3513-6969、FAX 03-3513-6979、e-mail: info@jcopy.or.jp)
の許諾を得てください。

＊落丁本・乱丁本はお取替いたします。
http://www.keisoshobo.co.jp

| 著者 | 書名 | 副題 | 判型 | 価格 |
|---|---|---|---|---|
| 田中智志<br>山名 淳編著 | 教育人間論のルーマン | 人間は〈教育〉できるのか | A5判 | 3570円 |
| 長岡克行 | ルーマン／社会の理論の革命 | | A5判 | 9975円 |
| 安彦忠彦・<br>石堂常世編著 | 最新教育原理 | | A5判 | 2310円 |
| 宮寺晃夫 | 教育の分配論 | 公正な能力開発とは何か | A5判 | 2940円 |
| 田中智志 | 他者の喪失から感受へ | 近代の教育装置を超えて | 〔教育思想双書1〕<br>四六判 | 2520円 |
| 松下良平 | 知ることの力 | 心情主義の道徳教育を超えて | 〔教育思想双書2〕<br>四六判 | 2520円 |
| 田中毎実 | 臨床的人間形成論へ | ライフサイクルと相互形成 | 〔教育思想双書3〕<br>四六判 | 2940円 |
| 石戸教嗣 | 教育現象のシステム論 | | 〔教育思想双書4〕<br>四六判 | 2835円 |
| 遠藤孝夫 | 管理から自律へ | 戦後ドイツの学校改革 | 〔教育思想双書5〕<br>四六判 | 2625円 |
| 西岡けいこ | 教室の生成のために | メルロ=ポンティとワロンに導かれて | 〔教育思想双書6〕<br>四六判 | 2625円 |
| 樋口 聡 | 身体教育の思想 | | 〔教育思想双書7〕<br>四六判 | 2625円 |
| 吉田敦彦 | ブーバー対話論とホリスティック教育 | 他者・呼びかけ・応答 | 〔教育思想双書8〕<br>四六判 | 2625円 |
| 高橋 勝 | 経験のメタモルフォーゼ | 〈自己変成〉の教育人間学 | 〔教育思想双書9〕<br>四六判 | 2625円 |
| 教育思想史学会編 | 教育思想事典 | | A5判 | 7560円 |
| A.オスラー他<br>清田夏代他訳 | シティズンシップと教育 | 変容する世界と市民性 | A5判 | 3780円 |
| 佐久間孝正 | 外国人の子どもの教育問題 | 政府内懇談会における提言 | 四六判 | 2310円 |

＊表示価格は2011年6月現在。消費税は含まれております。